"新时代中国语言文学研究"丛书

总主编 石亚洲

新时代中国语言文学研究

2022 年卷

主编 王卫华

副主编 毕海

中央民族大学出版社
China Minzu University Press

图书在版编目（CIP）数据

新时代中国语言文学研究.2022年卷/王卫华主编.—北京：
中央民族大学出版社，2024.4
（新时代中国语言文学研究丛书/石亚洲主编）
ISBN 978-7-5660-2156-4

Ⅰ.①新… Ⅱ.①王… Ⅲ.①汉语 — 语言学 — 文集
②中国文学 — 文学研究 — 文集 Ⅳ.①H1-53 ②I206-53

中国国家版本馆CIP数据核字（2024）第081746号

新时代中国语言文学研究（2022年卷）

XINSHIDAI ZHONGGUO YUYAN WENXUE YANJIU（2022NIAN JUAN）

主　　编	王卫华
副 主 编	毕　海
策划编辑	赵秀琴
责任编辑	王海英
封面设计	舒刚卫
出版发行	中央民族大学出版社

北京市海淀区中关村南大街27号　　邮编：100081
电话：（010）68472815（发行部）　传真：（010）68933757（发行部）
　　　（010）68932218（总编室）　　　　（010）68932447（办公室）

经 销 者	全国各地新华书店
印 刷 厂	北京鑫宇图源印刷科技有限公司
开　　本	787×1092　1/16　印张：19.75
字　　数	303千字
版　　次	2024年4月第1版　2024年4月第1次印刷
书　　号	ISBN 978-7-5660-2156-4
定　　价	79.00元

前　言

　　1950年，北京大学东语系的马学良、于道泉、李森等语言学大师调入中央民族学院（1993年11月更名为中央民族大学），创建了新中国第一个中国少数民族语言文学学科。此后，著名语言学家闻宥先生，著名古典文学学者、李白研究专家裴斐先生等，也先后在此弘文励教。经过几代人70多年的共同努力奋斗，中央民族大学的中国语言文学学科已建设成为重要学科，其中，中国少数民族语言文学成为全国民族语言文学专业历史最早、专业方向最多、学术研究覆盖面最广的学科。

　　目前，中央民族大学中国语言文学学科在学科目录内的8个二级学科均招收博士和硕士研究生，并有中国语言文学一级学科博士后流动站。整个学科，凝练成为中国少数民族语言文学与文献综合研究、汉语言文学、语言学及应用语言学3个代表性学科方向，充分发挥学科优势和特色，立足服务国家重大战略需求和民族团结进步事业，聚焦国家语言资源保护、传承与发展以及教育领域的科学研究、人才培养和社会服务。

　　为适应学校"双一流"建设发展需要，加强体制机制创新，推动学术力量整合，2019年中央民族大学党委研究决定对学校的中国语言文学学科资源进行梳理整合，并成立中央民族大学首个学部——中国语言文学学部（以下简称"学部"）。学部成立后，负责统筹中国语言文学一级学科建设工作，整合相关资源，搭建学科综合交叉平台，统筹重大科研项目，推进跨学院科研平台建设。通过上述措施，中央民族大学中国语言文学一级学科整体水平得到快速提升，一批国家级科研项目相继获批，每年产出一大批重要学术成果。

为了进一步展示学术成果、推动学科发展、形成学术品牌，经学部研究决定，按年度出版学部学术成果。本丛书名称为"新时代中国语言文学研究"，从2019年开始，每年公开出版1卷本。丛书编委会总主编由副校长、学部主任石亚洲担任，相关学院在任院长担任各卷主编并组织组稿编选。各卷选取论文，以2019年学部成立以来学部各单位教师公开发表在重要期刊上的学术论文为主。坚持按照符合主题、规模控制、优中选优原则选取论文，收录论文统一用国家通用语言文字表述。同时，每卷主编汇编一篇本专业研究前沿研究综述，编排在每卷卷首。应该说，本丛书从年度角度收录了学部全体教学科研人员最具代表性的学术成果，也较为全面反映了近几年中央民族大学中国语言文学学科学术水平。

中国语言文学学部下设中国少数民族语言文学学院、文学院、国际教育学院，研究领域较为广泛，所以，本丛书各卷主编根据当年度所发表论文的内容和主题，各自设计栏目，收编论文。同时在编辑过程中也做了以下统一处理：

1. 为了便于读者阅读及参考，每篇论文首页均有作者简介，每篇论文均有摘要和关键词，每篇论文均在文后标明原发表期刊和发表时间。

2. 出于体例统一的考虑：注释统一为页下注；参考文献均列在各篇文章文后，保留原信息，按照相关格式要求著录。

3. 论文中所引的原著内容，只要不是原则性的问题，本文收录时皆以原著为准，以便读者更好地理解原著。

4. 本丛书收录的论文时间跨度较大，作者与编辑对部分内容进行了修改。

丛书编委会

2024年4月7日

目　录

建构新时代学术体系与话语体系：近五年中国文学研究综述

王卫华

近五年来，中国文学研究取得了丰硕的成果。一方面，改革开放40周年（2018）、新中国成立70周年（2019）等重要历史事件促使中国文学研究者高度重视学术史的梳理，一批优秀的学术史类成果应运而生；另一方面，时代需求、互联网与人工智能技术的发展等因素推动中国文学研究者将文学与史学、传播学、文化学等学科相结合，开拓视野，在关注新时代文学现象的同时积极思考文学与社会的关系，彰显了文学研究的现实意义。秉承发展学术、观照现实的宗旨，中国文学研究在文艺理论、中国古代文学、中国现当代文学、中国民间文学等领域皆有所突破，推动了中国文学学术体系与话语体系的建构。

一、文艺理论研究

近年来文艺理论研究在马克思主义文艺理论、西方文艺理论与中国古代文艺理论等领域成果丰硕。重要历史事件的回顾、理论研究的推进、新技术的日益发展都推动文艺理论研究的快速发展，研究者积极思考文艺学学科的现实意义，并以跨学科的视野建构中国文学学术体系与话语体系。

（一）经典论题不断深化

经典论题是学科发展的根基，也是推动学科理论不断深化、发展的关键。近年来，中国文艺理论研究者在马克思主义文艺理论、西方文艺理论、中国古代文艺理论三个领域重视推进经典论题的发展，并形成了一批颇具学术洞见的研究成果。

1.马克思主义文艺理论研究

在马克思主义文学理论研究领域，学者们既重视对马克思及其后继者经典理论著述的阐释，也注意勾勒马克思主义文艺理论的中国化与发展路径。2018年正逢马克思诞辰200年，诸多刊物都设立专栏讨论马克思主义文艺理论的经典论题，如《文学评论》开辟"马克思主义文艺理论"专栏①、《中国人民大学学报》开辟"纪念马克思诞辰200周年"专栏②。马克思主义文艺思想在中国的本土化实践也作为该领域的经典论题成为刊物专栏的议题，如《汉语言文学研究》组织"马克思主义经典文艺思想中国化当代化研究"笔谈③、《中国文学批评》设立"马克思主义文论研究·40年来马克思主义文论的发展与展望"专栏④。

在马克思主义文艺理论研究领域，学者们既关注经典原著，也注意西方、东欧马克思主义文艺理论的发展。张永清探讨了马克思、恩格斯在1844 — 1895年间的文学活动及其评论，并将其视为马克思主义批评理论的"初始形态"⑤；汪正龙关注马克思关于悲剧与喜剧的论述，强调悲剧与喜剧是整合历史、戏剧与美学的文学形式，其能够充当社会文化批评的范式，但也存在一定的裂痕⑥。王庆卫⑦、傅其林⑧分别关注了西方与东欧的马克思主义文学理论研究，在关注经典论题的同时开拓了中国文艺学研究的视野。被称为"西方马克思主义"鼻祖的卢卡奇也是近年来中国文学理

---

① 《文学评论》2018年第5期。

② 《中国人民大学学报》2018年第2期。

③ 《汉语言文学研究》2018年第2期。

④ 《中国文学批评》2018年第4期。

⑤ 张永清：《马克思主义批评理论的初始形态 —— 试论马克思恩格斯1844 — 1895年的批评理论》，载《中国人民大学学报》2018年第2期。

⑥ 汪正龙：《马克思论悲剧与喜剧 —— 历史哲学、戏剧学与美学的三重透视》，载《中国人民大学学报》2018年第2期。

⑦ 王庆卫：《西方马克思主义文学批评中的意识形态批评探析》，载《文学评论》2018年第5期。

⑧ 傅其林：《东欧马克思主义美学的理论形态及其启示》，载《文学评论》2018年第1期。

论研究者关注的重要对象，熊海洋、王银辉等学者从卢卡奇在新康德主义和黑格尔历史形式框架下的发文及对反讽的认知①、卢卡奇的人民性转向及其20世纪50年代后的思想历程②等层面展开讨论。马克思主义文艺生产与生产性的研究是近年来经典论题研究中的热点。姚文放《生产性文学批评论纲》将"艺术生产"理论视为马克思的原创，并指出该理论在理论建构与批评实践之间存在巨大的张力，这是生产性文学批评得以建构的前提③。姚文放还有另外几篇论文就"生产性文学批评"的研究与理论建构进行了阐释。④阎嘉从马克思主义世界史观、政治经济学角度阐释艺术生产理论与资本主义、资产阶级批判的关系⑤，高楠从"不平衡"理论阐释马克思主义艺术生产并讨论艺术生产与其他生产的关系⑥。上述学者的论述推动了生产及生产性研究成为马克思主义文艺理论研究的焦点，进一步推动了马克思主义经典论题的丰富与发展。

马克思主义文艺理论的中国化是学者们关注的重要经典论题。唐善林从"文艺大众化"的角度讨论马克思主义美学建设，梳理了毛泽东、瞿秋白、鲁迅、茅盾、周扬等一大批中国马克思主义思想家的研究与实践⑦；

---

① 熊海洋：《艺术如何可能：卢卡奇早期思想的一个主题》，载《文艺研究》2018年第9期。

② 王银辉：《道路与抉择：卢卡奇人民性转向探究》，载《中国人民大学学报》2018年第4期。

③ 姚文放：《生产性文学批评论纲》，载《扬州大学学报》（人文社会科学版）2019年第1期。

④ 姚文放：《从"艺术生产"理论到生产性文学批评——马克思恩格斯文艺理论向批评实践的拓展》，载《山东社会科学》2023年第1期；姚文放：《20世纪以来生产性文学批评的发展历程与理论问题》，载《文艺争鸣》2022年第9期；姚文放：《诗学模式/阐释学模式：生产性文学批评的解读方法》，载《学术月刊》2022年第9期；姚文放：《文本性/互文性：生产性文学批评的文本形态》，载《文艺研究》2022年第5期；姚文放：《结构/建构：生产性文学批评的意义生成》，载《江苏社会科学》2022年第2期；姚文放：《回到文学经典/服务当下现实：生产性文学批评的功能取向》，载《北京大学学报》（哲学社会科学版）2021年第3期。

⑤ 阎嘉：《马克思主义艺术生产理论与审美自律论的悖论》，载《社会科学战线》2020年第5期。

⑥ 高楠：《马克思的"不平衡"理论要对艺术生产说什么》，载《文学评论》2019年第1期。

⑦ 唐善林：《现代中国马克思主义美学"文艺大众化"问题探论》，载《首都师范大学学报》（社会科学版）2020年第4期。

王杰、石然分析了中国马克思主义文艺理论的三个模式，包括政治学模式、经济学模式与人类学模式，并认为人类学模式是建设具有中国特色、中国风格、中国气派的马克思主义文艺理论的新思路①。党圣元、李昕揆梳理了马克思主义现实主义文学观在中国的发展历程，并强调典型和真实性是马克思主义现实主义最核心的两个问题②。曾军关注到毛泽东文艺思想对西方左翼学者的影响，强调了中国马克思主义文艺理论对世界的影响。③

2.西方文艺理论研究

中国学界关于西方文艺理论经典论题的形成，既受20世纪50年代以来苏联文艺理论的影响，也与20世纪80年代以来学界对欧美文艺理论的接受有关。在苏联文艺理论研究方面，奥·阿·克林格、李冬梅关注到俄罗斯象征派文学理论对巴赫金的深刻影响④；李圣传通过与涂途的访谈介绍了苏联美学与20世纪五六十年代中国美学的大讨论，阐述了中苏间文艺理论的交流情况⑤。

欧美代表性文艺理论家的经典论题同样是学者关注的重点。柏拉图文艺理论的研究受到学者们的关注，如杨向荣从西方视觉文化的历史进程入手，认为柏拉图的"镜子之喻"与"洞穴之喻"确立了古希腊视觉的至上主义立场，但其背后则反映出视觉的虚妄隐喻，中世纪的反图像崇拜运动视视觉图像为禁忌，但禁忌背后则体现着视觉的内在建构⑥。有关康德、海德格尔等的研究同样是近年来的热点话题，如陈剑澜关注康德的审美自

---

①　王杰、石然：《论新中国70年马克思主义文艺理论的历史语境转换与范式创新》，载《广州大学学报》（社会科学版）2019年第5期。

②　党圣元、李昕揆：《新中国70年马克思主义现实主义文艺观念的发展与走向》，载《江海学刊》2019年第5期。

③　曾军：《西方左翼思潮中的毛泽东美学》，载《文学评论》2018年第1期。

④　[美]奥·阿·克林格：《巴赫金与俄罗斯象征派》，李冬梅译，载《东岳论丛》2022年第2期。

⑤　李圣传：《苏联美学与20世纪五六十年代中国美学大讨论 —— 涂途先生访谈录》，载《文艺理论与批评》2022年第4期。

⑥　杨向荣：《图像的话语深渊 —— 从古希腊和中世纪的视觉文化观谈起》，载《学术月刊》2018年第6期。

律论，指出该理论的要义在认定审美 — 艺术独立于认知和道德活动而具有自足的意义①；汪正龙关注到海德格尔中后期对艺术与物性的关注，并将创作认定为"让某物作为一个被生产的东西而出现"，作品则把物因素置入敞开的领域中加以显现②。关于这些欧美文艺理论家的研究十分丰富，在此便不再一一列举。③还需要指出的是，符号学④、美学⑤等领域的成果对中国文艺理论界也产生了重要影响，同样是近年来学者们关注的经典论题。

3. 中国古代文艺理论研究

中国古代文艺理论研究是兼有"文艺理论"与"古代文学"学科属性的研究，其反映了中国传统的审美倾向，是建构中国文学学术体系、话语体系的关键。近年来，中国古代文艺理论研究在文献整理与校勘、文论概念深入、经典著作研究等领域都形成了较为丰硕的成果。

首先，近年来古代文献的整理、校勘、出版工作持续推进，为古代文艺理论的研究奠定了基础。2018年，张寅彭主编的《清诗话全编·顺治康熙雍正期》作为《清诗话全编》的首批成果，收录诸多罕见刊本⑥。2019年，刘跃进主编的《汉魏六朝集部珍本丛刊》出版，其中收录了261种汉魏六朝时期的集部古籍善本⑦。2020年，丁放的《元代诗论校释》出版，其作为元代诗歌理论的汇编注释本，收录了百余位文人的诗论文章。这些成果为中国古代文论研究提供了较为全面的文本依据。

---

① 陈剑澜：《康德的审美自律论》，载《文艺研究》2018年第11期。

② 汪正龙：《艺术与物性 —— 对一个海德格尔引发的争论的考察》，载《文艺理论研究》2018年第1期。

③ 其余研究如朱会晖：《康德艺术论中形式主义与表现论之间的张力》，载《文艺研究》2018年第7期；蓝国桥：《康德美学痛苦本体论及其影响再认识》，载《学术研究》2018年第11期；胡友峰：《论康德鉴赏判断的先验理据》，载《文艺理论研究》2018年第2期；贺磊：《自由游戏或共通感？—— 论康德美学非自然化解读的可能性》，载《哲学门》2020年第2期；等等。

④ 赵毅衡：《艺术与冗余》，载《文艺研究》2019年第10期。

⑤ 高建平：《美学在世纪之交的复兴》，载《学术月刊》2020年第6期。

⑥ 杨焄点校，张寅彭编纂：《清诗话全编·顺治康熙雍正期》（10册），上海：上海古籍出版社，2018年。

⑦ 刘跃进主编，刘明：《汉魏六朝集部珍本丛刊提要》，北京：国家图书馆出版社，2019年。

　　其次，从宏观角度分析中国古代文艺理论概念的研究成果不断涌现，从理论高度推动了经典论题的深化。党圣元从"气"的角度分析建安文学，认为"气"是一个具有元理论性质的重要范畴①；邬国平强调中国古代文学"自由释义"的传统，认为肯定和尊重因读者主观差异而引起的释义及评价的历史演进是认识中国文学批评史的关键②；韩经太则强调中国意象诗学的直觉想象与诗画艺术相生互补的发生、发展有密切联系③；等等。上述学者基于中国古代文艺理论的自身特点，以现代学术眼光对其加以评点，其研究展现出中国文学理论话语体系建构的坚实基础。

　　最后，经典著作的研究作为古代文学理论领域的经典论题仍然受到学界的重视。2020年《中国文学年鉴》以"返回轴心""文道与文术""承先与启后""述古与集成"④分别概括先秦两汉、六朝隋唐、宋元、明清时期文论的特征，对中国古代文学理论研究作出了较为准确的概括。其中，对《文心雕龙》的研究作为中国古代文学理论研究的经典论题持续得到学者们的关注，不仅关于该书传统篇目⑤、编纂体例⑥的研究有了新的发展，《文心雕龙》的整体性阐释⑦与跨学科阐释⑧也进一步深入。此外，《沧浪诗话》作为南宋颇具代表性的诗歌理论著作同样受到人们重视，其诗史观、诗歌教育等方面的论题受到学者们的关注。

　　综上所述，文学理论领域经典论题的深入反映出近年来学界研究视野的开拓与对经典文本理解的日益深化。通过对经典论题的不断讨论与回

---

① 党圣元：《"气"与建安文学》，载《贵州社会科学》2018年第5期。

② 邬国平：《中国文学批评自由释义传统研究》，上海：上海古籍出版社，2020年。

③ 韩经太：《中国意象诗学原理的生成论探询》，载《北京大学学报》（哲学社会科学版）2020年第2期。

④ 中国社会科学院文学研究所：《中国文学年鉴2020》，北京：中国文学年鉴社，2020年第624—638页。

⑤ 郭鹏：《从"禀经制式"到"首尾圆合"——论〈文心雕龙〉"宗经"理论的开放性、包容性特质与作用机理》，载《山西大学学报》（哲学社会科学版）2017年第3期。

⑥ 杨思贤：《〈文心雕龙〉与中古子书的变迁》，载《南京大学学报》（哲学·人文科学·社会科学）2018年第5期。

⑦ 李建中：《中国文论的经学范式》，载《武汉大学学报》（哲学社会科学版）2020年第6期。

⑧ 党圣元：《〈文心雕龙〉文字发展观与美学观探微》，载《文艺研究》2020年第12期。

望，学者们为建构中国文学理论体系、话语体系作出了贡献。

（二）观照现实的研究不断涌现

中国学者对文学理论的研究并不以理论的深化为唯一旨归，建立有现实意义、顺应时代需要的理论体系同样受到关注。近年来，相关领域的研究者既重视中国社会建设的现实需要，从解读习近平文艺思想的角度推动文艺理论研究的发展；也关注科技发展对文学的切实影响，从互联网、人工智能的角度形成了一批颇具洞见的学术成果。

1. 习近平文艺思想与文艺理论研究的发展

对习近平文艺思想的研究体现了中国文艺理论研究者紧跟时代潮流，关注时代需求的特点，这也是近年来中国文艺理论研究的重要话题。2018年是阐述十九大精神的开局之年，《文学评论》[①]、《中国文学批评》[②]刊物都组织专栏对文艺理论在新时代的发展进行探索。此外，胡王骏雄、党圣元讨论了习近平文艺思想在创作导向、创作原则、创作追求三个维度的重要论述[③]；丁国旗等人从走入生活、提炼生活、歌颂生活、创造生活四个维度讨论了习近平文艺思想中有关文艺与生活的关系[④]，从时代、人民、精神、原创、审美、化育六个维度讨论了习近平文艺"精品"的标准[⑤]；郑承军、陈伟功从历史溯源与当代阐释的角度整体性阐述了习近平文艺思想的价值与现实指导意义[⑥]。上述研究都高度肯定了习近平文艺思想对当代文艺创作与研究的重要指导作用，体现了中国文艺理论研究者对时代潮流的认知。

习近平文艺思想中的"人民性"是学者们关注的重点，也是近年来学术研究的热点。王银辉从话语源流论、内涵构造论、中国特色论、创作

---

① 《文学评论》2018年第3期。

② 《中国文学批评》2018年第1期。

③ 胡王骏雄、党圣元：《论习近平关于文艺创作重要论述的三个维度》，载《湖南师范大学社会科学学报》2019年第2期。

④ 李小贝、丁国旗：《习近平文艺生活观初探》，载《学习与探索》2019年第12期。

⑤ 丁国旗：《习近平文艺"精品"标准的六个维度浅论》，载《中国当代文学研究》2020年第6期。

⑥ 郑承军、陈伟功：《马克思主义文艺观的历史溯源与当代阐释》，载《马克思主义研究》2020年第4期。

实践论四个维度讨论了中国特色马克思主义文艺理论建设中的人民性特征①；王超将习近平文艺本体论阐释为"一个中心"和"三个支撑"，一个中心便是人民②；赵炎秋从"人民"内涵衍变的角度分析了不同时期领导人的"人民观"对文学创作的影响，认为习近平的"人民观"是在更加开放的中国社会的基础上构建的③；姚景谦认为人民性是社会主义文化生产的核心属性，并借助习近平文艺思想，从文化生产者的生成、文化产品的生产与文化产品的功能三个角度切入，讨论人民文化的实现路径④。

2.科学技术发展与文艺理论研究的深入

科学技术的演变深刻影响着民众的生活，也对文学的创作、传播与接受过程产生了影响，并因此成为文艺理论研究者所关注的重要话题。互联网与物联网、人工智能两个领域是近年来学者们关注的重点。

在互联网与物联网方面，学者们从新媒介的崛起、网络文学的批评等角度展开了系列研究。欧阳友权连续撰写多篇文章，指出网络文学"有高原缺高峰"急需文学批评家入场，并希望建构核心层、中间层、外围层组成的动态评价体系与批评标准，推动网络文学的发展⑤；他强调网络文学遇到了短视频引流、免费阅读的冲击、现实题材创作如何赋能文学等问题，但也有IP文创产业链"下游倚重"等新趋势出现⑥。同时，欧阳友权也指出线上与线下的二元结构构成了网络文学批评的整体格局，二者各具特色但功能分殊⑦；进而提出网络文学同样应从社会历史、人文伦理、价

---

① 王银辉：《关于文艺人民性的四维度理论构建》，载《兰州学刊》2018年第6期。

② 王超：《习近平文艺本体论与中国古代文论话语》，载《人民论坛·学术前沿》2018年第3期。

③ 赵炎秋：《"人民"内涵的变化及其对文学的影响》，载《中国文学批评》2019年第2期。

④ 姚景谦：《论新时代中国特色社会主义文化生产的三重维度》，载《山东社会科学》2020年第3期。

⑤ 欧阳友权：《网络文学亟待建立自己的评价体系和标准》，载《社会科学辑刊》2022年第2期。

⑥ 欧阳友权、罗亦陶：《我国网络文学发展的新挑战与新趋势》，载《天津社会科学》2022年第2期。

⑦ 欧阳友权：《网络文学批评："线上与线下"识辨》，载《中国文学批评》2022年第3期。

值立场等方面设定评价标准。①这些研究成果都提到网络文学批评的必要性与重要性，为文学理论提供了新的发展空间。

近年来，人工智能的发展十分迅速，并切实影响到民众的日常生活，这也引起了文学理论者的关注。如刘方喜发表了多篇相关研究成果，他从马克思主义"生产工艺学批判"的角度入手，认为人工智能开启了文艺全自动的"机械原创"时代，为中国文论的自主创新创造了机遇②。刘方喜还将人工智能视为"奇点"，认为其不仅引发了文化哲学范式的终极转型③，还将带来"脑工"的终结，将人类由"必然王国"转移到"自由王国"之中④。

总之，中国文艺理论研究者紧随时代潮流，呼应时代发展，在研究时代需要的同时关注科技的发展，以文学理论的建构为社会发展提供了智力支持。胡亚敏提到，文学与科技的关系是一个"破坏和补偿"同时进行的过程，其既冲击了传统的文学创作与研究，又创造了诸多新论题⑤。中国的文艺理论研究者应同时关注科学技术对文学的双重影响，并以此推动理论的深化与发展。

（三）比较阐释与新观念研究实践不断推进

如何建构适合中国本土的学术体系与话语体系是中国文学研究者关注的重要话题，也是近年来的研究热点。中国文学研究者通过历史研究、比较研究等方法探索建构本土学术体系、话语体系的路径，并形成了"公共

---

① 欧阳友权、游兴莹：《网络文学思想性评价的标准及语境规制》，载《中南大学学报》（社会科学版）2022年第5期。

② 刘方喜：《人工智能开启中国文论自主创新时代》，载《中国文艺评论》2019年第11期；刘方喜：《人工智能"超工业化"革命的生产工艺学批判——兼论中国理论的自主创新》，载《人文杂志》2020年第5期。

③ 刘方喜：《生产工艺学批判：人工智能引发文化哲学范式终极转型》，载《学术月刊》2020年第8期。

④ 刘方喜：《脑工的终结：人工智能时代的机器生产工艺学命名》，载《江西社会科学》2022年第1期；刘方喜：《脑工终结时代的来临：通用人工智能机器生产工艺学批判》，载《社会科学战线》2022年第3期。

⑤ 胡亚敏：《高科技与文学创作的新变——中国马克思主义文学批评视域下的文学与科技关系研究》，载《华中师范大学学报》（人文社会科学版）2019年第3期。

阐释"等理论成果。

1.学术史梳理与比较研究的理论尝试

梳理学术史与对古今、中西理论的对比研究是中国文艺理论学者建构学术体系与话语体系的主要方法。2018年正逢改革开放40周年，2019年正逢新中国成立70周年，中国文学学者以梳理学术史的方式纪念重大历史事件，建构中国本土理论体系与话语体系。金永兵、朱兆斌回顾了中国马克思主义文论的研究情况，并提出如何"回到马克思"及"回到"什么样的马克思的问题需要学者在历史回顾中进行反思①；张宝贵将改革开放四十年来中国文艺理论的发展分为诗化、散文化两个时期，认为中国文艺理论研究试图建立社会他律性与自律性的有机联系，这一尝试虽不成熟却也成为文艺理论现代性建设的基点②；高建平梳理了当代中国文艺理论研究在资源分层、内外循环、理论与实践关系层面的变化，认为这是窥见中国文论发展轨迹与预测未来发展趋势的关键③；季水河讨论了新中国70年来马克思主义文论研究的政治主导型、学术强化型、交往对话型三种话语模式，并认为"交往对话型"话语模式以多种方法的交叉融合为中国文艺理论发展提供了方法论启示④。这些研究在回顾新中国文艺理论发展脉络的同时，关注如何建构本土理论体系与话语体系，推动了中国文艺理论研究的深入。

近年来，古今、中西的对比也构成中国文艺理论学者建构本土学术体系与话语体系的主要领域。在古今对比领域，赵黎明用"境界"的传统建构中国新诗学，认为境界传统具有贯通古今中西诗学的活力⑤；叶朗结合中国古代哲学理论，提出建构凸显审美与人生、精神境界提升、价值追

---

① 金永兵、朱兆斌：《"回到马克思"与当代性建设——改革开放40年中国马克思主义文论研究的回顾与反思》，载《安徽大学学报》（哲学社会科学版）2018年第6期。

② 张宝贵：《马克思现代性思想与四十年中国文艺理论》，载《湖北大学学报》（哲学社会科学版）2018年第6期。

③ 高建平：《资源分层、内外循环、理论何为——中国文论70年三题》，载《文学评论》2019年第5期。

④ 季水河：《论新中国70年马克思主义文艺理论研究话语模式的转换》，载《中国人民大学学报》2019年第6期。

⑤ 赵黎明：《"境界"传统与中国新诗学的建构》，载《文学评论》2018年第5期。

求等密切联系的知识体系的新设想①。在中西对比领域，刘康从学术范式、方法与批评实践等方面入手，探讨中国如何作为问题影响詹姆逊、阿尔都塞、巴赫金等学者的理论建构②，强调了中西之间的理论对话；王宁从后现代主义在中国的批评性接受入手，探索中国学者的理论实力、世界的多元性与阐释的多种可能性，并指出中国文学理论的国际化仍需更有普适意义的命题③。上述研究反映出中国文学理论研究者在古今中西的对比中建构中国文学理论体系、话语体系的尝试。

2.构建新理论的实践成果

通过不断的实践，近年来中国文艺理论研究界形成了部分新理论，并产生了一定的国际影响。如张江的"公共阐释论"，该理论以张江于2017年发表的《公共阐释论纲》为代表作，其内涵是"阐释者以普遍的历史前提为基点，以文本为意义对象，以公共理性生产有边界约束，且可公度的有效阐释"④。此后，张江与迈克·费瑟斯通⑤、约翰·汤普森⑥、哈贝马斯⑦等西方学者讨论，将"公共阐释论"推向国际，同时，他也与陈勋武、丁子江、金惠敏、安德明等中国学者对谈，阐释了作为中国方案的公共阐释论⑧。对于理论提出后的问题，张江也曾撰文对其进行再讨论，进一步推动了该理论的发展⑨。

综上所述，近年来中国文学理论研究兼顾经典论题与现实需求，在古

---

① 叶朗：《从"美在意象"谈美学基本理论的核心区如何具有中国色彩》，载《文艺研究》2019年第8期。

② 刘康：《西方理论的中国问题 —— 以学术范式、方法、批评实践为切入点》，载《南京师大学报》（社会科学版）2019年第1期。

③ 王宁：《后现代主义论争在中国：反思与启示》，载《中国文学批评》2020年第3期。

④ 张江：《公共阐释论纲》，载《学术研究》2017年第6期。

⑤ 张江、[英]迈克·费瑟斯通：《作为一种公共行为的阐释 —— 张江与迈克·费瑟斯通的对话》，载《学术研究》2017年第11期。

⑥ 张江、[英]约翰·汤普森：《公共阐释还是社会阐释 —— 张江与约翰·汤普森的对话》，载《学术研究》2017年第11期。

⑦ 张江、[德]哈贝马斯：《关于公共阐释的对话》，载《学术月刊》2018年第5期。

⑧ 张江、陈勋武、丁子江等：《阐释的世界视野："公共阐释论"的对谈》，载《社会科学战线》2018年第6期。

⑨ 张江：《关于公共阐释若干问题的再讨论（之一）》，载《求是学刊》2019年第1期。

今中西的交汇中尝试建构中国文学学科体系、话语体系。中国文学理论研究不仅追求理论的深化，更关注理论发展的现实意义，将建构中国本土话语体系，为世界发展贡献中国方案作为研究目标，彰显了文学理论研究的价值与意义。

二、中国古代文学研究

古代文学研究由先秦两汉文学、魏晋南北朝文学、唐代文学、宋辽金文学、元明清文学等部分组成。近年来，上述研究领域聚焦文学史的书写与反思、经典话题的深入追问、跨学科视角的介入等话题，体现了古代文学学者从经典话题中寻求学科的社会意义，致力于建构中国文学理论体系与话语体系的尝试。

（一）文学史的书写与反思

古代文学学者对文学史的书写与反思首先聚焦相关资料与史料的整理，并在经典作家历史地位重估、固有文学史书写方式反思等领域取得了较大突破。

资料的积累是书写并反思文学史的基础，也在近年来得到了学者们的关注。罗鹭的《宋元文学与文献论考》从南宋书棚本与江湖派研究、元代文学文献整理、元代文学文献考证、元诗接受研究四部分入手，对宋元时期的基本文献进行了考证与梳理①。许建中《宋元戏文订律》全面普查明代及清初曲选和明清南北曲谱，辑得众多元代戏文和曲牌，是宋元戏文断代专体曲律学研究成果②。潘建国《古代小说版本探考》对《世说新语》《酉阳杂俎》《西游记》《五鼠闹东京》等古代小说的版本进行了考订，梳理其东亚流播史，推动了古代小说版本学研究方法的改进③。此外，杨波《〈唐诗类苑〉研究》④、李红霞对《王琦〈《李太白全集》辑注〉注释研究》的

①　罗鹭：《宋元文学与文献论考》，上海：复旦大学出版社，2020年。

②　许建中：《宋元戏文订律》，南京：凤凰出版社，2020年。

③　潘建国：《古代小说版本探考》，北京：商务印书馆，2020年。

④　杨波：《〈唐诗类苑〉研究》，北京：社会科学文献出版社，2019年。

研究①、李成晴《集部文献丛考》②等著作都对过往文献进行了翔实的考察，为古代文学研究的推进积累了丰富的资料。

经典作家地位的评定是古代文学史书写的关键，这一话题在近年来亦得到了学者们的关注。阳清梳理了古代"屈宋"并称的话语传统，认为宋玉作为赋学祖师，曾一度引领文学风尚，需要在文学史书写中加大对其的重视③；孙克强、刘学洋认为历代词学家对稼轩词的解读和批评反映了不同时期的词学旨趣，这也反映出其在词学史上曾产生的重要影响④。张仲谋《明代词人群体和流派》是继其《明词先》《明代词学通论》《明代词学编年史》等专著的新作⑤，该书从群体与流派的视角切入明代词学研究，以对"四派""二体"的研究厘清了明代词坛的层次与格局⑥。

对固有文学史书写方式的反思是文学史书写得以突破的动力，也是当下古代文学学者关注的重要论题。沈松勤反思了过往词学历史上以"南宋词史""金源词史"或"金元词史"进行划分的标准，认为这一标准未能考虑不同王朝和地域的苏辛体派诗人南北呼应、联袂采纳和践行"苏辛变体"规范体系的现实⑦。郑妙苗关注明代中后期诗论出现的"唐、明并论"现象，强调嘉靖诗坛成为开元之后的另一个诗国盛世。郑妙苗指出，"唐、明并论"是复古诗学影响下的产物，反映出明代复古诗学与前代的巨大差异，有助于重新思考明代复古派在诗学理论发展中的价值⑧。此外，《魏晋南北朝大文学史》等文学史的书写实践反映出当下古代文学史书写的新路

---

① 李红霞：《王琦〈〈李太白全集〉辑注〉注释研究》，北京：中国社会科学出版社，2019 年。

② 李成晴：《集部文献丛考》，北京：中华书局，2020 年。

③ 阳清：《"屈宋"并称及其之外 —— 关于宋玉文学史地位的省思与再认》，载《北京社会科学》2020 年第 6 期。

④ 孙克强、刘学洋：《词学史上的稼轩词论及其意义》，载《社会科学研究》2020 年第 4 期。

⑤ 余意：《明词研究的升级之作 —— 张仲谋〈明代词人群体和流派〉读后》，载《徐州工程学院学报》（社会科学版）2021 年第 4 期。

⑥ 张仲谋：《明代词人群体和流派》，北京：生活·读书·新知三联书店，2020 年。

⑦ 沈松勤：《"苏辛变体"在 12 — 14 世纪初词坛的运行》，载《文艺研究》2020 年第 6 期。

⑧ 郑妙苗：《"开元之后，便到嘉靖" —— 明代诗论中的"唐、明并论"现象及其诗学意义》，载《清华大学学报》（哲学社会科学版）2020 年第 4 期。

径①，这一"大文学史"理论的探索与实践得到了熊明等学者的重视②。

新冠疫情的暴发引发了学者们对疫病在文学史中地位的思考，反映出古代文学与当下生活的密切联系。龙珍华提出，自然灾害作为文学创作的重要内容，已成就一部脉络清晰、成果丰厚、形式多样的灾害文学发展史，而研究、建构古代灾害文学史，发掘灾害文学中的人文特质与审美价值具有重要的学术价值与现实意义③。此外，王洪军对汉末魏晋疾疫与文学思想转型关系的思考④、吕家慧对灾异观念与灾难书写的研究⑤都对中国古代的灾异观进行了深入分析。

（二）经典话题的深入与新解

中国古代汗牛充栋的典籍为古代文学研究提供了诸多经典议题，这些议题的深入与新解不仅是近年来古代文学学者关注的重点，更是学科得以不断发展的根基。近年来，古代文学学者对文学别集与总集的研究、文体生成的研究、经典作家与作品的研究等经典话题有所关注，并产生了颇具影响的学术成果。

首先，集部研究近年来得到学者们的重视，该领域的学者更为注重"立体"形态的作品集研究，既重视集的版本及流传等问题，也重视作品集的起源、形成等问题。仲瑶对《文选》五臣注的研究强调该作品是下层士子以文章、著述阐弘正教观念下的产物，其批评思想、注释体例深受以《毛诗正义》为载体的经学话语体系影响，对晚唐五代诗格等理论的形成也有直接影响⑥。张蕾《玉台新咏校正整理与研究》对《玉台新咏校正》

---

① 刘怀荣、张新科、冷卫国：《魏晋南北朝大文学史》，北京：高等教育出版社，2019年。

② 熊明：《文学史阐释体系建设的进路探索 —— 读〈魏晋南北朝大文学史〉》，载《辽东学院学报》（社会科学版）2020年第4期。

③ 龙珍华：《试论灾害文学史的建构 —— 以先唐灾害诗歌史为例》，载《湖南师范大学社会科学学报》2020年第4期。

④ 王洪军：《汉末魏晋疾疫发生与文学思想转型》，载《哈尔滨工业大学学报》（社会科学版）2020年第4期。

⑤ 吕家慧：《灾异观念与灾难书写：杜甫、白居易时事诗新论》，载《中华文史论丛》2020年第4期。

⑥ 仲瑶：《〈文选〉五臣注的"王张"及其经学阐释思维和注解方式》，载《暨南学报》（哲学社会科学版）2020年第1期。

的校订之功、批评理念与版本系统进行了深入论述，希望以此窥见乾嘉学者整理总集的经典性①。于堃、张洁对《文选》在选本学中影响的研究②、刘跃进对《玉台新咏》研究热点问题的回顾③、罗时进对清代海虞诗歌总集编纂过程的研究④都在此领域产生了一定的影响，体现了近年来古代文学研究的创新发展。

其次，有关文体生成的研究同样受到关注，先秦两汉时期各文体间的互动尤受重视。李冠兰关注书史类铭文在不同时期的价值及阅读主体的变化，认为春秋战国之后铭体的阅读主体得到拓展，其价值从物质性、实用性的礼仪文本转变为文献性、观念性甚至可以被构拟的书面文体⑤。徐兴无以东汉王逸《楚辞章句》为切入点，关注其中描绘宇宙天地和历史兴亡的壁画，认为其中包含的汉代历史语境与文化观念为中国诗画关系的开启提供了历史根据⑥。熊良智和王志翔对女娲神话图像书写的研究⑦、李辉对周代歌诗"乐本"形态的研究⑧、黄卓越对《公羊传》前书写状态的研究⑨等是此领域颇具代表性的成果。上述研究关注到文学与图像、音乐等文体的关系，讨论了文本生成的过程，反映出古代文学学者对经典问题的深入追问。

最后，经典作家作品的研究仍然是古代文学研究的经典话题。以对

---

① 张蕾：《玉台新咏校正整理与研究》，上海：上海古籍出版社，2019年。

② 于堃、张洁：《〈文选〉对选本学的垂范及引发的后世选家思考》，载《天津大学学报》（社会科学版）2020年第3期。

③ 刘跃进：《〈玉台新咏〉研究的几个热点问题》，载《学术界》2020年第3期。

④ 罗时进：《清代海虞诗歌总集编纂考论》，载《江淮论坛》2020年第3期。

⑤ 李冠兰：《君子观于铭 —— 两周铜器铭文的阅读方式与文体观念之变》，载《文学评论》2020年第6期。

⑥ 徐兴无：《"呵壁书问天"的叙事分析 —— 兼及中国诗画关系的开启》，载《文学遗产》2020年第3期。

⑦ 熊良智、王志翔：《论神话文图传统 —— 以女娲神话的图像书写为例》，载《西北师大学报》（社会科学版）2020年第2期。

⑧ 李辉：《周代歌诗"乐本"形态探论》，载《清华大学学报》（哲学社会科学版）2020年第3期。

⑨ 黄卓越：《消失的声音：〈公羊传〉的前书写状态》，载《清华大学学报》（哲学社会科学版）2020年第3期。

"四大名著"的研究为例：有关《三国演义》的研究有纪德君对《三国演义》中家国情怀、民族精神与成败精神及智慧进行的总结，他认为上述精神能够为当下社会提供精神与道德方面的丰厚滋养①；卢玺媛关注《三国演义》中不同的荐才模式，认为自代、共事与单纯推荐三种模式展现了小说的思想艺术特质②。有关《水浒传》的研究有程毅中对《水浒传》与宋元话本的研究，他认为《水浒传》中保留了诸多宋元话本的元素，是世代累积型的话本小说③；董国炎指出《水浒传》中包含两重矛盾——国家民族内部平民百姓与贪官污吏的矛盾、对外的国家民族矛盾，后者关联着家国情怀与民族利益④。有关《西游记》的研究有胡胜有关傀儡戏《三藏取经》对《西游记》影响的研究，他认为傀儡戏为西游故事平添了许多鲜为人知的蜕变印痕⑤。有关《红楼梦》的研究有陈熙中连续撰写多年的"读红零札"，其对《红楼梦》中林黛玉读书、"入画也黄了脸"等问题进行了深入探讨⑥；曹立波对《红楼梦》中律诗出韵现象及版本问题的研究⑦等。中国古代文学类领域名家、名作难以计数，各个朝代、各个文体都有其代表性的作家与作品，在此难以一一列举。但是，上述经典作品研究的深入不仅体现出中国古代灿烂辉煌的文学成就，也彰显了古代文学学科持久的生命力与强

①　纪德君：《〈三国演义〉文化精神的时代观照》，载《明清小说研究》2019年第1期。

②　卢玺媛：《论〈三国演义〉的荐才描写》，载《中州学刊》2019年第11期。

③　程毅中：《〈水浒传〉与宋元话本》，载《文学遗产》2019年第3期。

④　董国炎：《论水浒文化两重矛盾碰撞与起伏式传承》，载《明清小说研究》2019年第3期。

⑤　胡胜：《叠加的影像——从宾头卢看玄奘在"西游"世界的变身》，载《文学遗产》2020年第5期。

⑥　陈熙中：《说"看你的笑声"——读红零札》，载《红楼梦学刊》2022年第6期；陈熙中：《说"其先人董三服官江宁"——读红零札》，载《红楼梦学刊》2022年第1期；陈熙中：《是凤姐还是入画"黄了脸"？——读红零札》，载《红楼梦学刊》2021年第1期；陈熙中：《林黛玉所读书考——读红零札》，载《曹雪芹研究》2020年第3期；陈熙中：《谈〈红楼梦〉第三十四回的一处异文——读红零札》，载《红楼梦学刊》2020年第4期；陈熙中：《说"犯了正名"——读红零札》，载《红楼梦学刊》2020年第1期；陈熙中：《说"还不得一半儿"——读红零札》，载《红楼梦学刊》2018年第6期。

⑦　曹立波：《〈红楼梦〉律诗出韵现象与小说的补遗订讹——兼谈三个版本组的演变关系》，载《明清小说研究》2020年第2期。

大的创新能力。

　　总之，近年来中国古代文学学者在经典话题的研究中屡有突破，形成了颇具创建的学术成果，为学科的发展提供了动力。通过丰富的古代典籍，学者们寻求着中国古代文学中独特的审美特质与表达方式。

（三）跨学科视角的介入

　　宽广的研究视野是中国古代文学学者的又一特质，他们将文学研究与思想史、民族交融史、说唱艺术等领域相结合，不断为学科发展开辟新领域，提供新动力。在文学与思想史相结合方面，古代文学学者取得了丰硕的成果，如，程苏东对晚周《诗》功能变化的研究，认为《诗》成为布衣获得知识人身份、跻身士阶层的傍依，又随新兴儒士的传习而发生了诸多变化[①]；徐建委关注《毛诗》的解释在两汉之际发生的深层变化，通过对《毛传》《郑笺》的分析，他认为《毛诗》开始从"被使用的文本"变为"被理解的文本"[②]。曹胜高[③]、陶磊[④]等人的研究也关注《诗经》，并重视其在春秋迭代中反映的历史道义观及评价体系生成的问题，反映了文学与文化、政治的密切联系。邹朝斌对阴阳五行思想与汉赋关系的研究[⑤]、吴光兴对隋唐文艺思想史的研究[⑥]、许和亚对南宋理学家学记思想意涵的研究[⑦]关注了不同时期的社会思想与文学现象间的关系，凸显了古代文学创作、研究的社会功能。

　　文学与民族交融的关系在近年来得到了学者们的重视，这也体现出跨

---

　　① 程苏东：《从贵族仪轨到布衣文本——晚周〈诗〉学功能演变考论》，载《文学遗产》2020年第2期。

　　② 徐建委：《早期中国知识转型期的〈毛诗〉学——基于〈毛传〉〈郑笺〉差异的研究》，载《北京大学学报》（哲学社会科学版）2020年第6期。

　　③ 曹胜高：《"〈诗〉亡然后〈春秋〉作"的学理通变》，载《古代文明》2020年第2期。

　　④ 陶磊：《经学价值的二元性："〈诗〉亡然后〈春秋〉作"疏解》，载《浙江社会科学》2020年第4期。

　　⑤ 邹朝斌：《阴阳五行思想对汉赋创作的影响》，载《四川师范大学学报》（社会科学版）2020年第1期。

　　⑥ 吴光兴：《隋唐五代文学理论研究的反思与前瞻》，载《社会科学辑刊》2019年第1期；吴光兴：《隋唐文艺思想史资料的搜集》，载《甘肃社会科学》2020年第6期。

　　⑦ 许和亚：《论南宋理学家学记的思想意涵与创作成就》，载《文学遗产》2020年第4期。

学科视野对古代文学研究的重要性。罗世琴关注北魏初期汉族文士家庭地位、政治期待、对民族政权与文化认同的差异及这一差异形成的不同文学交游圈与文学作品，试图以此推动对民族文化交往交流交融历史的理解①；胡政关注了北魏平城时期文士的交游活动，他认为这一现象反映出民族关系趋于和缓、北方政局趋于稳定的背景下士人精神空间的自由及文学参与君权文化、士族文化建构的历史②；程毅中关注《忠义水浒传》的得名，认为在将宋江起义军视为忠义军的前提下，该书不提宋金联合灭辽的历史、不用污蔑性文字，应是元朝人删改的结果，反映了文学作品对民族文化交流的重视③。中国的文学史是各民族文学共同构成的，民族间的文化交流是中国文学研究中不可回避的话题。近年来，古代文学学者对文学与民族交流历史的研究反映了他们对文学发展脉络的认知不断加深。

说唱文学在近年也受到了学者们的关注，其与古代小说的关系是学者们关注的重点。2020年《文学遗产》就曾组织"古代说唱文学研究笔谈"，黄仕忠、纪德君、吴真等学者参与讨论，推动了该领域的发展④。在具体研究中，纪德君《民间说唱与古代小说交叉互动研究》较为系统地考察了唐五代以来民间说唱艺术与小说间的双向互动，阐释了说唱文学与小说文体特征生成、发展的动因及其体现的艺术规律⑤。吴真对孤本说唱词话《云门传》进行了考察，她认为孤本《云门传》补充了古代白话说唱文学的缺环，显现出明清直至现当代各类说唱体裁在文学形态与演述方式上的内在关联⑥，其研究成果集中体现于专著《孤本说唱词话〈云门传〉研究》中⑦。

---

① 罗世琴：《切实关注民族融合与文学的历史契机——以北魏初期汉族文士为中心》，载《河北学刊》2020年第4期。

② 胡政：《北魏太武帝时期文士交游活动及其文学史意义》，载《民族文学研究》2020年第3期。

③ 程毅中：《忠义军与〈忠义水浒传〉》，载《文学遗产》2020年第6期。

④ 《文学遗产》2020年第6期。

⑤ 纪德君：《民间说唱与古代小说交叉互动研究》，北京：中国社会科学出版社，2020年。

⑥ 吴真：《古代说唱词话的文学形态与演述方式——以〈云门传〉为中心》，载《民族艺术》2021年第5期。

⑦ 吴真：《孤本说唱词话〈云门传〉研究》，北京：中华书局，2020年。

综上所述，中国古代文学研究在近年来呈现出对当下、历史两方面的重视，并都产生了优秀的学术成果。一方面，中国古代文学学者关注当下现实，他们不仅思考文学研究的社会意义，还致力于寻找古代文学中的生活智慧与当下生活的联系。另一方面，古代文学学者同样关注学科的经典议题，并为其提供新的材料与观点，以此推动学科理论的深入。在对历史与当下的共同关注中，中国古代文学研究以更广阔的视野、更多样的方法为建构中国文学理论体系与话语体系作出了自己的贡献。

三、中国现当代文学研究

中国现当代文学研究由近代文学研究、现代文学研究与当代文学研究三部分构成，近年来，这三部分研究在文学史问题的反思与推进、经典话题的深入与新解、文学作品与社会生活的探索等方面成果较为凸显，推动了中国文学研究理论体系、话语体系的建构。与新中国成立70年（2019）、"五四运动"100周年（2019）、"左联"成立90周年（2020）等历史事件相伴，社会史视野下的中国现当代文学研究、当代文学的"历史化"进程探索等话题在学者们的推动下取得了丰硕的成果，彰显了现当代文学研究的旺盛生命力。

（一）文学史问题的反思与推进

厘清现当代文学创作与研究的脉络，探究这一时期文学的历史现象与发展规律是现当代文学史研究的重点，也是近年来学界的热点话题。在这一领域，有学者从宏观的历史阶段入手，探讨书写现当代文学史的可能性与必要性，并关注到文学史料研究的意义；有学者从方法论入手，提出了现当代文学史建构中应当反思和注意的问题；也有学者用新的理论与个案为现当代文学史的书写开辟了新的视角。

对书写现当代文学史可能性与必要性的论证，主要关注当代文学史的建构理由及建构方式问题。程光炜的论文《中国当代文学史的"下沉期"》认为当代文学在经历了70年的历史长度后，文学史研究应进入"下沉期"。这标志着当代文学能够从"评论对象"变成"研究对象"，即"下沉到了能够做历史研究的状态"。程光炜在文中指出，当下学者最需要做的工作是七八十年代之交的文学研究，即新时期文学研究。他将1975—1984年这十年的研究视为历史分量最为吃重的10年，是思想上的关键期，也是日后优秀学者涌现最多的地方①。李杨《边界与危机："当代文学史"漫议》解释了中国当代文学史写作与教学的盲区，如20世纪50—70年代"人民文艺"、90年代后兴起的影视艺术、科幻小说、网络写作等。他认为上述问题与文学史观有关，制约了当代学者对新文学的概括与描述能力。面对上述现象，李杨认为学者们需要用知识考古、谱系学的眼光直视文学史乃至文学的问题化与历史化，以此对中国当代文学史进行有效的反思②。

宏观维度的文学史书写离不开对文学史料的搜集、整理与研究，这一话题也在近年来得到了现当代文学学者的重视。付祥喜《中国现代文学史料学发展历程与学科属性》回顾了1985年"建立中国现代文学史料学"倡议提出后学界的行动与问题，认为建构现代文学史料学自身的理论体系、话语模式、评价标准，确认其学科属性是当下紧迫而具体的任务③。此外，他认为当代文学史史料"窄化"，当代文学史料搜集整理以资料替代史料、选题偏重理论且雷同严重；研究方法上多纯粹的考据而少有文学批评三方面的问题④。付祥喜的研究与反思不仅限于理论层面，他还以《胡适未刊日记》⑤、胡适的信件⑥、鲁迅书信与文集及全集的编纂⑦等具体案例实践了自身现当代文学史料研究的理论。

关于建构现当代文学史的方法论及对基本问题的反思在近年来得到了

---

① 程光炜：《中国当代文学史的"下沉期"》，载《当代作家评论》2019年第5期。

② 李杨：《边界与危机："当代文学史"漫议》，载《中国现代文学研究丛刊》2020年第5期。

③ 付祥喜：《中国现代文学史料学发展历程与学科属性》，载《中山大学学报》（社会科学版）2020年第4期。

④ 付祥喜：《当代文学史研究的"窄化"现象》，载《文学评论》2020年第6期。

⑤ 付祥喜：《"学在民间"：〈胡适未刊日记〉校订注释感言》，载《粤海风》2021年第3期。

⑥ 付祥喜：《胡适致胡近仁、刘大白佚信及相关史实梳考》，载《社会科学论坛》2022年第5期。

⑦ 付祥喜：《中国现代作家书信的"公"与"私"——以鲁迅书信与文集、全集编纂为例》，载《文学评论》2022年第3期。

学者们的关注。刘勇《中国现代文学的历史逻辑与文脉谱系》认为中国现代文学与古代文学相贯通，与世界文学相关联，还原这一历史逻辑有助于重新认识现代文学深厚的传统与强大的活力。刘勇还认为文学史的书写需要有立足当下的精神，因为如何书写、评价历史是因人而异、因时而变的，包含着编著者的主观认识，这便更需要编者对历史内在逻辑的理解与文学史观念的表达①。乔国强指出文学史作者的叙说重新界定了文学史的实践，这一新界定不仅表明文学史中事件的发生于文本中事件的排列顺序并不一定相同，而且强调了文学史文本叙事事件结构量级的差异②。贺仲明提出"以文学为中心"建构文学史的思考对文学史的根本性问题进行了反思，他指出当代文学史写作都是现代性文化等因素占据主导，而当下的文学史建构应重视以文学为核心，关注文学生存情况，彰显文学丰富的思想内涵与更具开放性的审美内涵③。

学者们对现当代文学史建构的讨论不仅限于宏观理论，他们还以开阔的视野从细节层面为文学史的建构提供了新的可能。一方面，学者们系统性关注文人间的雅集唱和等文学现象的文学史意义。如朱春雨《曾国藩幕府"箧邸唱和"与晚清文人的群体认同》关注晚晴诗歌史上著名的"箧邸唱和"，认为这一现象是晚清文人于动乱平定、同治中兴时的集体发言，对理解这一时期文人的心态情感与心理期待有不可轻视的价值，强化了文人群体对诗学观念和诗歌风格的内外部趋同与外缘吸引，应在文学史书写中得到重视④。谢文韬则关注到南方诗坛的"门存唱和"，认为这一事件"是地域性相对较弱的同光宋诗派对地域性相对较强的湖湘诗派与桐城诗派进行分化、吸纳的结果"，对清末民国时期诗学地域性的逐渐消解有重要意义，同样是文学史上不可忽视的活动⑤。另一方面，现当代文学与世

---

① 刘勇：《中国现代文学的历史逻辑与文脉谱系》，载《东吴学术》2020年第5期。

② 乔国强：《文学史叙事时间的再认识》，载《文学评论》2020年第1期。

③ 贺仲明：《建构以文学为中心的文学史 —— 对于中国现当代文学史建设的思考》，载《苏州大学学报》（哲学社会科学版）2020年第2期。

④ 朱春雨：《曾国藩幕府"箧邸唱和"与晚清文人的群体认同》，载《苏州大学学报》（哲学社会科学版）2020年第2期。

⑤ 谢文韬：《"门存唱和"与清末诗学地域性的初步消解》，载《文学遗产》2020年第2期。

界文学的联系同样得到学者们的关注，从全球史、世界文学角度讨论中国现当代文学史也得到学者们的重视。如范劲关注到中国文学史的世界文学起源，认为19世纪德国的世界文学史书写中就有对中国文学的历时性描写，这是汉学家书写中国文学史的基础。①

总之，近年来学者们全方位重视对现当代文学史的书写与反思，不仅有宏观层面的理论探索，也有细节的补充与完善。随着学者们对文学史书写的重视不断提高，《文艺报》《光明日报》等刊物在新中国成立70年时也陆续推出"新中国文学70年足迹""新中国文学记忆"等专栏，为文学史的书写与建构提供了平台。

（二）经典话题的深入与新解

经典话题是学科得以发展的基础，该领域的不断深入也反映出现当代文学研究的活力。从经典作家作品的角度出发：近年来中国近代文学研究关注龚自珍、王国维等经典学者；中国现代文学学者则持续推进对鲁迅的研究，有关左联、曹禺的研究也有所进展；中国当代文学学者则关注到此前重视程度不够的李准，进一步推动了学科理论的深化。

龚自珍、王国维等学者在中国近代文学研究中占据重要地位，他们的作品不仅反映了时代特色，还对中国文学的后续发展有着不可忽视的影响。李晨关注到龚自珍诗歌的"经典化"过程，认为龚自珍的诗歌经历了清末至民初、民国时期、20世纪50年代三个阶段的经典化过程，展现出事实上的"近代"与观念上的"近代"对文学作品"经典化"的意义②。李芳关注《怀人馆词选》中收录的龚自珍《瑶台第一层》，认为其与刘大白藏《红禅室词》中收录的版本有所差异，并借助旗人说唱文学对该作品的本事与传播过程进行了详细考据，从个案角度推动了龚自珍研究的深入③。有关王国维的研究同样在近代文学领域占据重要地位。寇鹏程曾长期聚焦对王国维文学理论生成机制的研究，他与耿志合作探讨了"境界"说的生成，认为这是以西方哲学、中国传统文论和王国维生命体验为

① 范劲：《中国文学史的世界文学起源——基于德国19世纪以来世界文学史书写的系统论考察》，载《文艺研究》2020年第2期。

② 李晨：《文学史的选择：论龚自珍诗歌的"经典化"》，载《文学遗产》2020年第3期。

③ 李芳：《龚自珍〈瑶台第一层〉词本事、文本与传播》，载《文学遗产》2020年第6期。

养分，以其诗词创作经验和阅读体验为母题，以诸多子概念及其内逻辑关系为血肉和筋脉的有机体系①。此后，他又撰文探讨了《人间词话》的"人间性"，认为这与当时"诗界革命""文界革命"的文学革命精神相通，是中国文论从古典转向现代的桥梁，具有阐释文学的有效性与生命力②。此外，杨柏岭对王国维接续词统与追求词境"高格"的研究③、彭玉平对王国维与况周颐审美范式相通的论述④、杨传庆对王国维"自悔少作"《人间词话》的新探索⑤都是近年来王国维研究的新成果，证明了该领域学者的活跃与近代文学研究的潜力。

鲁迅研究在中国近代文学研究中始终占据重要地位，也是近年来研究的热点。面对这一经典研究对象，学者们也不断提出新的视角与理论，推动鲁迅研究的深入。鲁迅的人生经历及其创作与世界文学的关系仍然受到重视，姜异新关注了鲁迅留日时期以异国语言为工具进行的文学阅读获得，主要包括日语、德语、英语文学作品等，他认为这些经历塑造了鲁迅的"文之觉"⑥。崔文东关注到鲁迅的《域外小说集》中对德语"世界文学"资源的吸收转化，认为这是中国文学史上建构"世界文学"的首度尝试⑦。李冬木论述了周树人在留学时期与"狂人"相遇、创作《狂人日记》，进而成为"鲁迅"的精神历程⑧。鲁迅与政治的关系同样得到了学者们的

---

① 耿志、寇鹏程：《王国维"境界"说的生成机制研究》，载《文艺理论研究》2019年第2期。

② 寇鹏程：《论王国维〈人间词话〉的"人间性"》，载《文艺研究》2020年第2期。

③ 杨柏岭：《王国维接续词统与追求词境"高格"的新理据》，载《中山大学学报》（社会科学版）2020年第6期。

④ 彭玉平：《"清疏"：王国维与况周颐相通的审美范式》，载《文艺研究》2019年第10期。

⑤ 杨传庆：《王国维"自悔少作"〈人间词话〉探赜》，载《文艺研究》2019年第10期。

⑥ 姜异新：《"百来篇外国作品"寻绎（上）——留日生周树人文学阅读视域下的"文之觉"》，载《鲁迅研究月刊》2020年第1期；姜异新：《"百来篇外国作品"寻绎（下）——留日生周树人文学阅读视域下的"文之觉"》，载《鲁迅研究月刊》2020年第2期。

⑦ 崔文东：《青年鲁迅与德语"世界文学"——〈域外小说集〉材源考》，载《文学评论》2020年第6期。

⑧ 李冬木：《"狂人"的越境之旅——从周树人与"狂人"相遇到他的〈狂人日记〉》，载《文学评论》2020年第5期。

重视，如，仲济强以鲁迅的《风波》为例讨论文学如何介入政治①，孙尧天对早期鲁迅对历史进步论接受与抵抗的研究②，张武军对鲁迅被称为"中国高尔基"的过程及其社会意义的讨论③等，都丰富了此领域的学术成果。

近年来正逢"左联"成立90周年、曹禺诞辰110周年，学者们也产出了与之相关的高质量研究成果。其中，关注"左联"与左翼文学的有张悦对左翼文学与海派文学关系的论述④、邵雍以中国共产党早期宣传部等组织与左联关系为切入点对20世纪30年代上海文化斗争情况的讨论⑤、甄皓涵对"左联"与《申报·自由谈》互动的探索⑥等。关注曹禺的有祝宇红对曹禺戏剧"回溯"与"闯入"双重隐形结构的分析⑦、丁文以"川版"《原野》为例探索50年代文学规范对80年代作家作品的影响⑧、田露翻译的曹禺外访稿⑨，上述研究不仅角度新颖且发掘了新的文学史料，对曹禺研究的深入有推动作用。

在当代文学方面，有关李准的研究有所拓展。程凯认为李准的创作以"及时反映现实"著称，带有"写政策""跟形式"的意味，这也导致了对李准文学作品的评论在不同时期会形成较大差异⑩；朱羽认为李准相

---

① 仲济强:《文学如何介入政治：鲁迅〈风波〉中的话语权暗战》，载《南京师范大学文学院学报》2020年第4期。

② 孙尧天:《"偏至"、"复古"与文明再造 —— 早期鲁迅对历史进步论的接受与抵抗》，载《文学评论》2019年第4期。

③ 张武军:《"中国高尔基"与"政治家"鲁迅》，载《开放时代》2020年第6期。

④ 张悦:《从北方左联的"失效"谈左翼文学的海派特性》，载《中国现代文学研究丛刊》2020年第9期。

⑤ 邵雍:《中共早期宣传部、文委与左联的关系 —— 20世纪30年代上海文化斗争的若干考证》，载《社会科学文摘》2020年第10期。

⑥ 甄皓涵:《中国左翼作家联盟与〈申报·自由谈〉（1933 — 1935）》，载《文学评论》2020年第1期。

⑦ 祝宇红:《"回溯"与"闯入" —— 论曹禺戏剧的双重隐形结构》，载《中国现代文学研究丛刊》2020年第3期。

⑧ 丁文:《"川版"〈原野〉的文学史意义》，载《中国现代文学研究丛刊》2020年第3期。

⑨ 田露:《曹禺外访演讲稿一组》，载《中国现代文学研究丛刊》2020年第3期。

⑩ 程凯:《"再使风俗淳" —— 从李双双们出发的"集体化"再认识》，载《文艺理论与批评》2020年第5期。

较于赵树理、周立波等作家更难解读，需要注意政策背后文学创作中透露的"历史时间内在的多质性与差异性"①。上述研究不仅深化了对作家作品的解读，还进一步关注了文学与历史、政治间的相互影响。

总之，近年来我国现当代文学研究的经典话题在学者的推动下不断深入，新的视角与史料频频涌现，彰显了该学科的生命力与理论深度。除上文所列话题外，戏曲研究、翻译文学研究、传教士文学研究、日记研究、画报与图像研究、地方路径研究、抗战区文学研究及其他经典作家、作品研究都是近年来的研究话题，且在现当代文学研究中占据重要位置。

（三）文学作品与社会生活的探索

从社会史角度解读现当代文学是近年来的热点，文学作品与社会生活的关系也频频得到学者们的关注。2015年《文学评论》就曾组织"社会史视野下的中国现当代文学"笔谈，邀请学者对此问题进行讨论，2020年《文学评论》再次组织"社会史视野下的中国现当代文学"笔谈，邀请倪伟②、吴晓东③、倪文尖④等学者对此话题进行深入的交流。在与个案相结合的过程中，学者们主要关注近代的社会变革与文学创作的关系及社会主义建设时期的文学与社会关系。

近代社会的剧烈变革与文学创作间存在明显的相互影响，这一现象得到了现当代文学学者的重视。孙启华关注太平天国时期的"书厄"及诗歌书写，认为文献、文人与文心三者构成唇亡齿寒的相互依存关系，而太平天国时期对典籍的破坏促使士人群体进一步关注士风、士气的消沉与重振。⑤何湘以"絜园展禊"为中心，关注到事件视角下的晚晴湖湘文人雅集研究，认为这一事件承前启后，成为湖湘文人承袭文化习俗、推行文化

---

① 朱羽：《字里行间的"时势"——研读李准》，载《文艺理论与批评》2020年第5期。

② 倪伟：《社会史视野与文学研究的历史化》，载《文学评论》2020年第5期。

③ 吴晓东：《释放"文学性"的活力——再论"社会史视野下的中国现当代文学研究"》，载《文学评论》2020年第5期。

④ 倪文尖：《文本、语境与社会史视野》，载《文学评论》2020年第5期。

⑤ 孙启华：《太平天国时期的"书厄"及诗歌书写》，载《苏州大学学报》（哲学社会科学版）2020年第2期。

传统这一持续性过程中的重要一环①。此外，梁苍泱对清末时新小说征文作者群与中国各地近代化程度的研究②，晋海学通过《极乐池》与近代政治小说演进历史的探索③，付立松对《锁麟囊》与晚晴民国时期北京旗人命运关系的描绘④，都深化了学者对文学作品与近代社会生活的联系，凸显了文学研究的社会史价值。

　　当代文学与社会主义生活的关系也是学者们关注的重点。程凯关注《徐光耀日记》与20世纪50年代下乡办社的经历，认为这是一个高质量的"深入生活"的文本，有助于体会50年代文艺创作体制的一些结构性矛盾及现实主义协作要求的挑战性⑤；李娜致力于探讨《朝阳沟》与青年思想改造的问题，认为20世纪五六十年代之交，国家在政治、经济上的变化对青年提出了高度的主体责任要求，而《朝阳沟》则较好地处理了看起来"小"的身心问题与"大"的时代政治要求之间的关系⑥。上述研究阐释了文学作品对民众生活的重要影响，彰显了现当代文学的时代与社会意义。

　　综上所述，近年来中国现当代文学既注重对文学史的书写，也关注对现实社会生活的观照，既注重对经典话题的深入，也强调为经典命题提供新的视野。随着时代的发展，科幻小说、非虚构文学和网络文学等新文学形式也得到学者们的关注，体现出现当代文学对固有研究领域的不断拓展。现当代文学研究丰硕的成果是中国理论体系、话语体系得以建构的基础，彰显了学科发展的巨大潜力与时代意义。

---

① 何湘：《事件视角下的晚清湖湘文人雅集典型——以絜园展禊为中心》，载《苏州大学学报》（哲学社会科学版）2020年第1期。

② 梁苍泱：《清末时新小说征文作者群的考证与印证》，载《明清小说研究》2020年第4期。

③ 晋海学：《民初政治小说〈极乐地〉的文学史意义》，载《中国现代文学研究丛刊》2020年第1期。

④ 付立松：《〈绣囊佳话〉与〈锁麟囊〉：北京旗人命运之隐性书写》，载《中国现代文学研究丛刊》2020年第5期。

⑤ 程凯：《"深入生活"的难题——以〈徐光耀日记〉为中心的考察》，载《中国现代文学研究丛刊》2020年第2期。

⑥ 李娜：《历史中的"小"与"大"——〈朝阳沟〉如何回应青年思想改造问题》，载《文学评论》2020年第3期。

四、中国民间文学研究

民间文学是与民众生活紧密相连的文学体裁，其反映了民众的精神生活与审美特质，为文学研究提供了新的视野。近年来，民间文学学者聚焦对学科基本问题的反思，强调"朝向当下"的研究旨归，并在具体文类的研究中取得了一定的突破。此外，随着《钟敬文全集》①、《新中国民俗学研究70年》②、《中国民间文学史》③等著作的相继出版，民间文学研究展现出深厚的资料积累与强劲的发展潜力。

（一）基本理论的反思

近年来，民间文学的基本理论建构与民俗学联系密切，二者对"朝向当下"的重视共同指向了对民俗之"民"的研究。高丙中《发现"民"的主体性与民间文学的人民性——中国民间文学发展70年》梳理了过去70年间民间文学与国家事务间的密切联系，强调通过民间文学发现"民""民间"的主体性，从而把民间文学纳入国家的公民教育和共同体认同的文化工程，使普通人能够在经验上确证"人民"的个体的重要性④。户晓辉在《新时期中国民俗学基础理论研究的逻辑进程》中认为，新时期的中国民俗学与民间文学研究应以实践民俗学为本体论，维护每个民俗之"民"的自由意志⑤。

民间文学领域出现了诸多围绕"民"开展研究的具体路径，体现了民间文学研究的广阔视野与深厚潜力。其中，有关个人生活史的研究较具代表性：刘铁梁在《个人叙事与交流式民族志》中提到民间文学与民俗学研究应意识到"生活实践的主体是普通民众，而不是以'民俗主义'或'传统的发明'为理论依据的民俗操弄者"，因此在研究方法上便必然经历由

---

① 钟敬文著，董晓萍编：《钟敬文全集》，北京：高等教育出版社，2018年。

② 叶涛主编，施爱东、毛巧晖副主编：《新中国民俗学研究70年》，北京：中国社会科学出版社，2019年。

③ 祁连休、程蔷、吕微主编：《中国民间文学史》，石家庄：河北教育出版社，2019年。

④ 高丙中：《发现"民"的主体性与民间文学的人民性——中国民间文学发展70年》，载《民俗研究》2019年第5期。

⑤ 户晓辉：《新时期中国民俗学基础理论研究的逻辑进程》，载《东方论坛》2019年第4期。

"传统的实证式民俗志向交流式民俗志转变，注重研究者与民众之间的交流与对话实践"①。王加华将个人生活史提高到民俗学与民间文学研究路径的高度，认为对个人生活史的研究有助于真正关注民俗之"民"，以"民"带"俗"，还"俗"于"民"，真正关注民俗与民间文学的主体性与思想感受②。毛晓帅也关注有关个人生活史与个人生活叙事的研究③，他结合桑德拉·多尔比的研究，将个人生活史视为一种叙事，认为其不仅在知识共享、秩序建构、身份认同等实践中有着重要意义，还能够进一步拓展民间文学关注的文类，为学科发展注入新的活力。

　　总之，围绕"朝向当下"的议题，民间文学学者们提出了"实践""对话""主体"等关键词，并形成了多种研究路径。其中，有关个人生活史与个人生活叙事的研究得到了学者们的关注，这一路径凸显了关注民众现实生活的重要性，也为后续民间文学的研究提供了更为宽广的视野。

（二）具体文类研究的深入

　　在具体文类研究中，神话、传说与故事是民间文学研究的主要对象，也是学科理论得以发展的根基。在这些经典文类研究中，民间文学学者以不同的方法推进神话、传说与故事研究。其中，神话研究主要凸显了跨学科视角的价值；传说研究关注文本的生成及其与地方文化间的紧密联系；故事研究则聚焦于新理论的引入与对故事家的持续关注。

　　跨学科的视野与多种材料的使用为近年来的神话学研究注入了新的活力。吴晓东借助统计学方法推进神话研究，他将《山经》中"无草木""沙""海"等自然环境描写的数目与分布进行了详细的统计，发现《山经》所描述的景象呈现出中部生态好而四周生态差的特点。吴晓东认为这反映出《山经》中的景象是基于祭祀者对整个世界的想象而建构

---

① 刘铁梁：《个人叙事与交流式民俗志：关于实践民俗学的一些思考》，载《民俗研究》2019年第1期。

② 王加华：《个人生活史：一种民俗学研究路径的讨论与分析》，载《民俗研究》2020年第2期。

③ 毛晓帅：《民俗学视野中的个人叙事与公共文化实践》，载《民族文学研究》2019年第3期；毛晓帅：《桑德拉·多尔比个人叙事研究述评》，载《民族文学研究》2021年第4期。

的①。刘宗迪借助宗教地理学与山川博物志的方法，统计了《山经》中有关祭祀上帝与众神的圣地的记载，认为其背后有着一个以"帝之下都"昆仑为中心、宏大而完备的宗教地理学体系，这是了解上古宗教祭祀和神话传说的原始形态的关键路径②。王宪昭借助现代信息技术编辑神话学母题索引，并出版了《中国神话人物母题数据索引》③、《盘瓠神话母题（WPH）数据目录》④等著作，不仅为神话学研究积累了充分的资料，更为神话学发展提供了新的路径。

对传说生成方式及其与地方文化关系的研究是近年来民间文学学者关注的重点。毛巧晖认为，不同时代、不同群体在民间故事讲述时都在回应特定的时代命题与群体的生存经验，如"白蛇传"的跨时代、跨区域传承传播彰显了其所呈现的文化共享与交融在当下文明互鉴与交流中发挥的独特魅力⑤。王尧运用"传说动力学"⑥理论，以山西地方性神灵通天二郎信仰为个案，探讨了传说所反映的村民围绕"神灵后裔"身份资本的争夺过程⑦。中村贵对上海春申君治水传说的研究则关注到现代社会中传说发展动力的普遍衰微及春申君治水传说在都市建设过程中如何被重新赋能，并在新时代如何成为民众所接受的文化符号进而获得新动力的路径。⑧黄

---

① 吴晓东：《〈山经〉"无草木""沙"及其相关词汇的统计分析》，载《文化遗产》2020年第5期。

② 刘宗迪：《天生神物：〈山海经〉中的上帝与众神》，载《民间文化论坛》2020年第4期。

③ 王宪昭：《中国神话人物母体数据索引》，北京：中国社会科学出版社，2020年。

④ 王宪昭：《盘瓠神话母题（WPH）数据目录》，北京：学苑出版社，2020年。

⑤ 毛巧晖：《"白蛇传"故事讲述中的话语嬗变与文化共生》，载《贵州民族大学学报》（哲学社会科学版）2021年第4期。

⑥ 陈泳超：《背过身去的大娘娘：地方民间传说生息的动力学研究》，北京：北京大学出版社，2015年。

⑦ 王尧：《神灵后裔的身世传说与信仰发生期的动力机制》，载《民族艺术》2020年第1期。

⑧ 中村贵：《太湖流域春申君传说研究——以上海为例》，载《荆楚学刊》2017年第4期。

涛①、詹娜②等学者也在此方面着力较多，推动了民间传说研究的创新与深入。

近年来，一些国外理论被引入民间故事研究领域，为故事研究注入新的活力，同时，对故事讲述人的研究仍然在此领域占据重要的地位。贾放《普罗普的故事诗学》③是该领域较具代表性的专著，该书综合考察普罗普的三本专著《故事形态学》《神奇故事的历史根源》《俄罗斯故事论》，并分析了普罗普在共时研究、历时研究与艺术研究上取得的成就。该书不仅对普罗普的研究方法与观点进行了较为全面的梳理，更为民间文学研究基本范式的推进提供了可供借鉴的案例，促进了中国叙事学与故事学的研究。漆凌云和万建中对母题概念的反思④、施爱东对自身民间故事共时与历时研究的总结⑤都在故事学领域产生了影响，推动了学科发展与中国民间文学理论体系的建构。在故事家研究领域，江帆《民间故事家》以关键词的形式对民间故事家的特点、故事家与听众等该领域研究的基本问题进行了清晰地梳理⑥。她对黄振华的研究则从个案角度切入，强调了故事家如何将"地方性知识"嵌入故事框架，使广泛流传的故事呈现出"文化地理印记"⑦。高荷红以"讲述"与"书写"为切入点，探讨民间故事家传承方式的演变及发展趋势⑧等。这些研究关注民间故事讲述人与生活之间的关联与张力，推动了故事研究的深入发展。

---

①　黄涛、徐珍：《传说中的刘伯温：民众生活愿望与社会理想的独特载体》，载《温州大学学报》（社会科学版）2019年第4期。

②　詹娜：《口述历史与正史：言说历史的两种路径 —— 以辽宁满族民间叙事与区域史的建构为例》，载《民俗研究》2019年第1期。

③　贾放：《普罗普的故事诗学》，北京：中国社会科学出版社，2019年。

④　漆凌云、万建中：《"母题"概念再反思 —— 兼论故事学的术语体系》，载《民俗研究》2019年第4期。

⑤　施爱东：《故事法则》，北京：生活·读书·新知三联书店，2021年；施爱东：《故事机变》，北京：中国社会科学出版社，2022年。

⑥　江帆：《民间故事家》，载《民间文化论坛》2019年第4期。

⑦　江帆：《地方性知识在民间叙事中的嵌入策略及其功能 —— 以黄振华故事为基础的讨论》，载《民间文化论坛》2020年第3期。

⑧　高荷红：《讲述还是书写 —— 非典型性的满族民间故事家》，载《内蒙古大学学报》（哲学社会科学版）2019年第3期。

综上所述，近年来的民间文学研究既关注对基本问题的反思，又推动着经典议题的深入，反映了学术转型过程中学科发展的生命力与创新力。需要指出的是，民间文学领域的研究范围十分宽广，有关民间文学与民俗学、非物质文化遗产研究的关系等话题也得到了学者们的重视，但碍于篇幅所限，在此难以一一列举。综观近年来的民间文学研究实践，学者们不断引入新的理论，探索新的研究路径，使与民众生活紧密相连的民间文学焕发出新的生机与活力。民间文学对创新的追求也体现出该领域学者对建构中国文学理论体系与话语体系的不懈追求。

五、结语

近五年来，中国文学研究在文艺理论、中国古代文学、中国现当代文学与民间文学等多个领域取得了不少的突破，产生了一批颇具学术影响力的成果。中国经典文学作品中蕴含着独特的表达方式与审美意趣，对其研究与总结是建构中国文学理论体系与话语体系的基础，这也是文学学者们近年来努力的方向。在具体研究中，中国文学学者们重视学科经典议题，强调开拓研究视野的重要性，为学科的发展注入了动力。学者们将经典议题视为学科创新与发展的根基，并不断赋予其新的时代意义。与此同时，学者们也注重对学科史的书写，并在不断反思中确定经典作家与作品的地位。学者们的研究基于文学文本却又不限于文本，且注重文学与社会的关系，凸显了文学研究对社会现实的观照。

建构中国文学学术体系与话语体系的道路仍然漫长。学者们仍需思考如何突破学术研究的既有模式，避免研究成果的重复与低效，增加理论深度和原创性成果，加强学术成果的创新性发展和创造性转化，尽快构建充分体现中国特色的中国文学学术体系和话语体系。

语言研究

古代汉语书面语在少数民族中的变体

—— 以滇桂琼瑶族、苗族"读书音"为例

黄莹洪　李锦芳

摘要：自古以来，南方部分少数民族学习汉字会使用一套与母语汉借词不同的"读书音"，可称其为古代汉语书面语的变体。与其他民族的汉字"读书音"相比，滇桂琼瑶族、苗族"读书音"特点是再分为经书、歌书两类，歌书音比经书音的年代略晚。文章以经书音为重点，比较滇桂琼三地音系语音特点的共性和差异。瑶族、苗族"读书音"并非单一来源，其保留全浊塞音塞擦音声母和经书、歌书异读等的特点与湘西南苗瑶平话近似，精–知庄章二分和阳声韵、入声韵大多保留的特点则与勾漏片粤语相同。另外，从海南屯昌庄章组依韵母洪细分流的特点可以确定，琼地"读书音"未受勾漏片粤语影响，而是与海南闽语相似。从瑶族蓝靛支系和海南苗族"读书音"现象可见，使用国家通用语言文字有助于各民族交流交融、共同发展进步，有利于铸牢中华民族共同体意识。

关键词：古代汉语书面语；语言变体；读书音；苗瑶平话

作者简介：黄莹洪，文学博士，岭南师范学院文学与传媒学院讲师，主要研究方向为汉语国际教育、汉语与少数民族语言关系；李锦芳，文学博士，中央民族大学中国少数民族语言文学学院教授、博士研究生导师，主要研究方向为中国少数民族语言文字。

基金项目：国家社会科学基金重大招标项目"滇黔桂越边区百部珍稀土俗字文献收集译注与研究"（21&ZD308）。

　　中国自古以来就是多民族国家，各民族为了生存、发展，自觉地走到了一起，在千百年的交往交流中，互学互鉴，共同发展进步，形成了中华民族共同体，共同缔造了灿烂的中华文化。中国很早就有民族通用语，周代时就称为"雅言"，也叫"雅音""中原雅言"，以中原语音为标准，《论语·述而》曰："子所雅言，《诗》《书》，执礼，皆雅言也。"指孔子在讲习《诗经》《尚书》及行礼事之时使用民族通用语。共同语的使用促进了各语言、方言区人民的交流，也促进了各个地区社会文化的发展。长期以来，中原地区引领中国及东亚地区的社会文化发展，我国各民族及周边国家很早就习用汉语汉字，于是在周边国家和部分少数民族中形成了不同年代沉积下来的古代汉语书面语，即汉字读音的不同系统。例如，日本的"吴音""汉音""唐音"，朝鲜的"汉字音"，越南的"汉越音"。在少数民族特别是南方部分少数民族中也沉积了体现不同时代特点的古代汉语书面语——汉字"读书音"，这些"读书音"系统属于历史沉淀，往往还叠加了不同时代的汉语语音特点，也在一定程度上吸收了母语音系特点，形成了一套不完全等同于任何时代、任何汉语方言的汉字读音系统，作为少数民族群众学习汉文化的重要工具，至今在许多少数民族地区仍然保存和使用。这是文化和语言传播、融合的产物，也是少数民族自觉学习使用汉语汉字、追求社会文化进步的见证。

　　本文先介绍少数民族汉字"读书音"的基本情况，再描写分析分布地域广但学界尚未具体研究的瑶族蓝靛瑶支系及海南苗族的"读书音"的特点及其来源，最后通过少数民族"读书音"现象讨论国家通用语言文字使用的必然性及积极意义。

一、古代汉语书面语传播的遗存 —— 少数民族的"读书音"

　　今天，生活在广西、广东、湖南、云南、海南等地的壮族、瑶族、苗族、仫佬族等少数民族，以及海南岛岛北、岛西、岛南使用临高语、村语、回辉语的居民都还不同程度地保留着古代汉语书面语，有的地方仍有活跃的使用人群，有的仅有少数人还在使用，濒临失传。南方地区的少数民族"读书音"大多是明代以来在学习中原文化的过程中形成的，最初用于儒道经书及古诗文，后来逐渐用于习读各类汉文，包括书信、歌谣念唱。这些"读书音"系统最初来源于某个临近汉语方言语音系统，但都在不同民族的长期使用发展中发生了变异，形成同中有异的汉语书面语变体。

壮族的汉字"读书音"主要流行于桂中南一带的南宁、贵港、来宾三市的壮族地区，应是明代开始流行。壮族地区比较普遍的学堂教育系从明代兴起："由于朝廷重视，所以明代办学的风气很浓。从广西壮族地区的情况来看，不仅接受中原文化教育较早的东部壮族各州县设立了很多学校，在广西西部壮族的羁縻州县，也都已有学校的设立。如庆远府所属的宜山、天河、思恩等，思恩府及其所属武缘县，南宁府所属的新宁州、上思州等，到明代中叶已设有书院。"①上述列举地区就包括今流行"读书音"的南宁周边壮族地区，这些地区明代流行的汉语官话是古平话，这应该就是壮族"读书音"语音系统的直接源头，与现代平话也仍然比较接近。

分布在广西罗城的仫佬族中也流行"读书音"，其主要用于念诵各种文学经典，也用于唱山歌，语音系统与周边"马拐话"（或称土拐话，为汉语平话方言）基本吻合。

海南北部分布在临高、琼山、澄迈、儋州等地使用壮侗语族临高话的人群，岛西东方、昌江使用壮侗语族村话②的人群以及岛南使用回辉话的回族中也普遍流行"读书音"，语音系统近似于近代北方官话，保留有一个入声调，与现今海南最流行的汉语方言闽南话不同。岛北岛西的这两种"读书音"语音系统很接近，可能都是来源于明代因屯军需要而扩散到海南的"军话"，"读书音"保留了早期"军话"中的塞音韵尾及入声③，而现代军话已经消失。回辉话的汉字音系统，与军话和儋州话相近又有差异，也当是来自一种较古老的北方汉语④，可能就是明代海南"军话"。

广泛分布在广西、广东、湖南、云南及境外的瑶族也流行"读书音"，其使用领域比较广泛，主要用于道教经典诵读、信歌诵读（瑶族历史上频

---

① 黄现璠、黄增庆、张一民：《壮族通史》，南宁：广西民族出版社，1988年，第538页。

② 欧阳觉亚：《村语研究》，上海：上海远东出版社，1998年，第52—69页。

③ 张均如：《临高语借词、读书音的来源及语言相互影响》，载《民族语文》1997年第1期。

④ 郑贻青：《回辉话中的汉语借词及汉字读音》，载《民族语文》1995年第5期。

繁迁徙，活动范围广，常通过传递信歌相互联系）。海南琼中、琼海、屯昌一带的苗族系明代由广西"蓝靛瑶"支系迁居海南演化而成，至今仍保留"读书音"。瑶族和海南这支苗族流行的"读书音"接近中古汉语系统，在长期的使用过程中也发生了族群支系或同一支系不同地域的变体，勉瑶支系、藻敏支系与蓝靛瑶支系有区别，蓝靛瑶支系内部也有不同变异。

华南一带这些汉字"读书音"与任何汉语方音都不完全一致，而且或多或少地带上了民族语的语音特征，体现着汉语与民族语言交融的特点。例如，壮族"读书音"声母的不送气特征，回辉话汉字音缺少送气塞擦音的特征，村语汉字音古帮、端母读内爆音ɓ、ɗ的特征，临高话读书音保留促声韵尾的特征，都是受民族语影响而出现或保存的。

瑶族蓝靛瑶支系主要分布在广西、云南和越南北部，使用瑶语金门方言。海南琼中、屯昌、保亭一带的苗族明朝从广西迁去，与蓝靛瑶同出一脉，也使用瑶语金门方言。瑶族的盘古（使用勉方言）、八排（使用藻敏方言）和蓝靛支系历史上习读汉语经书、诗文，形成一套"读书音"，后虽迁徙多地，仍通过家传、师徒相授等方式流传至今。这部分瑶族人民用这一套"读书音"来识字诵文、念诵道经、编唱歌谣和家谱等。各地瑶族汉字"读书音"音系同中有异，都不超出各自母语音系范围，又均与各地现代汉语方言不同。这种现象与壮族地区和一些越南寺庙传承的"读书音""读经音"情况相似，其汉字读音并非从临近现代汉语方言或者学校教育获得，而是古代汉语书面语的变体。

二、滇桂琼瑶族、苗族"读书音"的特点

近三年来我们曾赴云南元阳县、广西西林县、广西田林县、广西防城港市、海南屯昌县五地调查瑶族、苗族"读书音"，本文仅列三个点音系：云南元阳，发音人邓文明（1945—2021），语料主要来自《完满科》《开山科》；广西西林，发音人盘光华（1949—　），语料主要来自《天师戒度科》《开启科》；海南屯昌，发音人邓明金（1968—　），语料主要来自《香水文》《功曹书》。三位发音人均为男性，瑶族、苗族道公，主持民间传统宗教活动。

（一）元阳瑶族读书音音系

1.声母（共38个）

p、ph、b、pj、bj、m、mj、f、w、t、th、d、n、nj、l、lj、tθ、dð、ts、tsh、dz、s、ʈ、ɖ、ŋ、ɕ、j、k、kw、kj、kh、g、gw、gj、ŋ、ŋw、ŋj、x。

声母说明：

（1）ʈ-、ɖ-发音时舌面前接触硬腭，多见于精组字。（2）与au、ap韵结合，腭化音声母kj-和gj-可分别变读为塞擦音tɕ-和dz-，如"甲"读为kjap³³、tɕap³³，"旧"读为gjau³³、dzau³³。

2.韵母（共46个）

i、iu、im、in、ip、it、ə、əu、ɛ、ɛi、ɛn、ɛŋ、ɛːŋ、ɛp、ɛt、ɛk、a、ai、au、am、aːm、an、aːn、aŋ、aːŋ、ap、aːp、at、ak、aːk、o、oi、om、on、oŋ、oːŋ、op、ot、ok、oːk、u、ui、un、uŋ、ut、uk。

韵母说明：

（1）ɛi韵开口度较小，接近ei。（2）ai、au、at三韵的元音介于短音a和长音aː之间，单念时可长可短。（3）偶有前后鼻音韵尾不分情况出现，如"陈"读为dzɛŋ²²、dzɛn²²。

3.声调（共10个调类，见表1）

表 1　元阳瑶族读书音音系声调

	阴平	次阴平	阳平	阴上	次阴上	阳上	去声	阴入	次阴入	阳入
调值	24	42	22	35	55	31	33	33	42	55
例字	tθin²⁴ 仙	tin⁴² 千	dðin²² 前	tin³⁵ 典	xin⁵⁵ 显	dðin³¹ 善	tθin³³ 线	tθit³³ 节	tit⁴² 铁	bit⁵⁵ 别

声调说明：

（1）声调以古声母的清浊为条件分阴阳，次调字的送气成分大多可省，古次清字独立成调①。（2）除次清字归次阴平外，去声都读33。（3）经书汉字读音部分为西南官话，其声调系统为55阴平、42阳平、33

---

① 毛宗武：《瑶族勉语方言研究》，北京：民族出版社，2004年，第76—77页。

上声、24/21（变调）去声，属云南片滇南小片。

（二）西林瑶族读书音音系

1.声母（共33个）

p、pj、b、bj、pl、m、mj、f、v、w、t、tj、thj、d、n、l、lj、θ、ð、
ʈ、ɖ、ɳ、ɕ、j、k、kw、kj、g、gw、gj、ŋ、ŋw、h。

声母说明：

（1）塞音ʈ–在西南官话读音层中读为塞擦音tɕ–，如"争"两读：
tɕen²⁴、tɕan²⁴，ʈ与tɕ不构成对立。（2）ɕ–在以–a–、–u–、–ɔ–为韵腹的韵
母中读音接近s–。（3）清母三等字读送气塞音thj，如"且"thja³¹；除清母
三等字外，古次清声母多读不送气音，偶有例字在语流中读送气声母，如
"托"读为tɔ:k³¹、thɔ:k³¹。（4）半元音声母w–常出现在元音a、i、u前，唇
齿音声母v–常出现在ə、e前。（5）舌面鼻音声母ɳ偶尔变读为腭化音nj，
如"娘"读为ɳaŋ²¹、njaŋ²¹。

2.韵母（共53个）

i、iu、im、in、i:n、iŋ、ip、it、i:t、e、ei、en、eŋ、e:ŋ、ep、et、
ek、e:k、ə、əu、a、ai、a:i、au、am、a:m、an、a:n、aŋ、a:ŋ、ap、a:p、
at、a:t、ak、a:k、o、oi、ou、om、on、oŋ、ɔ:ŋ、op、ot、ok、ɔ:k、u、ui、
un、uŋ、ut、uk。

韵母说明：

（1）ai实际音值是əi，如"师"读为θai⁵³、θəi⁵³。（2）–an可变读–ən，
如"文"读为ban²¹、bən²¹。（3）鱼虞韵一些字两读，如经书音（左）和歌
书音（右）的对比："书"ðui⁵³–θəu⁵³、"遇"ɳui³²–ŋəu³²。（4）i:n、i:t仅见于
歌书音的仙薛韵，如"选歌"ɕi:n⁵⁵、"八歌"pi:t³¹。

3.声调（共11个调类，见表2）

表2　西林瑶族读书音音系声调

	阴平	次阴平	阳平	阴上	次阴上	阴去	次阴去	阳去	阴入	次阴入	阳入
调值	24	53	21	55	31	33	353	32	55	31	33

续表

	阴平	次阴平	阳平	阴上	次阴上	阴去	次阴去	阳去	阴入	次阴入	阳入
例字	θei²⁴ 司	θei⁵³ 思	ði²¹ 蛇	θi⁵⁵ 止	hi³¹ 启	θei³³ 四	hi³⁵³ 气	ði³² 自	pat⁵⁵ 毕	tat³¹ 七	da:t³³ 达

声调说明：

（1）声调以古声母的清浊为条件分阴阳，阴调的次清声母读次调，次调字的送气成分大都消失。（2）次浊上归次阴上，全浊上读阳去，如"马" ma³¹、"陛" bai³²。（3）阴入（55）的长音韵常变读降调，如"八" pa:t³¹。（4）经书汉字西南官话层读音的声调系统为33阴平、31阳平、35上声、24/21（变调）去声，属桂柳片桂北小片①。

（三）屯昌苗族读书音音系

1.声母（共43个）

ɓ、ɓj、ph、phj、b、bj、m、f、v、ɗ、ʄ、t、tj、th、thj、d、dj、n、l、lj、ts、tsh、s、ʈ、ʈh、ɖ、ɳ、ɕ、z、ʐ、k、kw、kj、kh、khw、khj、g、gw、gj、ŋ、ŋw、ɲj、h、ʔ。

声母说明：

（1）送气音tsh、th可变读不送气，如"此"读为thi⁵³、ti⁵³。ɕ-逢元音a、e读为sj-。（2）ɳ-多与元音a、ɔ、o、u相配，ɲj-与i、e相配，如"肉" ɳɔk⁴²、"鱼" ɲji³³。（3）tj-、thj-逢aŋ、ap、at韵可分别读kj-、khj-，如"将/相" kjaŋ⁴⁴、"辑" kjap³⁵、"七" khjat¹¹。（4）t-、ʈ-与aŋ、oŋ韵结合可分别自由变读为浊音d-、ɖ-。

2.韵母（共52个）

i、iu、im、in、i:n、iŋ、ip、i:p、it、i:t、e、ei、eŋ、et、ek、e:k、a、ai、a:i、au、a:u、am、a:m、an、a:n、aŋ、a:ŋ、ap、a:p、at、a:t、ak、a:k、o、oi、on、oŋ、op、ot、ok、ou、ɔm、ɔŋ、ɔ:ŋ、ɔk、ɔ:k、u、ui、un、uŋ、ut、uk。

---

① 根据西林县西南官话分尖团音、古全浊和次清声母今都读清不送气音、声调类型与桂柳片相近的事实，我们将其划归桂柳片桂北小片，与李蓝先生所归的云南片滇南小片不同。名称来自李蓝：《西南官话的分区（稿）》，载《方言》2009年第1期。

韵母说明：

（1）ɔu开口较大，部分接近ɒu，如"桃"读为dɔu³³、dɒu³³。（2）i:元音部分字两读。如，"乙"读为zi:t¹¹、zet¹¹，"演"读为zi:n⁴²、zen⁴²。（3）at、a:t、ok韵单念时塞尾脱落，仅在多音节词中保留，如，"毕"读为ɓa⁴⁴、ɓat⁴⁴，"八"读为ɓa³⁵、ɓa:t³⁵，"各"读为ko³⁵、kok³⁵等。

3.声调（共11个调类，见表3）

表3　屯昌苗族读书音音系声调

	阴平	次阴平	阳平	上声	阴去	次阴去	阳去	阴入		次阴入	阳入
								长	短		
调值	35	11	33	53	44	31	42	35	44	11	42
例字	ku³⁵ 孤	hu¹¹ 科	hu³³ 湖	hu⁵³ 苦	ku⁴⁴ 过	khɔu³¹ 库	hu⁴² 护	tut³⁵ 雪	tut⁴⁴ 戌	zut¹¹ 阙	tut⁴² 绝

声调说明：

（1）声调以古声母的清浊为条件分阴阳，平去入三声阴调字今读送气声母的独立成调。上声无送气分调，清上归上声（"起"hi⁵³），浊上读阳去（"武"ɓu⁴²）。（2）次阴平和次阴入读11或21，统一记为11。11可变读13，如"脱"tʰut¹³。（3）阴入依元音今读长短大致可分为35和44。（4）经书汉字海南闽语读音的声调系统为34阴平、31阳平、324上声、35阴去、33阳去、55阴入、33阳入、55长入（共8个，屯昌坡心）[①]，与闽语琼文区府城片特点相符。

（四）滇桂琼三地"读书音"特点的共性和差异

三地"读书音"有许多共同的语音特点，也有一些差异。共性主要有如下几点：

1.部分精组字读如端组

三地部分精组字读舌尖塞音、擦音。清母一致读塞音t（h）或th（j），

---

① 刘新中：《海南闽语的语音研究》，北京：中国社会科学出版社，2006年，第83—90页。

如元–西–屯："亲"tjan⁴²–tjan⁵³–tjan¹¹。三地的精心母合流，多读tθ–θ–t（如"节＝四"tθi³³–θei³³–ti³³），从邪母dð–ð–d。元阳的齿间塞擦音较特殊，与西林的齿间擦音相对应。

2. 精–知庄章大致分为两套塞擦音

三地知照组较复杂，相同的有庄章不分，都有舌面塞音，以西林最为典型。

知照分合可分两类：第一类为屯昌型，知庄章组今读洪音的多读舌尖前塞擦音、擦音、塞音 ts/tsh/s/t，今读细音的读舌面前塞音、擦音 t/th/d/ɕ；第二类为西林型（包含西林、元阳），知组多读舌面塞音 t/d，照穿和清化后的床禅母读舌面塞音、擦音 t/ɕ，审母和保留浊音的床、禅母分别读 θ、ð。元阳是知照组部分合流 —— 知组和照穿母读舌尖前塞擦音、擦音 ts/tsh/s，而大部分审母字和床禅母读齿间塞擦音 tθ/dð；但元阳有些字混入 ts 组（树 dzui³¹），有些混入 t 组（祝 tok³³）。见表4：

表 4 元阳、西林、屯昌读书音知章组例字表

地点	声类								
	知组		庄章组						
	知_知	丈_澄	斋_庄	唱_昌	舌_船	师_{审生}	束_{审书}	臣_禅	树_禅
元阳	tθi²⁴/ɕi²⁴	tsuŋ⁴²	tsai²⁴	sa:ŋ⁴²	dðip⁴²	tθai⁴²	tθok³³	dðan²²	dzui³¹
西林	ɕi²⁴	tuŋ³²	ta:i²⁴	ɕaŋ³⁵³	ðip³¹	θai⁵³	θɔ:k⁵⁵	ðan²¹/den²¹	tɔu⁵³
屯昌	ti³⁵	tsuŋ⁴²	tsa:i³⁵	sa:ŋ³¹	di:p⁴²	sai¹¹	tɔk⁴⁴	dan³³	dui⁴²

注：读书音处在变化之中。元阳"知"字为 tθ/ɕ 两读，西林"臣"也两读（ð/d）

3. 不同程度地保留中古全浊塞音、塞擦音

三地均有 b、d、g、d 四个塞音及 bj、gj、gw 三个腭化、唇化音声母，但中古声类的今读不完全对应。澄母读舌尖前或舌面前音，如，"缠"（以下举例格式为元阳–西林–屯昌）dzin²¹–din²¹–din³³，澄母读 d 是存古现象；庄章组古浊声母读齿间或舌面前音，如"舌"dðip⁵⁵–ðip³³–di:p⁴²。其次是并、定、群母仍读如中古的浊音，如"停"dɛŋ²²–deːŋ²¹–djeŋ³³，从邪部分字已清化，如"慈"ti²²–hi³¹–ti³¹。

4. 送气分调

元阳、西林、屯昌（上声字除外）的古次清声母或今读送气音的字皆有一个次调，送气分调的调型以降调为主，平调次之。

三地"读书音"各自存在一些特点，其中海南苗族"读书音"的特点最显著：声母上，内爆音和带爆音（浊塞音）ɓ–b、ɗ–d对立，精组基本读t–组塞音，精–知庄章两分（细音t–组，洪音ts–组）；韵母上，较好地保留了元音i的长短对立；声调上，有四个入声调，去声送气声母不分调，心晓母归全清调；等等。西林"读书音"的主要特点是送气声母丢失（仅清母个别字读送气音），与壮族"读书音"相似；晓母多读次清调（如"喜"hei³¹），心、审母归全清（少量读次清调）。元阳"读书音"的主要特点是中古次清字在元阳"读书音"中多为送与不送两可，如"破"p（h）u⁴²；心母多归全清调，审、晓母归次清调（如"喝"xop⁴²）。

三、滇桂琼瑶族、苗族"读书音"的来源

三地读书音系统一致性高，我们认为它们有共同的来源。以上述语音演变特点为基础，我们选取三个与之语音系统相近、蓝靛瑶族（及海南苗族）历史上或现今居住地吻合的汉语方言点（海南屯昌坡心闽语[①]、湖南城步五团平话[②]、广西陆川马坡粤语[③]）做初步比较，以观察其中的关联。

（一）与闽方言府城片的比较

1. 非敷母读双唇音

屯昌坡心闽语非敷母多为内爆音ɓ，其次是清唇齿音f，非母如"放"ɓ、"福"f，敷母如"抚"ɓ、"旛"f。元阳、西林、屯昌三地非敷母多读为p/ph，仅屯昌读书音受当地闽语影响多变为f，如"放"p–p–f，

[①] 闽语语料来自刘新中：《海南闽语的语音研究》，北京：中国社会科学出版社，2006年。

[②] 平话语料来自胡萍：《语言接触与湘西南苗瑶平话调查研究》，长沙：岳麓书社，2018年。

[③] 陆川马坡粤方言语料来自第一作者。

"福" p-p-f，"旛" ph-p-ph。

2.微母鼻音塞化

据刘新中（2006），屯昌闽语的微母多读m，b应该是后起的现象。三地读书音也主要读m，仅逢u、an时读为b，如"无"bu²²/mu²²-bu²¹-bu³³。

（二）与湘西南苗瑶平话的比较

1.全浊塞音塞擦音大多保留，阳去字最先清化

苗瑶平话又称"人话"，是带有湘西南苗语底层的一种汉语方言。一些点的全浊塞音、塞擦音已全部清化，部分清化的以城步五团为代表。除去声外，城步基本保留古全浊塞音塞擦音。其次，全浊塞音塞擦音清化后多为不送气，如"拔"pɑ¹¹²，偶有例外，如"造"，与三地读书音清化规律基本一致。见表5：

表5　古全浊塞音塞擦音声母例字表

地点	例字										
	平				上			去		入	
	齐从	船床	冯奉	穷群	弟定	柱澄	造从	旧群	病并	直并	伏奉
城步	dzi¹¹²	dzai¹¹²	fioŋ¹¹²	dzioŋ¹¹²	die²²	dei²²	tshao⁵⁵	dzy²⁴	pie⁴²	dei³¹	fu¹¹²
元阳	dðai²²	son²²	baŋ²²	goŋ²²	dai³¹	dzui³¹	dðau³¹	gjau³³	bɛŋ³³	dzat⁵⁵	pok³³
西林	ðai²¹	—	baŋ²¹	goŋ²¹	dai³²	tui³²	ðɔu³²	gjau³²	be:ŋ³²	ɖek³³	mok³³
屯昌	dai³³	ɖun³³	bɔŋ³³	goŋ³³	dai⁴²	ɖui⁴²	tɔu⁴²	gjau⁴²	beŋ⁴²	te:k⁴²	bɔk⁴²

三地中，非组多读重唇音，但屯昌多已读轻唇音，如"父"bu³³-pu³²-fu³³。城步小部分奉母字保留浊音b/ɦ，如"扶"（城步–屯昌）bu¹¹²-bu³³、"房"ɦio¹¹²-buŋ³³；城步多数奉母清化后读v/f，如"罚"va³¹-ba:t⁴²、"佛"fu¹¹²-bat⁴²。与城步相较，屯昌存古更多，可见读书音发展较缓慢。

2.精–知庄章二分（新宁麻林）或三分（城步五团）

精–知庄章在新宁麻林和屯昌二分：新宁麻林是ts-与tɕ-两套塞擦音，屯昌则是精组t-与知庄章组再分ţ-（细）/ts-（洪）。

城步是精－知－庄章三分（ts－ — ʈ－ — tʂ－洪/tɕ－细），西林、元阳虽然不同却有相似之处：先是精知组分立，庄章合流后依不同的条件分流，西林、元阳依声母分流（照穿ʈ－ts、床审禅θ－tθ），城步依韵母分流（洪细音）。精知组在城步、西林、元阳鲜少混同，如（城步－西林－元阳）"宗"ts－θ－tθ、"贞"tɕ－ɕ－s。城步知组读如端组t－是存古，西林知组读ʈ－组应该晚于城步，元阳读塞擦音的年代更晚，如"直"，城步、西林、元阳分别为d－ɖ－dz。

3.效摄一二等有别

城步效摄一二等韵尾脱落后成为u－o对立，屯昌多是ɔu－au对立，西林效摄一等多读ɔu（精组读au除外），二等为au，元阳则不同 —— 效摄均读au（自由变读aːu）。对比流摄，城步一三等是ao－y的对立，屯昌、元阳流摄一三等合为au，西林大多合流读əu（唇、喉音读ɔu）。各地都有少量效流摄混并，城步为ao，三地读书音为au，相互对应。

与城步相比，三地虽无单元音化现象，但西林、屯昌ɔu－au的对立与粤方言au－aːu的对立、闽方言（合流读au）的发展不同。效摄一二等有别应是源自苗瑶平话的特点。见表6：

表6　效摄一二等与流摄字今读比较表

摄	等	城步			元阳		西林			屯昌	
		u	o	ao	a(ː)u	əu	au	əu	ɔu	əu	au
效	一	保早好	毛	考	保道曹告	—	曹早	—	毛道灶高	保道灶高	好
	二	包白	饱炒交	卯	卯交孝	—	卯抄交	—	饱	—	卯闹教
	等	y	ei	ao	au	əu	au	əu	ɔu	əu	au
流	一	—	后	头口楼	头奏狗	某	—	头奏狗	口欧	楼	投走欧
	三	周旧有	流酒	浮	酒九有	—	九旧	酒流受	浮周	流收	秀受九

4.浊上读上声

苗瑶平话有浊上读上、浊上变去两类，前者保留了古上声不分阴阳的特点，后者是汉语方言常见的规律。读书音中西林、屯昌全浊上变去，屯昌的次浊上也变去声。元阳与城步的浊上都读上声，但元阳上声分阴阳，如"转₍转送₎-善"tsun³³-dðin³¹。城步阴阳上还未分出："转₍转送₎-善"tai²²-dzie²²。

5. 文白异读

城步平话的文白异读较多，白读比文读反映了更早的历史层次，与三地的经书音、歌书音异读类似。歌书音大致反映了北宋时期的特点，比经书音的年代略晚。以知组声母为例：城步"知"（白-文）t-tɕ，元阳（经-歌）tθ-ɕ；城步"中"（白-文）t-ts，西林（经-歌）t-ɕ。韵母方面有多处相似，如，城步止合三"飞"（白-文）i-ei，元阳、屯昌"未"（经-歌）i-ɛi，西林"为"（经-歌）ai-ei；城步山合一"满-馒"（白-文）o-an，元阳"满"（经-歌）un-aːn，西林"般"（经-歌）un-aːn，屯昌"拨"（经-歌）ut-aːt。

（三）与粤方言勾漏片的比较

1. 精-知庄章二分

粤语勾漏片广西陆川精组字读t/th/ɬ，知庄章合流读塞擦音tʃ/tʃh/ʃ。三地精组分别读tθ-θ-t（元-西-屯）组，知庄章多读舌面前塞音或舌尖前塞擦音ts-ȶ-ts/ȶ组。这种二分格局也存在于勾漏片其他方言点中，但陆川粤语较严整。如：

"小-赵"（心-澄）：陆川ɬ-tʃ，元阳tθ-dz，西林θ-ȡ，屯昌t-ȡ。

"取-处"（清-初）：陆川th-tʃh，元阳t-ts（h），西林θ-ȶ，屯昌tsh-ȶh。

2. 床禅相混

与屯昌知庄章合流一样，西林、元阳的知庄章曾经同为*ȶ-组（元阳"充"ts/ȶ两读可证）。知组在西林保留ȶ-，在元阳受到精组塞音化（如"将"tɕːŋ²⁴）的推动，知组变为ts-组。照穿和床审禅母不与知组同步，而是分别归知、精组。西林、元阳的床审禅一律读擦音，与陆川粤语有对应。如图1：

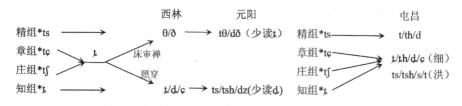

图 1　元阳、西林、屯昌读书音精－知庄章分化图

陆川粤语保留了早期粤语的特点，禅母变擦音，随后床禅相混①。于是照穿和床审禅形成了塞擦与擦音的对立 tʃ（h）-ʃ，如"铲－产"tʃhaːn³³-ʃaːn³³。在借入之初，经书音并未受到粤方言的影响（海南屯昌今仍保存床审禅细音字读ȶ-组的特点），而地处粤方言辐射区的滇桂蓝靛瑶族（元阳瑶族源自广西）不可避免地受到粤方言床审禅变为擦音的影响。本应读ʃ-的床审禅母为适应口语音系而产生了变化，缺少ʃ-的西林、元阳将其对应于θ-tθ，所以床审禅与照穿母分流。如（西－元）"深"θam⁵³-tθam⁴²、"是"ði³²-dði³¹。

3.鱼虞合流

陆川粤语鱼虞合流读y（非组除外），如"语、珠"；非组读u，如"武"（三地读书音分别为bu³¹-mu³¹-bu⁴²）。读书音也是鱼虞合流（非组除外），三地经书、歌书为ui-əu/ɔu，如"语、珠（经－歌）"ui-əu、ui-ɔu、ui-ɔu。

4.保留完整的阳声韵、入声韵格局

与陆川粤语近似，三地基本保留三个鼻音韵尾 -m、-n、-ŋ 和三个入声韵尾 -p、-t、-k。

此外，读书音入声弱化或脱落的顺序也与陆川一样，-p尾最稳定，-k次之，-t尾变化较多。先说陆川、元阳、西林 -t、-k尾的脱落，脱落后变为单元音，如（陆－元－西－屯）"立"ap-ap-ap-ap、"各"ɔk-o-ek-o、"察"a-a-a-ak。二是弱化，屯昌 -t尾仅少数保留：部分为 -t＞-k（"察"sak¹¹），部分为 -t＞-p（"热"ŋjip⁴²）。

───────────

①　赵彤：《粤方言语音史的几个问题》，载《语言学论丛》2015年第2期。

　　海南苗族"读书音"与滇桂蓝靛瑶族的差异较大，其原因可能是滇桂蓝靛瑶族自南宋起就受到以勾漏片为代表的粤语影响，在经书歌书中与勾漏粤语的相似点较多（最显著的为知庄章合一，且与精组对立）。勾漏片粤语大约南宋时从早期粤语中分化出来①，是较早进入广西的汉语方言之一。因此，我们推测瑶族人民迁移到两广交界地区今勾漏粤语分布地带时，在学习道教经典过程中曾受到当地的勾漏粤方言影响，于是保留了勾漏粤语读音层次。海南岛苗族多是明朝从桂南十万大山迁去的②，并且这一支系可能在迁徙过程中没有在勾漏地区久居，所以其"读书音"比元阳、西林保留了较多的苗瑶平话特点。虽然，海南苗语精组字、阳声及入声韵的演变也与勾漏粤语一致，但这主要与海南区域语言变异共性有关（海南闽语、儋州话及临高语汉借词等均表现了类似特点）。

　　我们分析比较瑶族金门支系和海南苗族"读书音"可见：其声母特点与今湘西南苗瑶平话近似，韵母特点与勾漏片粤语相同之处较多。从"读书音"语音特点的共性和差异来看，"读书音"首先是与苗瑶平话一样具有苗瑶语特色的一种汉语方言。三地的瑶语读书音最初可能都起源于今湘南、湘西南一带（隋唐时瑶族大多居于今湖南③），或许与湘西南苗瑶平话同源。至宋代，今湘西南、湘南、桂东北、粤北多有瑶族分布。明王朝在两广地区设卫所、巡检司，设参将、守备驻扎于瑶区以镇瑶④。可见在明代，两广已经成为瑶族主要居住地。广西蓝靛瑶族因地居岭南，被宋元时期当地的强势语言——粤方言——所影响，所以"读书音"带上了明显的粤方言特色。正如三地的法师所说——经书音与"白话"（粤方言）相像，而歌书音与日常所讲的瑶话/苗话口语中的汉借词系统更接近。海南苗族读书音受闽语影响，产生了一些不同于另两地的特点（如少数章生书读t-）。

　　在"读书音"形成后，与湘语为邻的苗瑶平话出现了湘方言的一些特点

---

① 麦耘：《著名中年语言学家自选集·麦耘卷》，上海：上海教育出版社，2012年，第251—279页。

② 中南民族大学编著：《海南岛苗族社会调查》，北京：民族出版社，2010年，第4—5页。

③ 《瑶族简史》编写组编写：《瑶族简史》，北京：民族出版社，2008年，第15—16页。

④ 吴永章：《瑶族史》，成都：四川民族出版社，1993年，第349—355页。

（如效摄一二等单元音化后保持对立、入声尾消失），以致苗瑶平话的韵母与早期"读书音"渐行渐远。反观本文分析的三个语言点"读书音"声母相对完整地保留精–知庄章二分格局，保留了完整的阳声韵、入声韵格局，这应该是其早期特点及在迁徙途中受到了勾漏片粤语的影响。

四、结语

瑶族人民长久以来坚持使用国家通用语言文字，既有助于族群内部的沟通，也有利于与各民族的交往交流交融，增进相互了解、相互认同，促进中华民族共同体的形成。同时，也通过坚持使用国家通用语言文字，学习了先进文化技术，提高了民众素养，推进了社会进步。从瑶族长期坚持使用国家通用语言文字这一现象上看，至少可以得到如下启发：

1.学习使用国家通用语言文字是历史的必然和各民族的选择

我国幅员辽阔，民族众多，不同区域、不同民族唯有使用国家通用语言文字才能便利交流、守望相助。至少周代起，各地就以"雅言"相通，秦代实现了"书同文"。各民族在汇入中华民族共同体的过程中也主动学习使用国家通用语言文字，北方的西夏党项人、女真人，南方的壮族、布依族、白族等通过学习使用国家通用语言文字掌握中原文化，同时也仿效汉字创制了本民族文字。这些族群通过学习使用国家通用语言文字促进了民族发展，与其他民族一起推进了中华文明的演进。

2.学习使用国家通用语言文字是各民族发展进步的必由之路

语言文字是交流的工具，是思想文化、科学技术信息的载体，通过国家通用语言文字可以获取更多的信息，打开更大的一扇看世界的窗。历史证明，使用国家通用语言文字不论是对族群的发展还是个人的进步，都具有十分积极的意义。广西富川瑶族自治县瑶汉融合，出了一个秀水瑶族"状元村"，从唐至清，秀水曾有进士28人，其中状元1人。①

---

① 何新凤、刘代汉：《秀水村传统文化保护与传承初探》，载《桂林师范高等专科学校学报》2014年第1期。

3.学习使用国家通用语言文字有利于民族交往交流交融、铸牢中华民族共同体意识

我国有56个民族，使用130余种语言，方言土语不计其数，使用国家通用语言文字有利于各民族加强沟通，增进情感，促进相互认同，促进团结互助。使用国家通用语言文字也有利于各民族培养、形成共同的价值观，增进国家认同，铸牢中华民族共同体意识。

［原载于《云南师范大学学报》（哲学社会科学版）2022年第1期］

类型学框架下的侗语北部方言指示词研究①

姚小云　　胡素华

摘要：指示词概念包括代词性的指示词和限定名词的指示词。侗语北部方言的指示代词系统为"近—远"二分，限定性的指示词系统为"近—中—远"三分。文章在类型学视野下，详尽地描写侗语北部方言指示词

作者简介：姚小云，文学（语言学）博士，贵州财经大学文学院副教授，主要研究方向为侗语语言学以及语言类型学等；胡素华，文学（语言学）博士，中央民族大学中国少数民族语言文学学院教授、博士研究生导师，主要研究方向为藏缅语族语言、语言类型学、社会语言学、彝语和彝文文献、文字学研究。

基金项目：中央民族大学"双一流"学科建设项目"中国少数民族语言信息结构"；国家民委"领军人才计划"科研项目；中央民族大学博士自主科研项目"侗语北部方言的名词性领属结构"（BBZZKY-2019071）。

①　本文初稿曾在"中国民族语言学会成立40周年"学术研讨会上宣读，得到与会专家陆天桥、杨通银、李锦芳、吕嵩松等教授的指教，谨此致谢！感谢匿名评审专家提出的宝贵意见和建议，尤其是与侗台语支语言比较的建议。

本文的侗语语料除所注明的来源外，其他均来自作者（之一）的自省式母语，并经其他母语人核实。

本文缩略语及符号意义如下：1SG（first-person singular）第一人称单数，2SG（secondperson singular）第二人称单数，3SG（third-person singular）第三人称单数，1PL（firstperson plural）第一人称复数，ART（article）定冠词，CL（classifier）量词，CONJ（conjunction）并列标记，COP（copula）系词，D（determiner）限定词，DEM（demonstrative）指示词，DIST（distal）远指，GENE（generic）类指词，LOC（locative）处所，MED（medial）中指，N（noun）名词，NEG（negative）否定，NUM（numeral）数词，PFV（perfective）完成体标记，PROS（prospective）将行体标记，PROX（proximal）近指，PRT（particle）语气词，TOP（topic）话题标记，DP（determiner phrase）限定词短语，ClP（classifier phrase）量词短语，NP（noun phrase）名词短语，NumP（number phrase）数词短语，QUES（question marker）疑问标记，×可缺省可出现，*不合法，ø空，/或者。

系统，从而探索其共时和历时的类型学特征。在共时层面，文章分别对指示代词和限定性指示词的语义、句法和语用功能等特征进行了深入的研究，并将重要特征（如量词修饰语结构的语序和指示词的分化特征）与亲属语言进行了比较。在历时层面，分析了指示词的来源和语法化路径。认为近指代词源于处所附缀与近指限定词的共同语法化；中指限定词源于第二人称单数代词的语法化；限定性指示词进一步语法化为关系化标记和定指标记。研究成果可为侗语语法的深入研究和跨语言的指示词类型学研究提供启发和实证数据。

关键词：侗语北部方言；指示代词；指示限定词；语法化

一、类型学视角下的指示词系统

指示词（demonstrative）是一个表达直指（deixis）的跨语言概念，它将语言和语境的关系明显地反映在语言结构中，也是表达直指的原型范畴之一（Levinson，1983）。Lyons（1977）[637-646]认为指示词是基于通过"指向"（pointing）而进行识别或聚焦注意力，其概念解释应该考虑指示语境中（deictic context）参与者的位置。Diessel（1999）[2]认为指示词是具有特定的句法、语用和语义功能的指示性表达。在句法层面上，指示词可作代名词、名词限定词和地点副词；从语用角度看，指示词最基本的功能是将听者的注意力聚焦于会话情景中的实体，它用于组织持续会话中的信息流，以追溯先行成分和激活会话双方共有的知识；从语义角度看，指示词可指示与视点不同相对距离的实体。Bhat（2004）将指示词归入代词范畴，大多数语言的指示词可指代名词、形容词和副词等，以指称那些没有被实际命名但被指别的客体。国内的研究主要是针对汉语，如高名凯（1957）认为指示词是表达指示范畴的那些语法成分，指示就是要指示其为"此"为"彼"的意思。据刘丹青（2017）[400-410]以及甄珍和陈蒙等（2018），指示词有现场指示（deixis）的作用，与说话人的相对距离是指示词经常具有的范畴义，且为指示词的核心语义，其他的用法都是从这一核心语义引申出来的。如陆天桥（2013）针对壮侗语将指示词定义为将具体项目从一系列类似事物中区别开来的词类，其主要功能是为所指进行定位并表示相对距离的远近，指示词可分为指示限定词和指示代词两类，作为原型的指示限定词的典型句法功能是作修饰语，而后起的指示代词则作中心语而鲜作修饰语。综上所述，指示词是以空间距离为核心语义、以指别功能为核心功能、句法功能多样化的一类词。

指示词系统主要有以下划分参项：（1）所指与视点的空间距离。空间距离作为指示词的核心语义，也是指示词系统划分的基本参项。（2）所指的类别。大致有指方所、指人或物、指时间、指性状或程度和指动作方式五类（储泽祥、邓云华，2003）。（3）指示词的句法特征。依据指示词在小句中的分布特点，指示词一般可分为代名性指示词、饰名性指示词、副词性指示词和认同指示词（Diessel，1999）[58]。（4）指示词的形态（语音屈折）特征。在一些语言中，指示词的语音屈折形式不仅可作为其类型划分的依据，还可对其句法功能产生一定影响（陆天桥，2013）。

本文在类型学的理论框架下，对侗语北部方言的指示词系统进行深入的描写，并分析其类型特征，以期为侗语其他语法范畴的研究以及指示词的类型学研究提供参考与实证数据。

二、侗语概况及前人对指示词的研究

（一）侗语及其方言

侗语（自称kem[1]）属于汉藏语系壮侗语族侗水语支语言，使用人口约296万人（2000年），主要分布在贵州省、湖南省、广西壮族自治区和湖北省毗邻地带。根据词汇、语法及语音特征的差异，侗语可分为南、北两个方言区，以贵州省锦屏县南部侗族、苗族和汉族杂居地带为界。本文语料来源于贵州省天柱县高酿镇，属于侗语北部方言第一土语区，其语法特征适用于整个北部方言区。侗语属分析性较强的语言，指示代词虽可指代名词，但未保留名词的性数特征，即不区分性别、单复数，无名词的格范畴。

（二）侗语北部方言指示词系统的划分

学界对侗语北部方言的指示词系统的划分不一致。龙耀宏（2003）[109]指出侗语北部方言石洞话的指示代词分近指nai⁶/ʔai⁶和远指ka⁵两级。倪大白（2010）[217]认为侗语北部方言的指示代词分近指nai⁶、中指ŋa²和远指ta⁵三级。这两种分类都将指示代词等同于指示词，划分标准不统一，忽略了有些指示词只指不代，只能充当限定语的情况。我们的研究发现侗语北部方言的近指示词nai⁶与中指示词ŋa²不可作指示代词，必须与其他语素构成复合指示词才能作论元。近指示词ʔai⁶只作指示代词，可独立充当论元，而远指示词ka⁵/ta⁵兼有指示代词与指示限定词的功能。因此，侗语北部方言指示词系统应是由指示代词与指示限定词两个次级系统构成。基于核心空间距离语义特征，侗语北部方言的指示代词系统以说者为视点作"近—远"二分，分别由近指代词ʔai⁶和远指代词ka⁵来表示；指示限定词系统以说者为视点，并参考所指与听者的相对距离，作"近—中—远"三分，分别由指示限定词nai⁶（近指）、ŋa²（中指）以及ka⁵（远指）表示。

三、侗语北部方言的指示代词

以与说者的相对距离为语义参项，侗语北部方言（以下简称"侗语"）的指示代词有距离说者较近的近指代词ʔai⁶和较远的远指代词ka⁵两种形式。句法上，两者均可替代名词作动词的论元。如在例（1）、例（2）中做主语，在例（3）中做宾语。

（1）ʔai⁶　　　me² ja² ɕoŋ² jan², ka⁵　　　me² ʔo² ɕoŋ² jan².
　　　DEM: PROX 有 两 幢 房子 DEM: DIST 有 五 幢 房子
　　　这儿有两户人家，那儿有五户人家。

（2）ʔai⁶　　　ɕi⁵ mo³ tɕa³, ka⁵　　　ɕi⁵ mo³ pu⁴ ta¹.
　　　DEM: PROX COP 3SG 父亲 DEM: DIST COP 3SG 老丈人
　　　这是他父亲，那是他老丈人。

（3）jau² we⁴ ʔai⁶,　　　ŋa² we⁴ ka⁵.
　　　1SG 做 DEM: PROX 2SG 做 DEM: DIST
　　　我做这部分，你做那部分。

指示代词还可作为话题出现。如例（4）、例（5）中，ʔai⁶"这"与ka⁵"那"为话题，即述题部分的陈述对象。

（4）ʔai⁶　　　　　ɕən¹ tau³ʻ lau³ʻ ʔa⁴.

　　DEM: PROX　真　暖　和　PRT: 感叹

　　这地方真暖和啊!

（5）ka⁵　　　　　ɕu⁴, jau² kwe² ljaŋ¹ʻ pai¹.

　　DEM: DIST　TOP　我　NEG 想　去

　　那个地方，我不想去。

指示词有指示特征（deictic features）与定性特征（qualitative features）两种语义特征（Lyons，1977）[648]。在侗语的指示代词系统中，指示特征表明所指与视点的相对距离，形成近指和远指的二元对立；定性特征表明所指为处所或名物类别。如近指代词 ʔai⁶ 与远指代词 ka⁵ 在例（1）中分别指代距离说者较近和较远的处所，在例（2）、例（3）中分别指代离说者较近和较远的人或物。

指示代词 ʔai⁶ 和 ka⁵ 还有特定的语用功能，概括为外指功能（exophoric）和内指功能（endophoric）（Diessel，1999）[93]。外指指示词指称会话情景（speech situations）中的非语言学实体，即会话情景中外部世界的实体；内指指示词指称会话情景中的语言学实体，即语词所指称的实体。其中，外指会话情景有直接情景（immediate situation）和大情景（larger situation）之分（Quirk *et al.*，1985）。在直接情景中，侗语指示代词的使用需要指示性动作的辅助，而指示代词用于大情景的前提是会话双方拥有共享的、可识别的信息，无需辅助性指示动作。如例（1）、例（2）为直接会话情景，说者在说话时做出相应的指示性动作，以明晰指示代词 ʔai⁶ 和 ka⁵ 的所指；例（4）为大情景用法，说者无需做指示性动作，仅基于与听者共享的背景知识来明晰所指。此外，在以上两种会话情景中，若所指有视线所及与视线之外的对立，视线所及的指称范围则由近指代词 ʔai⁶ 表示，而视线之外的指称范围由远指代词 ka⁵ 表示。在内指用法中，指示代词功能较为受限，仅可回指先行处所词。如例（6）中指示词 ka⁵ 指称已提及的地点 pjoŋ⁴ "凸洞"。

（6）mo⁶　ɕiŋ³ kaŋ³ pai¹ pjoŋ⁴, hau⁵ʻ ko⁴ mo⁶ pai¹ ka⁵　　　　　we⁴ man².

　　3SG 经常　去　凸洞　都　不知 3SG 去　DEM: DIST 做　什么

　　他经常去凸洞，都不知道他去那儿做什么。

四、侗语北部方言的指示限定词

限定词表达指称意义（Abney，1987），具有定指功能。生成语法DP假说（determiner phrase hypothesis）认为，具有指称意义的名词性结构是由限定词构成的DP短语，起指称作用的限定词是该结构的核心，也是某成分得以成为论元的核心［（刘丹青，2017）[111]；（邓思颖，2019）］。

侗语指示限定词系统为"三分"模式，由三个不同指示范围的指示限定词构成，即由表示近指的nai[6]、中指的ŋa[2]以及远指的ka[5]构成。它们仅具有指示义，只指不代，需与名词或量词性结构共现构成复合型的指示代词或指示词短语，成为名词性结构才能指称实体和充当论元。

（一）指示限定词的句法特征

侗语指示限定词主要与数词、量词和名词组合成名词性结构DP，即"数词＋量词＋名词＋指示限定词"结构，以指示限定词nai[6]为例。例如：

（7）ja[2] pəu[1] kən[2] nai[6]　　这两个人

　　两 CL 人　DEM: PROX

其结构形式如图1所示：

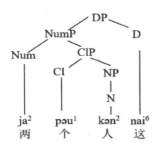

图 1　侗语 DP 结构的形式句法分析

由图1可知，名词先与量词结合，再与数词结合，最后与指示限定词结合构成DP结构。另外，该结构可出现成分省略而不影响原义的情况：如例（8）a可省略数词"一"、名词、量词，具体省略情况分别如例（8）b和例（8）d、例（8）c、例（8）d所示。

（8）a. ji³ wəu¹ kən² nai⁶　这一个人　　　b. pəu¹ kən² nai⁶　这个人

　　　一 CL　人　DEM: PROX　　　　　　CL　人　DEM: PROX

　　c. pəu¹ nai⁶　这个人　　　　　d. kən² nai⁶　这个人

　　　CL　DEM: PROX　　　　　　　　人　DEM: PROX

　　在所指为非单数实体的DP结构〔如例（9）a〕中，数词不可省略，名词或量词依然可省略其一，具体省略情况如例（9）a、例（9）c所示。

（9）a. ja² pəu¹ kən² nai⁶　这两个人　　　b. ja² pəu¹ nai⁶　这两个人

　　　两 CL　人　DEM: PROX　　　　　　两 CL　DEM: PROX

　　c. ja² kən² nai⁶　这两个人

　　　两　人　DEM: PROX

　　在表达指称意义的结构中，唯有在DP结构中起核心作用的指示限定词不可省。DP结构的其他一些成分被省略了，但还保留着省略成分的意义，因而省略成分仍在结构中占据一个"空"位（用 ø 表示），如图2所示：

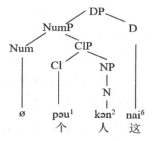

图2　侗语 DP 结构成分省略的形式句法分析

　　由图2可知，在DP结构中，处在最高层级的指示限定词D（生成语法框架下的核心）决定了指示词短语进入DP结构并成为论元的句法特征。

　　从历时的角度看，大多侗台语的量词修饰语结构的语序类型在语言接触的影响下发生了改变，从原生的"名+量+数"结构逐渐演变为"数+量+名"结构。但也有部分语言仍保留着原始侗台语的部分特征，尤其是当数词为"一"时，数词位于结构末尾，如布依语、壮语、毛南语等（倪大白，2010；杨通银、郝建微，2017）。在这些语言中，数词"一"大都由指示词发展而来，故保留了指示词位于结构末尾的句法特征（梁敏，1986）。若此结构进入DP结构，数词"一"因源自指示词且指示性较强而以空语音的形式出现，从而避免与指示词争夺同一个句法位置而导致句法结构派生失败（杨通银、郝建微，2017）。以此反观侗语，一方面，侗语受汉语影响较深，其数量名结构的变异程度较高，整个数量结构（包括数词为"一"的情况）均已移位至名词之前；另一方面，侗语的数词ji³"一"借自汉语，与指示词无关且无指示义，对指示词的中心语位置没有影响，因而它的隐现是选择性的。

（二）指示限定词的指涉特征

如前文所述，指示词有外指和内指的定指功能。在外指直接情景中，指示词的所指存在于会话现场，说者做出相应指示性动作以明晰距其不同距离的实体，故指示词的所指为定指的、谈话双方都能确定的信息，且首次引入会话中。如：

（10）pəu¹ ɕaŋ³ nai⁶　　　　ɕi⁵ jau² noŋ⁴, pəu¹ ɕaŋ³ ŋa²　　　ɕi⁵ʻ

　　　 CL 木匠 DEM: PROX COP 1SG 弟弟 CL 木匠 DEM: MED CO

　　　 jau² ko³, pəu¹ ɕaŋ³ ka⁵　　　　ɕi⁵ʻ jau⁴ tɕu¹.

　　　 1SG 哥哥 CL 木匠 DEM: DIST COP 1SG 舅舅

　　这个木匠是我弟弟（离说者近），那个木匠是我舅舅（离说者与听者都远），那个木匠是我哥哥（离听者近但离说者远）。

在外指大情景用法中，指示词将指称对象——定指的、会话双方共有的背景信息——新引入会话中。如例（11）中的nai⁶表示所指为双方共处的村寨，与直接情景中离说者近的情形一致。

（11）nən¹ ɕai⁶ nai⁶　　　　ɕi⁵ lai¹ ŋau⁶ ʔa¹ʻ !

　　　 CL 寨 DEM: PROX 极 好 住 PRT

　　这个寨子住着真舒服啊！

内指用法有回指用法（anaphoric）、语篇指示用法（discourse deictic）和认同用法（recognitional）。其中，回指指示词指称持续进行的话语中的先行成分，即指称对象存在于会话语境中，为旧信息。如：

（12）jau² ʔau³ʻ toŋ³ wəu¹ ɕaŋ³, pəu¹ ŋa²/ ka⁵　　　　lu⁵ ʔo³.

　　　 1SG 才 碰见 CL 木匠 CL DEM: MED/DIST 厉害 极、很

我刚刚遇见一个木匠，那木匠很厉害。

（13）pit⁴　pai¹ tɕei³ ʔe¹ᐟ jaŋ³ᐟ lai¹ li³ tɕa⁵, ku²　ŋa²/ ka⁵　　　　wa⁵,
　　　NEG 去　买　别人 烘　好 REL 蚂蚱 GENE DEM: MED/DIST 脏

ʔa²¹ sa¹ jaŋ³ᐟ li³　ʔəu⁵ sən¹ᐟ , pai¹ tɕei³ ku²　ŋa²/ ka⁵,　　　ɕau²
自己　烘　REL 更　干净　去　买　GENE DEM: MED/DIST 傻

nəu¹ᐟ ka⁴.
如果 PRT

别去买别人烘好的蚂蚱，那些脏。自己烘的干净多了，去买那
些，傻吧！

　　例（12）、例（13）中的指示限定词 ŋa² 和 ka⁵ 都能回指并补充说明
前面提及的 ɕaŋ³ "木匠" 和 ʔe¹ᐟ jaŋ³ᐟ lai¹ li³ tɕa⁵ "别人烘好的蚂蚱"，故其
指称为旧信息。回指指示词 ŋa² 和 ka⁵ 虽在语义上都是对前文主题（话题）
的补充说明，但二者在语用上存在一定的差别。具体而言，说者对其所
描述的话题有预期值，ŋa² 和 ka⁵ 反映了先行成分与说者的预期值差距的大
小。当差距较大时，说者用 ka⁵ 表示惊叹的语气情态，如在例（12）、例
（13）中，当前文 "木匠" 的技艺或 "别人烘好的蚂蚱" 的卫生状况远超
于或远低于说者的预期值时，则使用 ka⁵ 进行回指；差距较小时，则用 ŋa²
进行回指，表明回指对象为平常信息。

　　指示词在语篇指示用法与回指用法中均可追溯成分，但在语篇指示用
法中，指示限定词 ŋa² 指其前的命题或言语行为，并具有衔接两个语篇单
位的功能。如：

　　（14）moŋ̩ ʔe⁵ tu³ kwe² sai¹ᐟ tɕau¹ tɕe¹ taŋ², ku²　ŋa²　　　　lai¹ mo²？
　　　　3SG 嫁 都 NEG 给　1PL 吃 糖　GENE DEM: MED 好 QUES
　　　　她出嫁都不给我们吃糖，那样好吗？

　　认同用法中的指示词有修饰名词和激活共享背景知识的特征（Diessel，
1999）[105]。侗语的指示限定词 ka⁵ 被用来激活会话双方共同的背景信
息。如：

　　（15）ŋa²　li³ᐟ nu⁵　jau² məi⁴ ʔu⁴　ja⁵ᐟ ka⁵　　　　kwe²？
　　　　2SG 得 看见 1SG CL 衣服 红 DEM: DIST QUES
　　　　你看见我那件红衣服没？

（16）ko¹ᶜ sit³ᶜ lau⁵ᶜ li³ sa⁴　ka⁵　　　　　tɕau¹ tu³ təu⁵ᶜ lja⁴.

怕　阴森最　的 LOC DEM: DIST　1PL　都 到　PFV

最恐怖的那个地方我们都到过了。

与回指和语篇指示用法不同，例（15）的məi⁴ ʔu⁴ ja⁵ᶜ ka⁵ "那件红衣服"与例（16）的sa⁴ ka⁵ "那地方"都为首次提及，指示限定词ka⁵并不指称会话场景中的实体，而指称说者相信新出现的指称对象为听者已确定的、可识别的信息。故指示限定词ka⁵具有激活与听者共有的背景知识的功能。

综上，指示限定词定指用法的语义特征可归纳如下（见表1）：

表 1　侗语指示限定词的定指语义特征

	直接情景	大情景	回指	语篇指示	认同
所指存在于现场/语境	+	+	+	+	+
共享知识	−	+	−	−	−
新信息	+	−	−	−	+

此外，我们可根据指示限定词的定指语义特征推导出DP结构中NP的指称属性。侗语的不同指示限定词可标识所限定NP的不同指称属性。其中，近指限定词nai⁶可标识NP的外指属性；中指限定词ŋa²可标识NP的外指属性和内指回指属性；而远指限定词ka⁵可标识NP的外指属性、内指回指和内指认同属性。可见，近指、中指与远指限定词的标识功能的区别也符合侗语北部方言指示限定词的"三分"模式。具体如表2所示。

表 2　侗语指示词限定NP的指称属性

		定指	不定实指	不定非实指
外指	直接情景（nai⁶、ŋa²、ka⁵）	−	+	−
	大情景（nai⁶、ŋa²、ka⁵）	+	−	−
内指	回指（ŋa²、ka⁵）	+	+	+
	认同指（ka⁵）	+	−	−

五、指示词的来源及其语法化过程

侗语指示词次级系统的划分存在差异，体现为指示代词作“二分”模式，而指示限定词为“三分”模式。这一差异在共时层面上主要取决于语义划分参项和语用功能的差异，在历时层面上与二者内部成员的来源和语法化差异相关。

（一）指示词的来源

侗语近指示代词ʔai^{6}在近指示限定词nai^{6}与处所附缀的共同作用下发展而来，中指限定词ŋ̊a^{2}是第二人称代词ŋ̊a^{2}功能扩展的结果。

关于近指示代词ʔai^{6}的来源问题，我们同意龙耀宏（2003）[100]认为ʔai^{6}是从ʔo^{2} nai^{6}“这里”发展而来的观点。ʔo^{2}为表处所的附缀，以相邻处所名词为宿主，如ʔo^{2} kən$^{1'}$“道路”。指示限定词nai^{6}需与其他语素复合成词才可作论元。凡是与nai^{6}组合的普通处所名词前都可加ʔo^{2}。若ʔo^{2}与nai^{6}共现，位于两者之间的名词可省，这为两者组合成词创造了条件。合成过程为前者韵母脱落，后者声母脱落，音节缩减为可单独替代处所名词的ʔai^{6}“这里”。因此，指示限定词nai^{6}在ʔo^{2}的作用下，演变出新形式ʔai^{6}并得以固化，进入指示代词系统。其演变路径见图3：

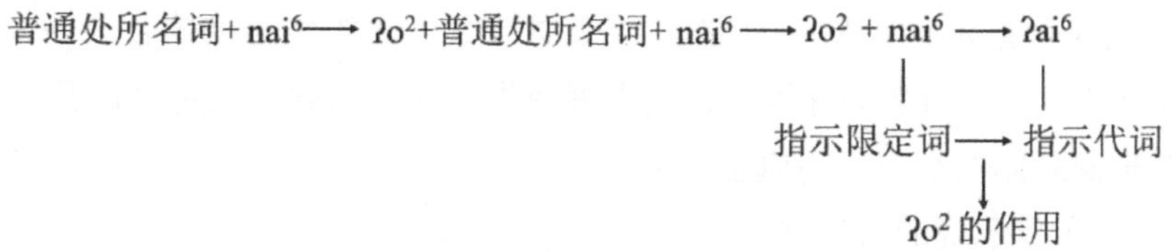

图 3　侗语指示词 nai^{6} 的演变路径

指示限定词nai^{6}有向指示代词演变的趋势，但由于演变过程未能摆脱其他语素的限制，仅在与其他语素共同作用时才具有指代功能，未能扩展出单独指代名词的功能，故其语法化程度较低。

对于谈话双方而言，说者常用第二人称代词指代直接说话对象。在侗语中，第二人称代词形式为ŋ̊a^{2}（单数）和ɕau$^{1'}$（复数），而中指限定词ŋ̊a^{2}的指示范围为听话对象附近，因此，我们推测中指范畴的划分与说话对象相关。如例（17）中，无论 ku² ʔu⁴ "衣服"的所有者是谁，只要衣服与直接说话对象的相对距离较近，都由中指指示词 ŋa² 限定。

（17） ŋa² ku² ʔu⁴ ŋa² ju⁶ mo³ ku² ʔu⁴ ŋa²

　　　 2SG GENE 衣服 DEM: MED CONJ 3SG GENE 衣服 DEM: MED

　　　 ŋau¹ʻ lau²² li³.

　　　 乱 搅 PRT

　　　 你的那些衣服和他的那些衣服乱七八糟的。

因此，中指限定词 ŋa² 可能由第二人称代词单数形式演变而来。从语言的形式与意义看，二者的语音形式相一致且指示范围都与直接说话对象相关。从语言的内部机制看，中指指示词 ŋa² 来源于第二人称代词 ŋa² 符合语言的经济性原则。再者，中指指示词与第二人称代词的空间性具有象似性。中指指示词所指示的空间范围与第二人称代词指代的直接说话对象所占据的空间基本重合。但是第二人称代词 ŋa² 仅扩展出指示限定词的功能，还不具备指示代词的功能，故指示代词系统范畴仅为"近—远"二分。

侗语指示词的语法化与跨语言的研究结果较一致。Heine 和 Kuteva（2007）[76-85]认为指示词有两个来源，一个是动词的语法化，如古汉语的动词"至"语法化为近指示词"这"，乍得语族的 Mupun 语的动词 dì（去）语法化为远指示词；另一个是源于副词，如法语的地点副词 ici（这儿）和 là（那儿）可与名词并置，进而发展成指示词。因此，从跨语言看指示词的来源总体上都与空间概念有关联。

（二）指示词的语法化

指示词的语法化通常在内指功能中得以实现，并具有以下特征：一是直指功能弱化，不再将听者的注意力聚焦于外部世界的实体；二是失去不同相对距离的对立关系（Diessel，1999）[118-119]。侗语指示词有语法化为关系词和定冠词的趋势。这与跨语言研究中指示词可语法化为定指词、关系词、系词、连接词、标句词、数标记、领属标记等［（Diessel，1999）[115]；（Heine & Kuteva，2007）[111]］的研究一致。

侗语的指示限定词有虚化为关系词的趋势，其语法化路径不局限于内指用法和单一词的作用，而是与其他功能词共同实现进一步的虚化，即与量词或类指词共同语法化为框式关系词（relativizer）。如：

（18）jau² ʔai⁵ pəu¹/ku²　　ku³ ŋaŋ² tən³ ʔu⁴ ja⁵ⁱ nai⁶.

　　　1SG 爱　CL /GENE 姑娘　　穿 衣服 红　DEM: PROX

　　　我喜欢这个/这些穿红衣服的姑娘。

　　例（18）的量词pəu¹或类指词ku²与近指示限定词nai⁶构成框式关系词（CL/GENE … DEM），并具有以下功能：将两个小句框定和联系在一起；指代核心名词，并在关系从句中作论元；引导的关系从句限定核心名词。如图4所示：

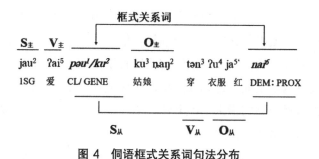

图 4　侗语框式关系词句法分布

　　由图4可知，框式关系词"pəu¹/ku² … nai⁶"指代核心名词ku³ ŋaŋ²"姑娘"，在关系从句内充当主语论元，其结构成分为强制共现，否则关系结构不成立。如：

（19）a.* jau² ʔai⁵ ku³ ŋaŋ² tən³ ʔu⁴　ja⁵ⁱ nai⁶.

　　　　1SG 爱 姑娘　穿 衣服 红　DEM: PROX

　　　b.* jau² ʔai⁵ pəu¹ /ku²　　ku³ ŋaŋ² tən³ ʔu⁴　ja⁵ⁱ.

　　　　1SG 爱　CL /GENE 姑娘　　穿 衣服 红

　　例（19）a、例（19）b分别缺失量词/类指词和指示限定词，句子不成立。下例（20）为不使用框式关系词的情况，句子虽成立，但其结构类型已不再是关系小句结构，而是由主谓结构作宾语的补足语结构。

（20）jau² ʔai⁵ ku³ ŋaŋ² tən³ ʔu⁴　ja⁵ⁱ.

　　　1SG 爱 姑娘　穿 衣服 红

　　　我喜欢姑娘穿红衣服。

中指、远指限定词都能与量词或类指词共同语法化为框式关系词，如：

（21）a. jau² ʔai⁵ pəu¹/ku²　　ku³ ŋaŋ² tən³ ʔu⁴　ja⁵ˈ ŋa².

　　　　1SG 爱 CL /GENE 姑娘　　穿 衣服 红 DEM: MED

　　　　我爱那个穿红衣服的姑娘。

　　　b. jau² ʔai⁵ pəu¹/ku²　　ku³ ŋaŋ² tən³ ʔu⁴　ja⁵ˈ ka⁵.

　　　　1SG 爱 CL /GENE 姑娘　　穿 衣服 红 DEM: DIST

　　　　我爱那个穿红衣服的姑娘。

我们认为，侗语指示词语法化为关系词取决于指示词系统的特点。首先，指示代词主要用于外指，指别性更强，直指功能不易虚化；而指示限定词更适用于内指，更容易起到语篇连贯的作用，其指别性更容易弱化。其次，指示限定词需与其他语素构成复合指示代词才可作论元，而名词前一般需加量词或类指词，指示限定词又后置于名词，这一句法特征在一定程度上促成指示限定词与量词或类指词构成框式关系化标记。最后，内指用法中的指示限定词的指别功能弱化，空间距离指示的对立消失，故任一指示限定词都可语法化为关系词。

侗语的关系小句结构有有核和无核两类。例（18）、例（21）为有核结构，例（22）为无核结构。

（22）jau² ʔai⁵ pəu¹ tən³ ʔu⁴　ja⁵ˈ ŋa⁵.

　　　　1SG 爱　CL 穿 衣服 红 DEM: MED

　　　　我喜欢穿红衣服的那位。

此外，当且仅当核心名词在关系小句中充当主语论元时，核心名词才能被框式关系词关系化；若核心名词为其他论元，关系小句结构则使用借自汉语的关系化标记 li³ "的"，如下例（23）b。如：

（23）a. *jau² ju⁵ təi² pa³ mit⁴ ŋa²　pən² lai¹ nai⁶.

　　　　1SG 要 拿 CL 刀 2SG 磨 好 DEM: PROX

　　　b. jau² ju⁵ təi² ŋa²　pən² lai¹ li³　pa³ mit⁴ nai⁶.

　　　　1SG 要 拿 2SG 磨　好 REL CL 刀　DEM: PROX

　　　　我要拿你磨好的这把刀。

　　　c. *jau² ju⁵ təi² pa³ mit⁴ nai⁶　　　ŋa²　pən² lai¹ li³.

　　　　1SG 要 拿 CL 刀 DEM: PROX 2SG 磨　好 REL

　　由借自汉语的结构助词li³"的"引导的关系结构需前置于核心名词，这可能是因为受汉语语序影响，如例（23）c中关系结构后置则不成立。

　　在很多语言中，回指用法中的指示词的直指功能消失，重新分析成为定冠词（definite articles）（Diessel，1999）[128]。侗语的指示限定词也可重新分析为定冠词①，但其语法化不局限于回指用法。侗语指示词语法化为定冠词后不可用于回答"哪个"类的问题，即失去基本的直指功能，来源于不同指示词的定冠词之间无距离远近的对立，因此，指示词nai⁶、ŋa²和ka⁵都能语法化为定冠词。由于侗语的指示词后置于名词短语，故由其语法化而来的定冠词也位于名词短语之后。这与Himmelmann（1996）和方梅（2002）的研究一致，即侗语指示词语法化为定冠词后有两个主要的特征：一是用于独一无二的指称对象或专有名词代表的某一类指称对象；二是可用于由关联概念（frame-based）而确定的指称对象。如：

（24）a. ta³ wən¹ nai⁶ ɕi⁵ jan⁶ ta¹.

　　　　太阳　ART 极 刺 眼

　　　　太阳真刺眼！

　　b. pən³ to³ ki³ ta³ wən¹ ŋa² ʔa¹ʻ, jan⁶ ta¹ tei¹ ʔa⁴.

　　　　真 讨 厌 太阳　ART PRT 刺 眼 死 PRT

　　　　真讨厌太阳啊，太刺眼了！

（25）ŋa² pon⁵ʻ lei² woŋ³ ŋa²/ka⁵ ja⁵ lai¹ we⁴ mo²?

　　　　2SG 以为 雷锋　ART 那么 好 当 QUES

　　　　你以为雷锋那么好当吗？

（26）nu⁵ nəu¹ʻ ku² nən³ nai⁶ kwe² pi² ʔa³, ku² ma¹ nai⁶/ŋa²

　　　　看 的话GENE 土 DEM:PROX NEG 肥沃 PRT GENE菜 ART

　　　　kən¹ʻ nəu¹ʻ ja⁵ toŋ¹ li³ʻ lai¹ ke⁶?

　　　　怎么 那么　生 得 好 QUES

　　　　看这土并不肥沃，怎么菜长得那么好啊？

---

　　① 冠词（article）是指附加在名词上的词缀（可以是前缀也可以是后缀）或是词（可在名词前也可在名词后的独立的词），表示名词的有定性。汉语"定冠词"的字面义"冠"似乎只强调位于名词前的成分，侗语中这个表定指的成分位于名词之后，但因为人们熟悉了"冠词"的术语，故我们在此也用"定冠词"的用法，实际上汉语的语义也在扩大语言类型的研究中逐渐扩展。

例（24）中的 ta³ wən¹ "太阳"为独一无二的事物，例（25）的 lei² woŋ³ "雷锋"为特定的人名，但整个名词性结构并不指称语境中或会话双方共享背景信息中的某个体，而是指称具有这一个体相关特征的一类人，即专有名词与定冠词相结合表类指。例（26）中前半句的 nən³ "土"与后半句的 ma¹ "菜"不同指，因此，在指称后者时，不能用回指指示词，而应使用定冠词标明其所指是由于概念关联而确定的对象，即长在这片土地上的菜。

六、余论及总结

如前所述，侗台语的指示词可分化为指示限定词和指示代词两类。指示词系统的发展大致分为三个阶段：第一阶段是未分化阶段，即指示限定词未分化出指示代词功能。如莫话的指示词均为定语性的，可修饰名词、量词等，而未有单独作论元的现象（李方桂，2005；倪大白，2010），又如布依语、毛南语、水语、通道侗语（侗语南部方言）的指示词一般不单独作论元成分（陆天桥，2013；杨通银、潘萍，2017）。第二阶段是分化的初期阶段，即部分指示词出现了分化或分化后的指示词仅具备指示代词的部分功能。如车江侗语（侗语南部方言）的指示词的代词功能仅体现为充当主语（王均 等，1984）[359]。第三阶段是完全分化阶段，即由原型指示限定词分化出句法功能完整的指示代词。如壮语、仫佬语、拉伽语等通过语音屈折的形态手段分化出一套完整的指示代词系统（陆天桥，2013），黎语的指示词兼作主语、宾语和定语（王均 等，1984）[709-710]。与侗语南部方言及其他侗台语相比较，侗语北部方言的指示词系统，即指示限定词"三分"和指示代词"二分"模式，应该处于侗台语发展的第二阶段，即分化初期阶段，具体比较如下（见表3）：

表 3　侗台语指示词分化的三个阶段

阶段	语言/方言	指示限定词			指示代词			分化方式
		近指	中指	远指	近指	中指	远指	
第一阶段（未分化）	毛南语	na:i⁶		ka⁵				
	布依语	ni⁴		ti¹				
	莫话	na:i⁶		si⁵				
	水语	nai⁶	tsa⁵	ui⁵				
	通道侗语	nai⁶	tɕa⁶	tɕa⁵				
第二阶段（分化的初期）	车江侗语	nai⁶	ta⁶	ta⁵	nai⁶	ta⁶	ta⁵	无变化
	北部侗语	nai⁶	ŋa²	ka⁵	ʔai⁶		ka⁵	语音屈折/无变化
第三阶段（完全分化）	壮语	ni⁴	nan⁴	no:n⁴	ni³	nan³	no:n³	语音屈折
	仫佬语	na:i⁶		ka⁶	ni⁵		kui⁵	语音屈折
	拉伽语	ni²	ŋan²	nu²	li²	la:n²	lu²	语音屈折
	黎语	nei²	hauɯ²	ma²	nei²	hauɯ²	ma²	无变化

侗语北部方言指示词系统尚处于发展的第二个阶段，由可独立作论元的指示代词和起修饰作用的指示限定词两个次级系统组成。前者以所指与说者的相对距离为参项，作"近—远"二分，分别用nai⁶和ka⁵表示；后者基于所指与说话双方的相对距离，为"近—中—远"三分系统，分别用nai⁶、ŋa²和ka⁵表示。可见，侗语北部方言仅部分指示词出现了分化现象。

侗语北部方言的指示词都有外指的定指功能，包括在直接情景用法和大情景用法中。就其内指的定指功能而言，指示限定词可实现回指、语篇指示和认同指等功能；而指示代词的内指功能较为单一，仅可回指先行处所词。

侗语北部方言指示词次级系统成员存在差异，这可能与各系统内部成员的来源和语法化进程差异相关。我们认为近指示代词来源于处所附缀和近指限定词的共同演变，而中指限定词来源于第二人称代词单数；指示限定词可语法化为关系标记和定冠标记，而指示代词未呈现出语法化趋势。

本文在类型学理论框架下系统梳理侗语北部方言指示词系统，包括其共时和历时层面上的类型学特征，研究成果以期能为侗语其他语法范畴的研究和指示词的类型学研究提供参考。

参考文献：

储泽祥、邓云华，2003.指示代词的类型与共性[J].当代语言学，（4）.

邓思颖，2019.形式汉语句法学（第二版）[M].上海：上海教育出版社.

方梅，2002.指示词"这"和"那"在北京话中的语法化[J].中国语文，（4）.

高名凯，1957.汉语语法论（修订本）[M].北京：科学出版社：105.

李方桂，2005.莫话记略·水语研究[M].北京：清华大学出版社.

梁敏，1986.壮侗语族诸语言名词性修饰词组的词序[J].民族语文，（5）.

刘丹青，2017.语法调查研究手册：第二版[M].上海：上海教育出版社.

龙耀宏，2003.侗语研究[M].贵阳：贵州民族出版社.

陆天桥，2013.侗台语指示词的语音交替及句法特征[J].民族语文，（3）.

倪大白，2010.侗台语概论[M].北京：民族出版社.

王均等，1984.壮侗语族语言简志[M].北京：民族出版社.

杨通银，郝建微，2017.侗台语含"一"数量名特殊短语结构研究[J].百色学院学报，（7）.

杨通银，潘萍，2017.侗语代词界定和分类调整研究[J].贵州民族大学学报（哲学社会科学版），（5）.

甄珍，陈蒙，2018.山东淄博方言指示词的三分现象[J].方言，（4）.

ABNEY P S, 1987. The English Noun Phrase in Its Sentential Aspect[D]. MIT.

BHAT D, 2004. Pronoun[M]. Oxford: Oxford University Press: 2–3.

DIESSEL H, 1999. Demonstratives: Form, Function, and Grammaticalization [M]. Amsterdam: John Benjamins.

HEINE B, KUTEVA T, 2007. The Genesis of Grammar[M]. Oxford: Oxford University Press.

HIMMELMANN N P, 1996. Demonstratives in narrative discourse: a taxonomy of universal uses[M]//FOX B, Studies in Anaphora. Amsterdam: John Benjamins: 205–254.

LEVINSON S, 1983. Pragmatics[M]. Cambridge: Cambridge University Press: 54.

LYONS J, 1977. Semantics (2 vols) [M]. Cambridge: Cambridge University Press.

QUIRK R et al. , 1985. A Comprehensive grammar of the English language [M]. London: Longman Press: 265–267.

（原载于《语言科学》2022年第1期）

方言差异与语言转型趋势[①]

—— 以普米语南北方言为例

蒋颖

摘要： 本文通过普米语南北方言动词的人称、数、体、式以及助词差异的比较，揭示普米语的语言转型趋势，认为"北快南慢"的演变速度、"北简南繁"的规则系统，说明普米语正处于由屈折手段丰富转向分析性特点逐渐增多的发展过程之中。

关键词： 普米语；方言差异；形态类型；类型转换

一、前言

语言演变的过程是缓慢的，在漫长的历时演变过程中，有的语言会出现类型特征的变化。如屈折语英语出现了分析性特征逐渐增加的演变趋势（Leech，1995；丁志斌、石红梅，2011）。对文献典籍比较丰富的语言，

作者简介：蒋颖，文学博士，中央民族大学中国少数民族语言文学学院副教授、硕士研究生导师，主要研究方向为汉藏语系藏缅语族语言。

基金项目：国家社会科学基金一般项目"基于方言比较的普米语形态演变轨迹研究"（19BYY189）。

① 论文曾在"第54届国际汉藏语言暨语言学会议"（成都 2021-10-29 — 2021-10-31）上宣读。感谢匿名审稿专家提出的宝贵意见。文中普米语语料为笔者田野调查所得。普米语北部方言代表点为四川省木里藏族自治县瓦厂镇你易店村，发音人为次尔玛（女，1971年生，中专文化程度）；南部方言代表点为云南省兰坪白族普米族自治县河西乡大羊村，发音人为和跃根（男，1955年生，小学文化程度）。

如英语、汉语等，可以通过书面材料的比较分析，梳理语言类型特点的变化。对缺乏史料典籍特别是没有文字的语言，则需要通过别的途径进行演变情况的研究。亲属语言的历史比较，同一语言不同方言之间的比较，都是进行语言演变研究的有效方法（罗仁地，2020）。

由于方言的发展是不平衡的，这种不平衡性往往能显现语言类型演变的趋势或层次。所以，从方言差异的比较研究中能够窥见语言转型的演变趋势。普米语在藏缅语中属于以屈折性特征为主、分析性特征为辅的语言，分南部和北部两大方言，方言之间的语音差异较大，一般不能用母语直接交流。语法也存在一定的差异，如北部方言动词的形态变化存在简化、弱化现象，助词在使用上也存在明显的差异。这种差异如果用语言转型的眼光来观察，就能看到它们受语言类型演变的制约，是语言类型演变趋势的反映。

语言或方言差异的解释有多种视角，但其中语言转型的视角是一个能够统摄全貌、看清本质、揭示成因、理清规律的视角。通过普米语南北方言的比较，大体能看到其由形态手段丰富转向增加使用分析性手段、分析性特点逐渐丰富的发展趋势。这一趋势符合藏缅语语言类型演变的整体方向，但也有普米语自身的特点。本文以动词、助词为例，对普米语南北方言的形态演变趋势进行分析和解释。

二、从动词语法范畴的形态差异看转型趋势

普米语动词有多种语法范畴，而且这些语法范畴大都使用形态变化的语法手段来表示。傅爱兰（1998）指出，普米语"动词的构形成分主要有3种：词缀、语音交替和重叠……构成的语法范畴有'趋向''人称和数''量''体''式''态'"。其中，词缀手段主要包括趋向前缀与综合表达多种语法意义的动词后缀；语音交替主要指动词人称、数、体等的屈折变化，以元音交替为主，也有少量辅音或声调交替现象；重叠手段主要用来表示动词的量范畴、态范畴。由于普米语动词的语法范畴类型丰富，表现形式复杂，本文仅选择南北方言之间差异相对较大的人称、数、体以及式范畴中的命令式进行分析。

（一）从人称、数、体的差异看转型趋势

普米语南北方言动词都使用词缀、语音交替的语法手段来表示人称、数与体的语法意义。两种方言的动词都有人称范畴，体有已行体、进行体、将行体、即行体、完成体、曾行体等6种。人称、数与体的一致关系主要通过动词后缀的变化以及动词的内部屈折——语音交替的手段——表现出来。通过比较南北方言陈述式动词的形态形式，其人称、数、体的相同点主要表现在：

（1）两大方言使用有明显语音对应规律的动词后缀。如，已行体动词后缀北部方言第一人称为 soŋ^{55}，第二、第三人称为 sɿ^{55}；南部方言第一人称单数为 san^{55}，其他人称为 si^{55}。

（2）两大方言已行体、完成体动词都会随主语人称的变化而变化，通过词根屈折，形成相应的语音交替形式。如，在已行体、完成体中，两大方言的第一人称动词都使用原形形式，第二、第三人称动词使用屈折后的变形形式。

两大方言动词在人称、数、体上的差异主要表现在两个方面：

其一，与南部方言相比，北部方言的动词后缀系统简化了：在同一个"体"中，北部方言动词后缀的数量少。如，北部方言进行体动词后缀只有 roŋ^{55}（第一人称）和 ŋ^{55}（非第一人称）两个，而南部方言进行体动词后缀有 zəuŋ^{55}（第一人称单数）、zu^{55}（第二人称单数）、zəu^{55}（第三人称）、zən^{55}（或 zun^{55}）（第一、第二人称复数）4个。又如，北部方言曾行体动词后缀只有一个 tɯ^{55}，南部方言曾行体动词后缀有 man^{55}sin^{31}（第二人称复数、第一人称）、man^{55}siu^{31}（第二人称单数）和 man^{55}sɯ^{31}（第三人称）3个。

其二，与南部方言相比，北部方言动词的语音交替系统也简化了：在同一个"体"中，北部方言动词的语音交替形式数量少。以动词"给"为例，北部方言"给"有两种语音形式，原形为 khin^{24}，用于第一人称；语音交替形式为 khun^{24}，用于第二、第三人称。而南部方言"给"有三种语音形式，原形为 khən^{24}，用于第一人称与第二人称复数；语音交替形式有两种，khəuŋ^{24} 用于第二人称单数，khun^{24} 用于第三人称。

从上述异同分析中可以看到，普米语南北方言动词在后缀以及语音交替系统上存在"北简南繁"的特点，其规则系统可简要概括为如下两点：

其一，在人称与数方面，北部方言不区分单复数，人称也只分第一人称与非第一人称（即第二、第三人称）两类，动词按照人称的不同使用相应的后缀和语音交替形式；南部方言既区分单复数，又区分第一、第二、第三人称。如，动词"摘""嚼""算"等在北部方言里有屈折变化，但只有第一人称与非第一人称两种屈折变化形式；在南部方言则要随体、人称、数的变化而变化，变化形式多样，规则复杂。

普米语南北方言都有屈折变化的动词，以已行体为例。见表1：

表 1　南北方言都有屈折变化的动词用例

| 例词 | 普米语方言 | 第一人称已行体 | | 第二人称已行体 | | 第三人称已行体 | |
		单数	复数	单数	复数	单数	复数
摘	南部方言	qhɑ^{24}	qhɑ^{24}	qhu^{24}	qhun^{24}	qhuɑ^{24}	qhuɑ^{24}
	北部方言	khɑ^{24}		khuɑ^{24}			
嚼	南部方言	ti^{55}	ti^{55}	tiu^{55}	tin^{55}	tɨ^{55}	tɨ^{55}
	北部方言	ti^{55}		ty^{55}			
算	南部方言	tsʅ^{24}	tsʅ^{24}	tsiu^{24}/tsəu^{24}	tsin^{24}/tsən^{24}	tsɨ^{24}	tsɨ^{24}
	北部方言	tsi^{55}		tsy^{55}			

其二，在语音交替形式方面，北部方言主要出现在单元音韵母动词上，变化规则相对简单，不规则动词数量较少，一部分动词没有屈折变化；南部方言除了存在动词、不自主动词等少量没有屈折变化的动词之外，其他动词几乎都有词根内部的语音交替现象，变化规则比较复杂，而且还有数量较多的不规则动词。如，动词"割""挑，扛""穿（鞋）"等在北部方言里没有屈折变化，在南部方言要随体、人称、数的变化而变化。

普米语南部方言有屈折变化、北部方言无变化的动词，以已行体为例。见表2：

表 2　南部方言有屈折变化、北部方言无变化的动词用例

例词	普米语方言	第一人称已行体		第二人称已行体		第三人称已行体	
		单数	复数	单数	复数	单数	复数
割	南部方言	kɯ⁵⁵	kɯ⁵⁵	kəu⁵⁵	kɯ⁵⁵	kui⁵⁵	kui⁵⁵
	北部方言	ki⁵³					
挑，扛	南部方言	tu²⁴	tun²⁴	tu²⁴	tun²⁴	tua²⁴	tua²⁴
	北部方言	tu⁵⁵					
穿（鞋）	南部方言	tsy²⁴	tsyn²⁴	tsyu²⁴	tsyn²⁴	tsua²⁴	tsua²⁴
	北部方言	tɕy⁵⁵					

　　从南北方言动词的语音交替规则系统来看，南北方言都存在动词人称、数、体一致关系的形态变化，属于形态手段占优势的非分析型语言。但从方言规则系统的比较中，不难看到，北部方言的语音交替规则已简化了许多。这一结果说明，普米语两种方言的分析化程度并不一致，所处的语言发展阶段也不完全相同。其中，北部方言的演变速度较快，分析性相对较强；南部方言的演变速度较慢，分析性相对较弱。普米语南北方言动词人称、数、体的现状，正是历时演变趋势的共时展现。"北快南慢"的演变速度，"北简南繁"的规则系统，说明普米语已出现由屈折型语言向分析型语言发展的趋势，方言发展的不平衡性显现了语言类型演变的不同层次。这种转型也符合藏缅语族语言演变的共同方向 —— 由非分析性向分析性方向发展。戴庆厦（2019）在讨论景颇语转型问题时也曾提到："原属于粘附型语法特点的景颇语，逐渐由粘附型向分析型转化，而作为景颇语词类之一的句尾词，由于它具有表示人称、数等粘附成分，必然也会在粘附型和分析型特点的消长上发生变化，这是不以人们的意志为转移的。"普米语动词人称、数、体规则的发展变化也正是如此。

　　（二）从命令式的差异看转型趋势

　　普米语南北方言都有式范畴，其中命令式按语气轻重可分为命令与祈求两类。

1. 命令语气命令式

语气命令式表示听话者被命令执行某动作,语气强硬。命令式的构成方式在南北方言中原本都是"主语(+趋向前缀)+动词命令式形式",但北部方言由于有词形变化的动词数量减少了,仍保有词形变化的动词在变化规则上也出现了简化的趋势,因此北部方言语气命令式多由"主语(+趋向前缀)+动词原形"形式构成。例如:

(1) $n_{\mu}\partial^{31}\eta^{55}sin^{31}bo\eta^{55}xa^{31}\ tyu^{53}$!

你们　　树　　　(趋)种

你们种树!(命令式)①

上例中的动词 tyu^{53} "种" 在北部方言中已无人称、数、体、式的词形变化,因此构成命令式时,与陈述式相比,区别仅在于句尾动词后缀的有无:命令式动词后不添加后缀。例如:

(2) $n_{\mu}\partial^{31}\eta^{55}sin^{31}bo\eta^{55}xa^{31}tyu^{53}s_{\mu}^{31}$.

你们　　树　　　(趋)种(缀)

你们种树了。(陈述式已行体)

北部方言部分动词还有"体"的形态变化,但没有"式"的形态变化,这样的动词构成命令式的形式也是"主语(+趋向前缀)+动词原形"。例如:

(3) $n_{\mu}\partial^{24}le^{24}$!

你　唱

你唱!(命令式)

上例中的动词"唱"原形形式为 le^{24},第二人称已行体形式为 lue^{24},无"式"的变化形式,因此,这类动词也会构成"主语(+趋向前缀)+动词原形"命令式。

北部方言中有少量动词仍保留了"式"的形态变化,使用"主语(+趋向前缀)+动词命令式形式"构成命令式,但这类动词的数量不多。如例(4)中动词"吃"的原形形式为 $dz\eta^{55}$,命令式形式为 $d\ell u^{55}$:

(4) $n_{\mu}\partial^{24}d\ell u^{55}$!

你　吃

你吃!(命令式)

南部方言命令式必须通过形态变化的手段来构成，形态手段主要有两种，在语言交际中可任选其一使用：

其一，通过动词自身的屈折变化，即由"主语（＋趋向前缀）＋动词命令式形式"构成命令式。动词命令式形式通常与同人称、数的动词已行体形式相同。例如：

（5）n̠i²⁴ʃtʃhiən²⁴nə³¹ji⁵⁵ti²⁴ tə⁵⁵ gu⁵⁵！

　　你 衣服　 再　　一（趋）穿

　　你再多穿一件衣服！（命令式）

（6）n̠i²⁴ʃtʃhiən²⁴nə³¹ji⁵⁵ti²⁴ tə⁵⁵ gu⁵⁵ si³¹.

　　你 衣服　 再　　一（趋）穿（缀）

　　你多穿了一件衣服。（陈述式已行体）

例（5）、例（6）中动词"穿"的原形为 gui²⁴，第二人称单数已行体形式为 gu²⁴，命令式动词使用了与陈述式已行体完全相同的变化形式。与陈述式相比，二者的区别也仅在于句尾动词后缀的有无，即命令式动词之后不添加后缀。

其二，通过动词后添加半分析半屈折的命令语气助词构成命令式，即第二人称单数后加 nə³¹sti³¹，第二人称复数后加 nə³¹stin³¹。例如：

（7）n̠i²⁴n̠ən³¹təuŋ⁵⁵xɑ³¹ su̠³¹nə⁵⁵sti³¹！

　　你 扣子　 （趋）扣（二单命令）

　　你扣好扣子！

（8）n̠i³¹ẕ⁵⁵bzən²⁴xɑ³¹stua⁵⁵nəuŋ⁵⁵khə³¹stin²⁴nə⁵⁵stin³¹！

　　你们　 绳子（趋）绕　（连）（趋）放（二复命令）

　　你们去把绳子绕起来放好！

南部方言构成命令式的两种形态手段，其中第二种是北部方言里完全没有的，第一种在北部方言里虽然还有，但数量较少。

综上可见，南部方言作为保留更多形态手段的方言，其命令式仍然遵守严格的形态变化规则——要么使用语音交替规则变化的动词，要么使用附加法，在动词之后添加半分析半屈折的命令语气助词。相比之下，北部方言命令式已经完全没有了附加手段，仅有少量动词保留屈折手段，不使用任何形态手段的命令式在数量上占绝对优势。这说明北部方言动词在式范畴上已明显存在语音交替形式磨损、脱落的现象，而这样的现象正是语言由屈折手段占优势向分析性手段占优势发展的渐变表现。

2. 祈求语气命令式

祈求语气命令式表示说话者祈求、希望听话者做某事，语气和缓。普米语南北方言祈求语气的命令式都有两个特点：其一，动词使用原形形式；其二，句尾附加祈求语气助词。其中，北部方言祈求语气助词只有一个 ku^{55}，没有单复数的形式变化。例如：

（9）ȵə^{24}/ȵə^{31}ɻ^{55}nə^{31}dzaŋ^{55}ku^{55}！

　　你/你们　（趋）坐　请

　　你/你们请坐！

南部方言祈求语气助词有单复数的形式变化：祈求第二人称单数做某事，在句尾加助词 qu^{55}；祈求第二人称复数做某事，在句尾加助词 quan^{55}。例如：

（10）ȵi^{24}də^{31}tʂhua^{55}nəuŋ^{55}ɛ^{31}　tʃi^{55} syn^{55}nəuŋ^{55}dzu^{31}ʃtʃie^{55}qu^{55}！

　　你（趋）请　（连）我（与）教　（连）做　使　（助）

　　请你教我做吧！

（11）nə^{31}z̩^{55}də^{31}tʂhua^{55}nəuŋ^{55}ɛ^{31}tʃi^{55} syn^{55}　nəuŋ^{55}dzu^{31}ʃtʃie^{55}quan^{55}！

　　你们（趋）请　　（连）我（与）教　（连）做　使　（助）

　　请你们教我做吧！

从祈求语气助词差异的比较中也能看到：北部方言的分析性更为突出，南部方言的形态特征更为突出，即北部方言祈求命令式不区分主语的单复数，一律后加语气助词 ku^{55}；南部方言祈求命令式则需要区分主语的单复数，单数为 qu^{55}，复数为 quan^{55}。

在祈求语气助词上，北部方言没有形态变化，说明这一方言在式范畴的表达方式上也往分析型语言的方向前进了一步。蒋颖（2018）曾论述过助词对语言类型的意义，认为助词的出现和发展，是分析性语言的一个重要特点。分析性越强，助词越丰富，单个助词的多功能性越突出。普米语有的助词还具有表示人称、数等语法意义的功能，也就是说，普米语这些助词具有"两栖性"，虽然主要是分析性的，但还具有屈折的特点。

综合南北方言命令式比较的结果，我们认为普米语在命令式上的方言差异，实质上暗示了不同进度的语言分析化发展程度，即南部方言已出现分析化发展的苗头，如，产生了较丰富的助词，包括命令语气助词与祈求语气助词，但分析化程度不如北部方言；北部方言向分析型语言转型的发展程度更深。从动词命令式来看，不仅动词多使用原形形式，丢失了命令式的语音交替规则，且命令语气助词也更接近分析型语言的助词特征，失去了形态变化的特征。

三、从助词的差异看转型趋势

普米语助词按其功用可分为句法结构助词、语义关系助词和语用助词3类，助词内部又各自下辖若干个小类，其中，一部分助词仍然"有人称、数、体等的屈折变化，与表示语法意义的附加成分之间没有清晰的界线"（蒋颖，2019）。下面以南北方言中差异较大的领属助词、施事助词与自主助词进行分析和比较，揭示普米语演变中出现的语言转型趋势。

（一）从领属助词的差异看转型趋势

普米语领属助词位于领属者与被领属者之间，用来标记领属与被领属的关系。北部方言领属助词为 γa^{31} "的"，没有人称、数的形态变化，在句中可用可不用。例如：

$pa^{55}li^{55}$（γa^{31}）$do^{31}kh\varepsilon^{55}$　　衣服的颜色

衣服　　（的）　颜色

$\eta i^{31}t\varepsilon ha\eta^{53}$（$\gamma a^{31}$）$phe^{31}te^{55}$　　小孩的帽子

小孩　　（的）　帽子

当定语是人称代词等有领格形态变化的成分时，北部方言还可以使用双重限定的方式构成定中结构，即以"定语领格形式＋领属助词 γa^{31}"的方式构成。例如：

（12）$a^{31}ra^{55}$（γa^{31}）$pi^{24}z\eta^{31}za^{55}tsha^{55}s\eta^{53}$.

　　　我们的　　的　笔用　　完（缀）

　　　我们的笔用完了。

例（12）中人称代词"我们"的原形形式为 $a^{31}\eta^{55}$，领格形式为 $a^{31}ra^{55}$，构成定中结构时，既可以使用"定语领格形式＋中心语"格式，也可以使用"定语领格形式 + 领属助词 ɣɑ^{31} + 中心语"格式。领属助词 ɣɑ^{31} 在定中结构中不具备强制使用的句法地位，属可用可不用的句法成分。

　　普米语南部方言领属助词有数的形态变化，单数限定语之后为 gɑ^{55} "的"，复数限定语之后为 zɑ^{55} "的"。单数领属助词 gɑ^{55} "的" 通常可用可不用，复数领属助词 zɑ^{55} "的" 因为具有别义功能在句中必须使用，具有句法上的强制性。例如：

（13）ɑ^{55}tʃhin^{55}ɑ^{55}mei^{55}（gɑ^{31}）mu^{24}də^{31}.

　　　阿庆　　　阿妹　　（的）弟弟　是

　　阿庆是阿妹的弟弟。

（14）gɯ^{55}maŋ^{31}zɑ^{55}dʐ^{31}dʐ^{24}s^{31}zɑ^{24}to^{55}khə^{31}ʃʧi^{24}.

　　　老师　　　的书　　　桌子　上（趋）放

　　把老师们的书放到桌上。

　　从上述比较可见，南北方言领属助词有两大差异，一是北部方言领属助词没有数的形态变化，南部方言有。二是北部方言领属助词不具有句法上的强制性，在句中可用可不用，而南部方言复数形式的领属助词具有句法上的强制性，在句中必须使用。说明普米语正处于向分析型语言转型的演变过程之中。

　　形态差异说明普米语已出现转型趋势。南部方言领属助词属于"半屈折半分析"型的助词，源自人称代词领格的形态变化，仍具有屈折性质。如，tə^{55}gɯ^{55} "他"、tə^{55}ʐ^{55} "他们" 的领属格形式分别是 tə^{31}gɑ^{24} "他的" 与 tə^{31}zɑ^{24} "他们的"，通过元音交替的形态手段来表示代词的格变化。南部方言领属助词正来自这一形态手段，取第三人称单数领格后一音节为单数领属助词，取复数领格后一音节为复数领属助词。领属助词脱离形态手段发展成为助词，这本身就是语言由屈折语向分析语发展的关键一步，有此基础才能逐渐向分析型结构助词 "的" 演变。但与强分析型语言如汉语相比，普米语南部方言的 "的" 仍带有一定的屈折特征，还要随领属者 "数" 的变化产生相应的形态变化。与之相比，北部方言领属助词又往分析语方向迈进了一步：不仅产生了领属助词 "的"，而且 "的" 不再有任何形态变化，无论领属者是单数还是复数，"的" 都只有一个词形 ɣɑ^{31}，这样的助词显然分析性程度更高。

句法强制性的差异也能说明普米语已出现转型趋势。南部方言复数形式的领属助词具有句法上的强制性，其强制性来自复数领属助词的别义作用而非句法作用。因为"老师们的书"显然与"老师的书"语义有别，za^{24} "的"使用上的强制性来源于"复数"义的强制性，"的"义只是 za^{24} 的附加义而非基本义，"的"的功能也只是 za^{24} 后起的附加功能而非基本功能。其附加功能凭借语义上的强制性，为领属助词的产生提供了"句法空格"——领属成分与被领属成分之间的"的"由此语义层面上升至句法层面。由南部方言领属助词的现状也可反推其形成的机制是：原本没有领属助词的普米语借助人称代词单数形式产生了单数领属助词 ga^{55}，借助复数形式产生了复数领属助词 za^{55}，在原本"数"的语法意义上进一步添加了"表领属"这样的结构义，"数"义与"结构"义一起发展，逐渐形成了一种新的、独立的助词小类——领属助词。脱胎于屈折变化的领属助词能够产生，说明普米语有屈折向分析发展的趋势。

与南部方言不同，北部方言领属助词 γa^{31} 一般不具有句法上的强制性，它没有"数"的形态变化，不具有数的别义性，在句中通常可用可不用。这一南北差异正说明北部方言领属助词 γa^{31} 在分析化的发展道路上比南部方言走得更快。北部方言 γa^{31} "的"在句子中只起语法作用，辅助表示较虚的"结构"义，没有实在的"数"义，也没有别义作用。正如杨延宁（2019）所说，"语言演变是在形式与意义的互动中完成的"。这样一个毫无句义贡献度的成分能够出现在北部方言里，说明北部方言具有了容纳不表实义的领属助词的机制，从整个语言系统的角度开始接受分析性成分的融入。

比较南北方言的领属助词，我们认为普米语的南北方言都在往分析化方向发展，但二者的发展速度不同。南部方言分析化发展的速度相对较慢，由形态分化逐渐获得 ga^{55} "的"与 za^{55} "的"这样的成分，并通过别义功能进而为产生独立的领属助词提供了句法空格，助词演化的过程比较缓慢，至今仍处于半屈折半分析阶段，尚未实现彻底的分析化；北部方言分析化发展的速度相对较快，领属助词 γa^{31} "的"没有实义，没有形态变化，只有句法功能，已经发展成了一个分析性很强的结构助词。

Weinreich 等（1989）认为，语言的"演变在语言结构中的铺开既不是划一的，也不是瞬时的，它包含互相联系的几个变化在一个实际时段内的共变，并表现为同言线在地域空间上的扩散"。虽然普米语南北方言领属助词的发展速度以及所处的发展阶段都不太一样，但其中所反映出来的普米语向分析语转型的趋势是一致的。

（二）从施事助词的差异看转型

施事助词位于名词性成分之后，标记该成分是动作的发出者，通常起强调施事者的作用。普米语北部方言施事助词为 $n\varepsilon^{55}$，没有形态变化。例如：

（15）$gi^{31}gin^{55}\eta^{55}n\varepsilon^{31}$　　$t\wp in^{55}won^{31}\wp u^{31}\wp ue^{31}tsha^{55}pa^{55}$　　$s\eta^{31}$.

　　老师　　们（施）房子里　扫地　　完　（自）（缀）

　　老师们把房间扫完了。

南部方言施事助词有形态变化，需要随施事者人称、数的变化而采用相应的词形。单数施事助词通常为 $gue^{31}je^{31}$ 或 gue^{31}、je^{31}，复数施事助词通常为 $ze^{24}je^{31}$ 或 ze^{55}。例如：

（16）$gu^{55}man^{24}ze^{55}$　je^{31}　$t\wp\vartheta n^{55}wu^{55}\wp u^{31}\wp ue^{55}th\vartheta un^{55}pa^{55}$　si^{31}.

　　老师　　　们（施）房间里　扫地　　完　（自）（缀）

　　老师们把房间扫完了。

南北方言施事助词的最大差异是有无形态变化。北部方言只有一个施事助词 $n\varepsilon^{55}$，且没有任何形态变化，既不随施事者的人称而变化，也不随施事者的单复数而变化，施事助词表现出了较强的分析性特征。但在屈折性较强的南部方言中，施事助词仍有形态变化，具体词形要与施事者的人称、数保持一致。这说明南部方言施事助词的独立性偏弱，仍具较强的屈折特征。从普米语两大方言施事助词的差异来看，北部方言的分析化程度仍超过了南部方言。

（三）从自主助词的差异看转型趋势

普米语南北方言里都有自主助词。"普米语动词有自主和不自主的对立。自主动词在语义上通常是施动者能够自己做主发出、支配、控制的动作行为；不自主动词反之。……自主助词主要是加在不自主动词后，使本来没有自主性的动词获得一定的自主性，从而能够取得与自主动词同等的句法地位。"（蒋颖，2012）北部方言自主助词在陈述式已行体、完成体以及命令式中有形态变化，在陈述式里，第一人称主语时为 pɯ⁵⁵，非第一人称主语时为 pɑ⁵⁵；在命令式里为 pɯ⁵⁵。例如：

（17）be⁵⁵a⁵⁵n̩ɛ⁵⁵　khɯ³¹dʐ̩⁵⁵tshɑ⁵⁵pɯ⁵⁵　soŋ⁵³.

　　　饭 我（施）（趋）吃　完　（自）（缀）

　　　饭我吃完了。

南部方言自主助词在陈述式已行体、完成体以及命令式中也有形态变化，与北部方言比较，南部的形态变化要复杂得多。南部方言自主助词的原形形式为 pɯ⁵⁵，用于陈述式进行体、将行体、即行体和曾行体里。在已行体和完成体里，自主助词要随主语人称、数的变化而变化，有 pɯ⁵⁵（第一人称单复数）、pin⁵⁵（第一人称单复数或第二人称复数）、pu⁵⁵（第二人称单数）、pɑ⁵⁵（第三人称单复数）4种形式。在命令式里，自主助词的变化规则与第二人称已行体形式相同，即第二人称单数为 pu⁵⁵，第二人称复数为 pin⁵⁵。例如：

（18）dʑi⁵⁵tə⁵⁵gɯ⁵⁵dʐ̩⁵⁵thəuŋ⁵⁵pɑ⁵⁵　si³¹.

　　　饭　他　吃　完（自）（缀）

　　　饭他吃完了。

从南北方言的用例可清楚地看到：南部方言自主助词的形态变化比较复杂，屈折性特征显著，分析性不强；北部方言自主助词的形态变化相对简单，分析性比南部方言强。科姆里（1989）认为："世界上绝大多数（也许全部）语言并不确切地相当于这些类型中的某一种类型，而是在综合指标和融合指标上都介于两个极端之间，因此形态类型研究给我们提供的不是离散类型而是连续类型，也就是说，给定一种语言，我们可以给这种语言在由综合指标和融合指标各自限定的连续体上分配一个位置。"通过对普米语南北方言自主助词的观察，我们也可总结出：普米语的形态特征由南向北正处于日趋简化、弱化的过程之中。

四、结语

本文通过普米语南北方言的比较，尝试从方言间的共性和个性中发现语言转型趋势的迹象。普米语南北方言在语法手段、语法范畴、词类等多个方面演变上的不平衡性，反映了语言类型演变的层次性。同时，方言比较将历时演变的纵贯线展现在方言差异的横剖面上，使原本隐性的演变趋势表现为显性的变化轨迹。总结如下：

（1）从动词、助词的比较来看，普米语南北方言总的演变趋势是形态逐渐衰退，分析性逐渐增强，语言有屈折语向分析语方向发展和转化的趋势。

（2）在向分析化方向发展的总趋势下，也存在局部的不一致现象。主要有三种情况：一是演变速度不一致。北部方言的分析性更强，演变速度较快，南部方言的分析性更弱，演变速度较慢。二是局部特征不一致。就某一具体语言现象的演变而言，两种方言的发展并不是齐头并进的，有时甚至还会出现与该方言总体趋势不一致的局部特征，即出现"反例"现象。三是分布规律不一致。普米语语言转型的发展阶段与藏缅语地理分布的常见规则不一致。普米语南部方言的分析性更弱，北部方言的分析性更强，这与藏缅语北部语群形态多，南部语群形态少的常见地理分布规律不一致。

（3）藏缅语绝大多数语言缺乏历史文献，无法直接探求其形态演变轨迹，所以，从亲属语言或同一语言不同方言的比较中寻求历时演变的线索不失为一个有效的方法。此外，从同一方言母语使用者的代际差异中也能观察到语言发展演变的趋势。普米语南北方言中都存在形态手段老年人掌握得更好、青少年掌握得较差的现象，而且代际差异的情况在南北方言中还存在一定的差别。

参考文献：

伯纳德·科姆里，1989. 语言共性和语言类型[M]. 沈家煊译，北京：华夏出版社：54.

戴庆厦，2019. 语言转型与词类变化：以景颇语句尾词衰变趋势为例[J]. 民族语文，（1）：3–10.

丁志斌，石红梅，2011. 英语语法化演变的类型学特征[J]. 外语教学，（2）：19–22.

傅爱兰，1998. 普米语动词的语法范畴[M]. 北京：中国文史出版社：24.

蒋颖，2012. 普米语自主助词及其语法化[J]. 中央民族大学学报，（3）：

73-79.

蒋颖，2018. 论普米语的类型定位[J]. 民族语文，（3）：70-80.

蒋颖，2019. 云南兰坪普米语[M]. 北京：商务印书馆：141.

罗仁地，2020. 历史语言学、语言类型学和语言接触学[J]. 汉藏语学报，（12）. 北京：商务印书馆：1-12.

杨延宁，2019. 语言演变研究的系统功能模式：以古英语使役构式和古汉语动结构式分析为例[J]. 中国外语，（1）：45.

LEECH G N, 1995. 英语语法的过去、现在与未来[J]. 蓝纯译，外语教学与研究，（2）：1-6.

WEINREICH U, WILLIAM L, MAIVIN I H, 1989. 语言演变理论的经验基础：下[J]. 王洪君译述，国外语言学，（1）：12-23.

（原载于《民族语文》2022年第2期）

文学研究

分回与集句：宋元说话伎艺与话本小说

叶楚炎

摘要： 对于宋元话本小说的研究而言，应当通过对说话伎艺表演形态的探讨，考察话本小说文体特点产生的原因及其过程，而"分回"与"集句"正提供了探讨这一议题的切入口。通过两首连用的韵文以及附属于这些韵文的问句等分回元素，我们可以在现存的宋元话本小说中找寻到诸多来自说话表演的分回痕迹。由此也可以进一步辨析话本小说中的韵文，在《西山一窟鬼》《史弘肇传》等篇小说的入话与头回中出现了以集句为代表的韵文，这些韵文与正话的故事叙述有较大的区别，叙事功能不是这些韵文出现在话本小说中的根本原因，而"表演"则是这些韵文的本质属性。

关键词： 分回；集句；话本小说；说话伎艺

宋元是中国古代通俗小说发展的关键时期，宋元话本小说不仅是明清话本小说的源头，同时也"代表中国小说史上的一大变迁，标志着中国小说发展的一个重要阶段"①。在宋元话本小说的研究中，学界也越来越认识到，应当将文本形态的宋元话本小说还复到其产生的原初场域，即说话伎艺的现场表演中，通过对于说话伎艺表演形态的探讨，考察话本小说文体

作者简介：叶楚炎，文学博士，中央民族大学文学院教授、博士研究生导师，主要研究方向为中国古代小说、明清文学等。

基金项目：国家社会科学基金后期资助项目"古代通俗小说的文本标识与文体建构"（22FZWB104）。

① 程毅中辑注：《宋元小说家话本集》，北京：人民文学出版社，2016年，"前言"，第1页。

特点产生的原因及其过程。就此而言，"分回"与"集句"正提供了探讨这一议题的切入口。

在说话伎艺的现场表演中，不只是由于"因故事较长，说话人又大加丰富充实，因而不能一次讲完，必须分回"①，更是因为说话伎艺是一种商业活动，且观众是先入场听故事然后再付钱②，艺人正是利用分回的休歇收取钱财。这都说明在说话伎艺里，"分回"几乎是不可或缺的。因此，"说话四家"中，不仅是篇幅较长的"讲史"需要分回，一直被我们视为短篇作品的"小说"在表演场上同样也要分回演述。可以证明这一点的是，在宋元话本小说的文本中我们能看到"变做十数回跷蹊作怪的小说"③（《西山一窟鬼》）、"做几回花锦似话说"④（《史弘肇传》），以及"且听下回分解"⑤（《碾玉观音》《张生彩鸾灯传》）等对于分回的明确提及，这些叙述都是说话伎艺的分回体制在话本小说文本中的遗留。就分回的演述而言，《碾玉观音》中的这处文字由于较为完整地保留了分回部分的叙述程式，因而显得尤为珍贵：

> 崔宁却不见这汉面貌，这个人却见崔宁，从后大踏步尾着崔宁来。正是：
> 谁家稚子鸣榔板，惊起鸳鸯两处飞。
> 这汉子毕竟是何人？且听下回分解。
> 竹引牵牛花满街，疏篱茅舍月光筛。琉璃盏内茅柴酒，白玉盘中簇豆梅。
> 休懊恼，且开怀，平生赢得笑颜开。三千里地无知己，十万军中挂印来。

---

①　胡士莹：《话本小说概论》，北京：中华书局，1980年，第144页。

②　胡士莹：《话本小说概论》，北京：中华书局，1980年，第56—57页。

③　程毅中辑注：《宋元小说家话本集》，北京：人民文学出版社，2016年，第203页。

④　程毅中辑注：《宋元小说家话本集》，北京：人民文学出版社，2016年，第601页。

⑤　程毅中辑注：《宋元小说家话本集》，北京：人民文学出版社，2016年，第183页、第558页。

这只《鹧鸪天》词是关西秦州雄武军刘两府所作。①

可以看到，这段文字以"且听下回分解"为界，可以分为前后两回，前一回的叙述以对句"谁家稚子鸣榔板，惊起鸳鸯两处飞"以及问句"这汉子毕竟是何人？"做结，而下一回的叙述则从那首《鹧鸪天》词开始。在宋元话本小说所留存的分回痕迹中，尽管由于文本删改的原因，"且听下回分解"的分回提示语极为少见，但分回提示语前后的韵文却多保留下来并形成了两首韵文连用的特殊叙述，以《陈巡检梅岭失妻记》中的这段文字为例：

> 长老叫行者引巡检去山间寻访。行者自回寺。只说陈辛去寻妻，未知寻得见寻不见。正是：
> 风定始知蝉在树，灯残方见月临窗。
> 夫妻会合是前缘，堪恨妖魔逆上天。
> 悲欢离合千般苦，烈女真心万古传。
> 当日，陈巡检带了王吉，一同行者，到梅岭山头……②

这处文字同样留存了来自说话伎艺的分回痕迹，由于"且听下回分解"的分回提示语被删去，上一回回末的韵文和下一回回首的韵文连接在一起，形成两首韵文的连用。而可以作为佐证的是，"未知寻得见寻不见"其实同样应是一个问句，这与《碾玉观音》以"这汉子毕竟是何人？"这一问句结束上一回的叙述并引发悬念的叙述方式也如出一辙。

通过这些两首连用的韵文，以及附注于这些韵文的问句等分回元素，我们可以在现存的宋元话本小说中找寻到更多的来自说话表演的分回痕迹，而借由这些分回，我们也可以对话本小说文体特质的渊源有更为清晰的把握。从体制上说，话本小说以起首的"入话"韵文开篇，而以末尾的

---

① 程毅中辑注：《宋元小说家话本集》，北京：人民文学出版社，2016年，第183页、第183—184页。

② 程毅中辑注：《宋元小说家话本集》，北京：人民文学出版社，2016年，第429页。

"篇尾"韵文作结，形成了"以诗起，以诗结"①的架构。而"入话"和"篇尾"都是由于说话伎艺现场表演的需要才出现在话本小说中。"入话"的作用便如胡士莹所说，是"肃静观众、启发听众和聚集听众"②，篇尾的作用则与之相对，承担着表演结束后宣布散场的功能。但倘或将话本小说的分回也引入进来便可以看到，在说话伎艺的表演中，对于观众的肃静、启发、聚集等不只会出现在小说的起始阶段，由于分回，在每一回的表演开始前，其实都要有一个肃静、启发、聚集观众的过程。与之相对应的是，散场也不会只在一个故事全部表演完毕时才有，在这个故事每一回末尾的部分也都需要，为了区别于故事结束阶段的篇尾，我们可以将承担每回故事散场功能的部分称为"回尾"。在上面所举《碾玉观音》的这处文字中，"且听下回分解"前后各有一处韵文，前面的对句其实便是上一回的回尾，而后面的《鹧鸪天》词则是下一回的"入话"。

在说话伎艺每一回的故事演述中都有"入话"韵文和"回尾"韵文，而由此也形成了话本小说的基本格局，即"入话—正话中的某一回—回尾"，整部话本小说便是通过对于这一基本格局的不断重复和前后连缀而形成的。就此而言，我们所说的"以诗起，以诗结"确实是对于整部话本小说外部形貌特征的一个基本概括，但还不够精确。更确切地说，话本小说的每一回都是"以诗起，以诗结"，这也便形成了对于"韵文—散文—韵文"的基本叙述程式不断复制的叙述方式。因此，无论是话本小说的体制特征还是韵文结合叙述方式的形成，都与说话伎艺的现场表演有着极为密切的关系。

由分回着眼，也能更为明晰地分辨话本小说中的韵文。在说话伎艺的现场表演中，入话韵文和回尾韵文承担了分回的体制性功能，而这种体制性功能也是留存在话本小说中的这些韵文的本质特性。在宋元话本小说里，《错认尸》《陈巡检梅岭失妻记》都保留了较多的来自说话伎艺的分回痕迹，这两篇作品一共出现了51首韵文，其中有39首韵文属于入话以及回尾（或篇尾）韵文，与之无关的只有12首。因此，我们可以根据来自

---

① 欧阳代发：《话本小说史》，武汉：武汉出版社，1994年，第21页。

② 胡士莹：《话本小说概论》，北京：中华书局，1980年，第137页。

说话伎艺表演的"体制性"的有无，将话本小说中的韵文区分为"体制性"韵文和"非体制性"韵文，而从这一数量对比中也可以看到，"体制性"韵文占据了话本小说中韵文的绝大多数，这也就意味着对于话本小说中韵文体制性身份及其功能的分辨与认识是我们探讨这些韵文的前提。此前学界多注意，通俗小说中的很多韵文与散文部分的叙述往往有较大的游离，它们也因此常被视为冗杂的"游词闲韵"以及小说文本中的累赘。而从体制性韵文的角度看，我们也便能知道其中的缘由，从原初身份看，这些被视为"游词闲韵"的韵文是因为说话伎艺现场表演体制性的需要才出现在小说中，其主要功能不是配合散文进行叙述，而是承载故事分回表演时的体制职能。因此，当我们在考察这些韵文的时候，首先要去探讨的也应是其体制功能，而不是它们的叙事功能。

由以上分析可见，对于宋元话本小说而言，还原说话伎艺表演的现场情境，对我们理解话本小说的文体特质与叙述方式有着极为关键的意义，而从现场表演的角度看，话本小说中一类特殊的入话也应该引起我们更多的关注。与大多数宋元话本小说的入话韵文只有一首不同，在《西山一窟鬼》中，起首是一首词：

> 杏花过雨，渐残红零落胭脂颜色。流水飘香，人渐远，难托春心脉脉。恨别王孙，墙阴目断，谁把青梅摘？金鞍何处，绿杨依旧南陌。　消散云雨须臾，多情因甚有轻离轻拆。燕语千般，争解说些子伊家消息。厚约深盟，除非重见，见了方端的。而今无奈，寸肠千恨堆积。

然后便加以解说：

> 这只词名唤做《念奴娇》，是一个赴省士人姓沈名文述所作，元来皆是集古人词章之句。如何见得？从头与各位说开。①

---

① 程毅中辑注：《宋元小说家话本集》，北京：人民文学出版社，2016年，第199页。

此后便开始逐一举出集句词所集的词作，连同这首《念奴娇》在内，共由十五首韵文共同构成了此篇《西山一窟鬼》的入话。除此之外，《史弘肇传》同样是以"集句"作为正话的引入。在正话故事开始之前先是一个《八难龙笛词》的小故事：洪内翰在宴席上写作了一首《虞美人》，孔通判告诉众人这首词是集句之作，并且"乃就筵上，从头一一解之"①，一连说出了这首《虞美人》所集的八首诗词，加上前面的《虞美人》和洪内翰最后所写的一首《水调歌头》，在这个故事单元中一共出现了十首韵文。就以集句串联韵文的方式而言，这两篇作品完全没有区别，而不同仅仅在于集句所处的位置：《西山一窟鬼》中的集句位于入话，而《史弘肇传》中的《八难龙笛词》则是头回。实际上，在话本小说中，尽管在故事性的无或者有上存在差别，但"入话"与"头回"都是正话的引入部分，因此我们也完全可以将这两篇作品中的集句合观。

如前所说，在说话表演中，入话会起到肃静、启发和聚集观众的作用，头回的功能也与之相类。通过由一首韵文构成的入话以及一个简短的头回小故事去达到静场、候场的目的当然是可行的，但倘或由多至十首乃至十数首韵文组成入话和头回，则这样入话和头回表演势必要持续较长的时间，也便难以起到静场和候场的效果。这也说明，除了肃静、启发和聚集观众的基本职能之外，作为正话引入部分的入话与头回或许还有着多样化的功能，而集句这一特殊形式的入话以及头回正显现出这一点。

可以看到，在《西山一窟鬼》以及《史弘肇传》中，集句构成了正话开始前的一个独立的表演单元。在这个颇具容量的表演单元中，所主要展示的不是故事性的内容，而只是韵文：表演者通过对于密集而出的一连十首乃至十数首韵文的表演，可以充分展现自己在诗词方面的知识素养和功底，相对于在正话故事叙述中插入的韵文，这种集句表演无疑更能凸显说话艺人"吐谈万卷曲和诗"②的表演才能。就表演效果而言，这么多诗词倾泻而出，也会让说话艺人在观众面前建立起足够的知识优势和心理自信，从而为后面正话的表演营造出良好的讲述气场和接受氛围，这同样应是这

---

① 程毅中辑注：《宋元小说家话本集》，北京：人民文学出版社，2016年，第598页。

② 罗烨：《醉翁谈录》，上海：古典文学出版社，1957年，第5页。

些集句出现在小说开篇部分的原因所在。此外，从叙述技巧上说，说话艺人先举出一首看似普通的韵文作品，再揭破它的集句身份，并将其所集诗词逐一举出作为证明，这一表演程序能够营造足够的悬念感和趣味性，从而弥补大段诗词表演本身所潜藏的故事性偏弱的缺憾。因此，在这种炫技式的表演中，作为游戏文字的集句本身的娱乐特性，与对于韵文集句身份的揭示所形成的悬念和趣味相融合，也足以对观众产生莫大的吸引。

事实上，这类出现在正话之前的韵文表演在说话伎艺中可能颇受欢迎。《杨温拦路虎传》的入话同样是一首集句诗：

> 入话：
> 阔含平野断云连，苇岸无穷接楚田。翠藓苍崖森古木，坏桥危磴走飞泉。风生谷口猿相叫，月上青林人未眠。独倚阑干意难写，一声邻笛旧山川。
> 话说杨令公之孙重立之子，名温，排行第三……①

虽然现存文本删去了对于这首诗集句身份的揭示与疏解，但其在说话表演中的叙述形态与《西山一窟鬼》《史弘肇传》应该并无二致。而同样可以引入讨论的还有《碾玉观音》，这篇作品的入话以"春归"为线索串联起了十一首韵文，并同样形成了一个密集展现韵文的独立表演单元。

因此，在肃静、启发和聚集观众的基本职能之外，和故事分回后的每一回所形成的表演段落相类似，说话伎艺中的入话和头回也具有成为独立表演单元的功能，在这个表演单元中，可以集中展现较为密集的韵文。而这一韵文表演不仅与正话侧重于故事性的叙述形成互补，同时也能在观众领略故事之余满足他们对于雅文学接受的需求。

而结合"分回"我们也可以进一步看到，这种作为独立韵文表演的"入话"基本都出现在整篇故事开始之前的起首部分，却没有出现在分回后每回故事开始部分的入话中——这显然也是因为尽管正话故事已经分

---

① 程毅中辑注：《宋元小说家话本集》，北京：人民文学出版社，2016年，第105—106页。

回演述，但仍然要尽量保持故事叙述的流畅。因而，这种多样化的功能更适合出现在篇首入话中，而回首入话的功能则保持了更为基本的静场与候场之作用。

由此也可以进一步辨析话本小说中的韵文。如前所说，基于是否承担说话表演的分回职能，我们可以作出"体制性韵文"与"非体制性韵文"的区分。而在不承担体制功能的非体制性韵文中，表演性则是不应被忽视的重要方面。事实上，相对于游离于故事叙述之外的体制性韵文，在《西山一窟鬼》《史弘肇传》以及《碾玉观音》等篇入话与头回中出现的这些韵文与正话的故事叙述有着更为悬殊的距离，我们甚至可以说这些密集出现的韵文基本都与正话没有任何联系，因此，叙事功能同样不是这些韵文出现在话本小说中的根本原因，而"表演"则是这些韵文的本质属性。

从以上探讨中，我们可以看到宋元说话伎艺对于话本小说的文体特质以及叙述方式的影响，而立足于分回与集句，也使得对于说话伎艺文本化的探讨具有了更为切实的依据。正是由于这些留存于文本中的特殊叙述的存在，说话表演才得以从文本中浮现，由此我们不仅可以大致还原说话伎艺现场表演的具体形态，也能够明了小说文本中与之相关的叙述程式以及叙述方式的渊源，由此出发，也能对古代小说中韵文的来源、知识特性、从表演功能到文本功能的演化以及散文叙述对于韵文的文体吸纳与转化等关键议题有更为详切的观照和探讨。

（原载于《文史知识》2022年第8期）

辞理兼胜，蔼然君子

——姚鼐及其古文圈点

黄鸣

摘要： 姚鼐是清代桐城派的主要代表人物，他服膺程朱理学，兼采考据，用古文之法来行义理与考证之学，编纂了《古文辞类纂》一书，作为宣扬桐城派古文理论和义法的教材。在此书中，姚鼐对流传至清代的圈点系统进行了雅化，以〇与●来代表阳和阴，以此来鉴识文气的阴阳刚柔，对桐城派古文传统的流传产生了深刻影响。

关键词： 姚鼐；桐城派；《古文辞类纂》；圈点；阴阳刚柔

一、姚鼐与桐城派

桐城派是清代形成的一个文学流派，它在散文理论上，有着完整而明确的理论主张和创作实践。桐城派的创始者方苞、代表性人物刘大櫆、姚鼐，都是安徽桐城人，所以后来人们把他们及其追随者叫作桐城派。

桐城派中，方苞提倡古文的"义法"，刘大櫆讲文章的"神气""音节""字句"，重视文章的"品藻"。作为桐城派古文理论集大成者的姚鼐，则主张古文创作要做到"义理、考据、词章"的结合，他提出著名的"神、理、气、味、格、律、声、色"之说，并以"阴阳刚柔"来区分文章的特

作者简介：黄鸣，文学博士，中央民族大学文学院副教授、硕士研究生导师，主要研究方向为先秦两汉文学与文化、文学地理学、古代散文。

点。他创造性地继承和发展了桐城派的古文理论，推崇辞理兼胜的古文，这对当时及其后的文坛影响巨大，姚鼐在中年之后潜心教学四十年，有不少学生继承了他的理论主张，并以之指导实践，壮大了桐城派的散文写作群体。他最有名的几位弟子，如管同、梅曾亮、方东树，姚莹等，是19世纪桐城文派的中坚，其影响及于曾国藩、吴汝伦、马其昶、林纾等人。他是清代桐城派的代表性人物，可以说中国近代文脉的传衍，与姚鼐息息相关。

（资料来源：《清代学者象传》）

图1　姚鼐像

姚鼐（1732 — 1815），字姬传，一字梦谷，别号惜抱先生，安徽桐城人。他少年时学文于同邑刘大櫆及其伯父姚范。众人对他多有期许，而刘大櫆甚至以王阳明之学期许于他，由此知名于时。乾隆十五年（1750）乡试，他中式举人。乾隆二十八年（1763）会试，中式进士，改翰林院庶吉士。此后历任兵部、礼部、刑部，当过山东、河南乡试副考官与会试同考官，乾隆三十八年（1773）担任四库全书馆纂修官，年余乞病归。自是主讲江宁、扬州等地的梅花、敬敷、紫阳、钟山各书院，先后四十余年。嘉庆二十年（1815）九月，姚鼐卒，卒年八十五岁。他著有《惜抱轩文集》

《惜抱轩诗集》《九经说》等，并编选《五七言今体诗钞》《古文辞类纂》。

二、姚鼐的学术取向与个性风貌

清代学术史上有一则公案，讲的是姚鼐拜师戴震被拒事。乾隆二十年（1755），姚鼐在京城见到戴震。姚鼐当时正值二十四岁，文名已为时人称许，而戴震当时避仇入京，但其学术造诣已经名满天下，在京师与钱大昕、秦蕙田、王昶、纪昀、王鸣盛、朱筠、卢文弨等交游。此时乾隆时期汉学的黄金时代即将到来，姚鼐见戴震后，曾与其同居四五个月（见姚鼐《书考工记图后》）。他为戴震折服，向其提出拜师事，被戴震婉拒（见戴震《与姚孝廉姬传书》）。

姚鼐服膺于戴震的考据学，拜师被拒后，姚鼐也一直没有放弃考据学，这也是之后他提出"义理、考据、词章"观念的个人原因。后来四库馆开，他能入选充纂修官，与他在考据上的兴趣应该也有关系，否则，作为汉学重镇的四库馆中，也难有他的一席之地。

但姚鼐虽然不反对考据，他对汉学的思想却是不感兴趣的，他所服膺的思想体系是程朱理学。他曾回忆说："鼐往昔在都中，与戴东原辈往复，尝论此事（指推崇程朱事）。"（《复蒋松如书》）戴震拒绝他的拜师，可能也与此有关。

乾隆三十八年（1773），四库馆开，他得到刘统勋与朱筠的推荐，任四库馆纂修官。当时四库馆臣多为翰林出身，不是由翰林出身而充任纂修的只有八人，姚鼐和程晋芳、任大椿等人是非翰林出身众人中的佼佼者。他在任四库纂修官时，所写的书目八十余篇，后来由他的从孙姚莹刻了出来，即《惜抱轩书录》。

姚鼐在四库馆中，同僚都是汉学中人，他可能也因此与同僚发生过思想上的冲突与抵牾。姚莹在给他写的行状里说："于是纂修者竞尚新奇，厌薄宋元以来儒者，以为空疏，掊击讪笑之，不遗余力。先生往复辨论，诸公虽无以难，而莫能助也。"（《朝议大夫刑部郎中加四品衔从祖惜抱先生行状》）由此可见一斑。在这种氛围中，他的情绪必不甚高。乾隆三十九年（1774），他受刘统勋推荐，已经记名御史。此时是于敏中当国，他想让姚鼐出于门下，使人讽姚鼐来拜，姚鼐没有去，适逢刘统勋去世，姚鼐于是决意辞官南归。南归之时已是冬季，他在路过山东泰安府时，与知府朱孝纯同登泰山，写下了著名的《登泰山记》。

此后他主讲各地书院四十年，推阐程朱之学，并以古文教授学子，直至去世。

姚鼐乐于奖掖后学，与人相交接，常使人有如沐春风之感。他容貌清癯，风仪闲远，有个人魅力。在思想上，他比较灵活，宽以待人，和善中不失耿介，方正中不失圆融。比如他在担任刑部广东司郎中时，广东巡抚送达一件死刑案，其案由不实，当时刑部堂官及同僚们都没有异议，只有姚鼐从案情出发，加以质疑，最终平反了此案。当袁枚去世时，他给袁枚写墓志，有人怀疑是否合适，他说："随园虽不免有遗行，其文采风流有可取，亦何害于作志？"（郑福照《姚惜抱先生年谱》）这种雅量能容的胸怀，颇有《世说》中人物的风范，而也可见其并非拘执之人。不止一位后辈曾回忆姚鼐以高年耆宿亲自前往其居处回访的事迹，如黄承吉年方弱冠，和友人到钟山书院拜访姚鼐，姚鼐两次回访，令他兴起"所见殆副于所闻矣"之感（黄承吉《书姚惜抱先生从祀乡贤录后》）。李兆洛称其"清明在躬，蓄云泄雨，文章为光岳于天下"（《桐城姚氏姜坞惜抱两先生传》），实为确论。他的确是具有蔼然的君子人格的人。

三、《古文辞类纂》的圈点

姚鼐有感于当时学者专注于考订训诂制度之学，将宋儒以来的身心性命之说斥为空疏，而文学之士又"喜逞才气，放荡礼法，以讲学为迂拙"，所以他在教学实践中，"著《九经说》以通义理、考订之邮，选《古文辞类纂》以尽古今文体之变，选五七言诗以明振雅祛邪之旨"，以此来"破门户，敦实践，倡明道义，维持雅正"（见姚莹所撰《行状》）。这种用古文之法来行义理、考证之学的理路，正与姚鼐一直以来的思想相吻合。该书序目一卷，选文75卷，共选文669题，合721篇，是一部中型文章选集。其主要特色，在于分类谨严，各种文章按大类编辑成卷，其文体特征得以突出地彰显出来。桐城派所推崇的先秦秦汉、唐宋八家之文，成为选文的主体。学者循此而学习各种文体，有规可依，有范可型。马其昶称其"义例至精审"，"以辨文体，晰如也。审同异，别部居，可以形迹求也"（《古文辞类纂标注序》）是为确论。

《古文辞类纂》有姚鼐自己所撰及审定收入的九家评语。该书更为后人所称道的，还是它的圈点。正如吕思勉先生说："我此时并读《古文辞类纂》和王先谦的《续古文辞类纂》，对于其圈点，相契甚深。我于古文，虽未致力，然亦略知门径，其根基实植于十五岁、十六岁两年读此数书时。所以我觉得要治古典主义文学的人，对于前人良好的圈点，是相需颇殷的。"（《从我学习历史的经过说到现在的学习方法》）

圈点是我国评点本古籍特有的一种形态特征。圈点有两种形式，一种是句读，指古籍在抄写或印制时施加句读，或后人阅读时加以句读者；另一种是在抄写或印制的古籍文本中标有空圈或实圈，以及点、钩等符号，以此作为文本句读之外的阅读提示。在评点本古籍中最为普遍的是后一种情况。在评点者的评语之外，附之以错落分布在字里行间的圈点符号系统，该系统能够帮助读者掌握文章结构，把握关键词句，领会文章的言外不尽之意。

但姚鼐对于圈点的态度却比较矛盾。在《古文辞类纂》未刊刻之前，其钞定本均有圈点，所以最早的康绍镛刻本是带有圈点的。到了几年后吴启昌刊刻时，却说："本旧有批抹圈点，近乎时艺，康公本已刻入，今悉去之，亦先生命也。"（《吴刻古文辞类纂序》）当然，姚鼐卒于嘉庆二十年（1815），其删去圈点之命，当在他未卒之前。但吴本依据的是他的晚年钞定本，后来的李承渊本也是依据他的幼子姚稚所藏的晚年钞定本，其钞本上均有圈点，可见姚鼐虽有删去圈点之命，但他在实际钞定本中并没有舍弃圈点。他的顾虑是圈点"近乎时艺"，固然，圈点本身的发展传承和时文的批点有一定关系，这是事实，然而，圈点作为中国古代文艺理论批评的有效形式，从宋代即已产生，历经元明清诸代，其本身具有重要的理论意义和实践价值。桐城派的圈点系统作为该派古文传承的锁钥，其本身已经经过桐城派诸家的"雅化"，已与时文批点走上了不同的道路，具有指示文法与文眼，传递文章高明超越之处的不可言传之妙的作用，这种功能是单纯的文字形式的评语所不能取代的。《古文辞类纂》的版本里，吴本行而不远，较少有人翻刻，与它删去了圈点也有一定关系。

桐城派，尤其是姚鼐对圈点系统的"雅化"，集中体现在《古文辞类纂》中。早期的文章圈点系统相当庞杂，宋代古文批点且不论，明代唐顺之、茅坤的圈点法，以圈、点、撇、抹、截为主要形式。如茅坤在批《唐宋八大家文钞》时，采用的就有实抹、虚抹、实撇、虚撇、圆圈、尖圈、旁点等多种形式，并将唐顺之与王慎中的批语也使用圆圈和尖圈领起，这样的符号系统颇为繁杂，并且容易混淆。姚鼐在《古文辞类纂》中，主要使用了两种符号，一是空圈〇，二是实圈●。实圈也就是实点。此外，截用来表示分段，只在一小部分选文中出现；抹的数量亦极少，仅出现于一两篇选文中，当为姚鼐未及删去的残余符号。这样，整部书的圈点系统就变得眉目清楚，两种主要圈点形式的设立，超越了此前的庞杂符号系统，更能体现出姚鼐超出传统圈点手段之外对文章进行品评与鉴赏的深意。由繁芜趋于简洁，正是姚鼐对传统圈点形式进行"雅化"的过程。

这两种圈点，即〇与●，一般出现在正文中的文字右侧，为旁圈。此外，各篇题名之下，也多有空圈。篇题下共有四种情况：单圈，双圈，三圈，无圈。这反映了姚鼐对该文的总体性衡量与评级，大体来看，圈数越多，则文章愈高妙。但也有题下无圈的文章具有很高艺术水准的，不能一概而论。

《古文辞类纂》书中所选文章中的旁圈，具有什么样的批评意义，至今难有定论。毕竟，在此前有据可依的多类型符号系统中，空圈和实圈是有固定的解法的。比如说，空圈代表佳处，而实圈代表其所标识的佳处次于空圈一等（唐汝澜《新镌选释历科程墨二三场群玉圈点凡例》）。又或者，空圈代表该处工于意，实圈代表该处工于词（薛应旗《明儒论宗凡例》）。但是，以这两种方式去观察《古文辞类纂》中的圈点，却难以涵盖所有选文的圈点情况。比如同样是柳宗元的文章，《小石潭记》的圈点符合工于意与工于词之别，而《钴𬭁潭西小丘记》中的两段空圈，则一工于意，一工于词，难以一概而论。

此处试作推论。姚鼐的圈点意义，需要结合他的古文理论来进行理解。他是桐城派理论大家，他对圈点之学的改造，立足于对前人及时文圈点的雅化。在他的圈点中，既有旧的指示文章妙处的功能，也蕴含有新的对文章结构关捩与文气、风格面貌的理解。他有一个很重要的文章学思想，即对文章"阴阳刚柔"的辨析，这是与他对易理的理解相吻合的。他说："吾尝以谓文章之原，本乎天地。天地之道，阴阳刚柔而已。苟有得乎阴阳刚柔之精，皆可以为文章之美。阴阳刚柔并行而不容偏废。"（《海愚诗钞序》）又说："鼐闻天地之道，阴阳刚柔而已。文者，天地之精英，而阴阳刚柔之发也。"（《复鲁絜非书》）姚鼐将传统的圈点形式简化到以〇和●为主，实际上是以此寓阴阳刚柔之义。即〇为阳，●为阴。试与图2对照，即可明了其义。

图2　太极图

图2就是著名的太极图，图中白为阳，黑为阴，黑中有白，寓阴中有阳，白中有黑，寓阳中有阴。姚鼐于《古文辞类纂》选文中所施加的〇与●，应该也蕴含着他对该处文气的阴阳刚柔之辨。

文章的阴阳刚柔之辨，常被认为是文章呈现出来的整体风格，或豪壮，或柔美；或悲壮，或凄美。然而对于易理来说，文章也是天地之间的造物，它的一词一句，也无不具有阴阳和谐之功、刚柔相济之美。《易》曰："一阴一阳之谓道。"（《系辞上》）世间万物，皆可为阴阳，而描述万物的客观或抽象的概念，亦可为阴阳。如天地、日月、昼夜、黑白、明暗、冷暖、胜负、动静、上下、左右、东西、南北、内外、快慢、刚柔、宽严、虚实、奇偶、方圆、大小、远近、出入、进退、往来、得失、存亡、损益、生死、吉凶、祸福、泰否、优劣、君臣、父母、夫妻、男女……分阴分阳。文章的词句亦然。

例如，君子为阳为刚，小人为阴为柔。论小人为阴，则其收束为阳；论君子为阳，则其收束为阴。这就是阴阳对立转化之义。如苏轼《大臣论》中的两处圈点：

　　然而李训、郑注、元载之徒，击之不胜，止于身死；至于崔昌遐击之而胜，唐亦以亡。方其未去，是累然者，瘿而已矣。及其既去，则溃裂四出，而继之以死。何者？此侵君之权，而不可居之功也。

　　若夫智者则不然。内以自固其君子之交，而厚集其势；外以阳浮而不逆于小人之意，以待其闲。宽之使不吾疾，狃之使不吾虑。啖之以利，以昏其智；顺适其意，以杀其怒。然后待其发而乘其隙，推其坠而挽其绝。故其用力也约，而无后患。莫为之先，故君不怒而势不逼。如此者，功成而天下安之。

又如，源为阳，流为阴。因为阳，果为阴。如董仲舒《对贤良策》中的圈点：

　　为人君者，正心以正朝廷，正朝廷以正百官，正百官正万民，正万民以正四方。四方正，远近莫敢不一于正，而亡有邪气奸其闲者。是以阴阳调而风雨时，群生和而万民殖，五谷孰而草木茂。天地之闲，被润泽而大丰美；四海之内，闻盛德而皆徕臣。诸福之物，可致之祥，莫不毕至，而王道终矣。

所以姚鼐在《古文辞类纂》中的圈点，除了有指示佳处、点出关捩句眼、强调写意与写实等传统特征之外，可能还具有指出其阴阳刚柔的性质之用。例如，转折之处、承上启下之处、总结性文字多用空圈，因为这些地方的文字多兀然突起而有力量，为阳；而相对的分析或写实之文多用实圈，因其文势较顺，为阴。如柳宗元《钴鉧潭记》中的一段：

　　予乐而如其言。则崇其台，延其槛，行其泉于高者坠之潭，有声潀然。尤与中秋观月为宜，于以见天之高，气之迥。孰使予乐居夷而忘故土者？非兹潭也欤！

在这一段中，"崇其台，延其槛"是平述，其文平顺，故加实圈；"行其泉于高者坠之潭，有声潀然"一句，其文富于动态，兼具景与声，故加空圈；"尤与中秋观月"一句，句式舒缓，语意平，故加实圈；末两句为总结性语句，精意凝注，故加空圈。

书中选文的圈点，大都可以如此来作具体分析。

四、姚鼐《古文辞类纂》对后世的影响

姚鼐对后世影响最大的地方，就在《古文辞类纂》一书。该书问世之后，屡经刊刻，从晚清到民国时期，一直在社会上盛行，作为具有相当文化水平的读者们学习古文的教范。后来曾国藩编《经史百家杂钞》，光绪年间，王先谦和黎庶昌先后编辑的两种《续古文辞类纂》，都受到了此书的直接影响。桐城派的梅曾亮编《古文词略》，吴汝纶编《桐城吴氏古文读本》，均是该书的选编本。近代林纾亦选此书之文详为评注。这些都是在该书影响之下形成的诸家选本。

曾国藩在咸丰九年（1859）四月二十一日写给其子曾纪泽的家书中说："余于《四书》《五经》之外，最好《史记》《汉书》《庄子》、韩文四种，好之十余年，惜不能熟读精考。又好《通鉴》《文选》及姚惜抱所选《古文辞类纂》、余所选《十八家诗钞》四种，共不过十余种。早岁笃志为学，恒思将此十余书贯串精通，略作札记，仿顾亭林、王怀祖之法。"（《曾国藩家书》）钱穆致叶龙信中说："最近能精读姚鼐《古文辞类纂》，先从昌黎入门，依次可读柳宗元、欧阳修、王安石、曾巩四家，然后再读苏氏父子……读过姚纂，则曾文正《经史百家杂钞》已得其半，即从此两书入门，亦是学问一大道。惟望能持之以恒，不倦不懈，不到一两年即可确立一基础，至盼循此努力为要。"（钱穆讲述，叶龙记录整理《中国文学史》）钱钟书也回忆说："余十六岁与从弟钟韩自苏州一美国教会中学返家度暑假，先君适自北京归，命同为文课，乃得知《古文辞类纂》《骈体文钞》《十八家诗钞》等书。"（《谈艺录》）邹韬奋也曾说过他在少年时代读此书的经历。这些大家，都曾受过《古文辞类纂》一书的浸润。

姚鼐《古文辞类纂》的第一个刻本问世已经两百年了。这两百年间白云苍狗，随着时代不断进步，我们所使用的书面语言也经历了极大的变

化。今天正处在中华传统文化的复兴时代，姚鼐编选的《古文辞类纂》作为中国古代散文集大成性的评点本，在帮助我们掌握古代散文的文体特征与文章佳妙之处等方面，具有不可替代的作用，是可宝贵的文化遗产之一。随着我们对它研究和应用的不断深入，它必将进一步发挥其历久弥新的认识价值和审美价值。

（原载于《文史知识》2022年第10期）

味，心性与诗

敬文东

摘要：心是味觉化汉语中理所当然的语义原词，因此之故，心之隐喻有能力从基本意义的层面，对中华文明中诸多复杂意义进行有效的解释。心化（亦即味觉化）意味着：味觉化汉语必须在诚的主使下舔舐万物，以便让心感知万物、思维万物、回应万物。在古老的汉语思想那里，心 —— 思以感 —— 思为途径，其终极目的不在义理之知，而在"天地之真"和有味之道。古典汉语诗歌意欲表达的，乃是赤诚之道心。而视觉化语言（亦即逻各斯）几乎是宿命性地强调纯粹之看，由求真伦理导致的反讽特征，是逻各斯的基本秉性和天赋。味觉化汉语被高度视觉化后，反讽很自然地过渡到现代汉语之中，而新诗对待物的态度更多与看（思）接壤，而不是用心去尝、舔舐或感。但只要用汉语写诗（无论新旧），心与诚事实上一直是在场的，这是从汉语内部发出的严正指令，具有无从躲避的宿命性。

关键词：味；心性；诗；汉语；反讽

一、心的概念

自然语义元语言理论（Natural Semantic Metalanguage Theory）颇为恳切也颇为笃定地认为，在任何一种人类语言的内部或其根基处，都存在最简单、最基本的语义原词（semantic primitives）。一般而言，有如下特征者，即为语义原词："不能够被其他意义解释的最简单意义就是基本意义，

作者简介：敬文东，文学博士，中央民族大学文学院教授，主要研究方向为现代诗学、中国现当代文学思想史。

复杂意义必须用基本意义解释才能够被理解。"①中华文明极其善于以象尽意，倾向于以"近取诸身，远取诸物"的方式感知世界②。因此，"心"有理由成为这种样态的文明形式当中，最为重要的语义原词之一。"心"字的本义，是距离人最近的那颗属于人自己的心脏，它在噗噗跳动；心脏因此有望成为"近取诸身"的上佳材料③。许慎的言说来得十分素朴："心，人心，土藏，在身之中，象形。"④常言说得好："金木水火镇四方，土居中央掌阴阳。"以《尚书》之见，土之盛德曰稼穑，其义为滋润万有生长以成物，味甘⑤，美也⑥。从极为古远的时代开始，"心"就被先民们自觉而有意识地引申为胸部、思想、情感、中央等⑦。

有鉴于此，葛瑞汉（Angus Charles Graham）才敢下结论说："'心'对古代中国人而言，是思维与好恶的器官。"⑧葛瑞汉所言自有其确凿无疑的证据："据统计，先秦金文中常见的从心字有六十余个，反映了这一时期人们希望理解自身精神活动的努力，以及这种努力逐渐扩大与深化的过程。但论者仍轻易便将这些从心字分为两类——描述心能自觉感思德性的字和描述心有独立认知真理能力的字。"⑨能够证明葛瑞汉之结论无比正确的这个确凿无疑的证据，还有着更为精确的统计学数据作为后盾、充任靠山："在《易经》卦爻辞中，心字凡七见，其主要涵义是指人的各种精神心理。……在今文《尚书》中，心字凡二十六见，其涵义除表示人

---

①　李德高等：《语义原词和"心"》，载《中国石油大学学报》2019年第1期。

②　《易·系词下》。

③　心在味觉化汉语语境中等同于魂魄。钱穆指出："《左传》乐祈曰：心之精爽是谓魂魄。是魂魄亦指人心言。故曰心魂，又曰心魄。又曰惊魂断魂销魂伤魂，又曰诗魂游子魂。此诸魂字，亦皆指人生时之心。"（钱穆：《灵魂与心》，桂林：广西师范大学出版社，2004年，第94页。）心因此是一个极为重要的字、观念和概念。

④　许慎：《说文解字》卷10。

⑤　参见《尚书·洪范》。

⑥　许慎：《说文解字》卷5。

⑦　谷衍奎：《汉字源流字典》，北京：华夏出版社，2003年，第87页。

⑧　[英]葛瑞汉：《论道者：中国古代哲学论辩》，张海晏译，北京：中国社会科学出版社，2003年，第115页。

⑨　匡钊：《心灵与魂魄——古希腊哲学与中国先秦观念的形而上学共性》，载《文史哲》2017年第5期。

的内心情感、愿望等心理，还扩及人的道德精神，提出了善恶之心的观念。……在《诗经》中，心字凡一百六十二见，表达人的内心的各种思想情感。"①很容易获知：和其他文体相比，以《诗经》（作为著作）为代表的诗（作为文体）更倾向于同心相依偎——

> 园有桃，其实之肴。
> 心之忧矣，我歌且谣。
> 　　　（《诗经·园有桃》）
> 蜉蝣之羽，衣裳楚楚。
> 心之忧矣，于我归处。
> 　　　（《诗经·蜉蝣》）

对于心的思维能力，相信不会有人比孟子说得更好："耳目之官不思，而蔽于物。物交物，则引之而已矣。心之官则思，思则得之，不思则不得也。此天之所以与我者。"②当然，刘熙说得也足够精彩："心，纤也，所识纤微，无物不贯也。"③虽然"美恶皆在其心，不见其色"④，但对于汉语之心拥有的好恶功能，在中国思想的轴心时代出现过太多精彩的议论：有从人道出发而来的"仁人之心"⑤、"仁义之心"⑥，以及孟子著名的四心（亦即"恻隐之心""羞恶之心""辞让之心""是非之心"）⑦；也有从天道出发获取的"帝心"⑧；还有从小国寡民、逍遥自在之道家出发而来的虚其心和

---

① 张立文主编：《心》，北京：中国人民大学出版社，1993年，第26—28页。
② 《孟子·告子上》。
③ 刘熙：《释名·释形体》。
④ 《礼记·礼运》。
⑤ 参见《左传·昭公元年》。
⑥ 参见《论语·雍也》。
⑦ 参见《孟子·公孙丑上》。
⑧ 参见《国语·周语下》。

无心；另有从杂家出发的心为智之舍①；从医家出发的心为神之舍②；更有从法家出发需要严加管教、镇压、打击和利用的那颗"奸伪之心"③……

从最为宽泛的角度观察，外加以科学自命的解剖学压阵、助拳，好恶和思维依然可以被称为中国之心的隐喻。心是味觉化汉语中理所当然的语义原词，因此之故，心之隐喻有能力从基本意义的层面，对中华文明中诸多复杂意义进行有效的解释，由此，复杂意义能够得到古人亲切、浅显的理解——这当然正是语义原词之为语义原词的理由之所在。但更重要的，还是仔细考察这个隐喻（亦即好恶与思维）在怎样相关于中华文明中最基本的价值，因为早已有人颇具先见之明地指出过："一种文化最基本的价值，将同该文化中最基本概念的隐喻结构紧密关联。"④虽然"道家论'心'更看重其与'精''气''神'等的关系，而儒家论'心'则更看重其与诸种'德'以及'性'的关系"⑤，但无论有多少种不同形貌的好恶之心、不同性质的思维之心，它们相互关联导致的最终结果，乃是将诚廓定、举荐为中华文明中最为基本的价值之一。唯有意诚，才可心正；唯有心正，方能修齐治平⑥。道家故意不重视诚，甚至刻意反对诚，所谓"天地不仁，以万物为刍狗"⑦，也顶多是因为诚事实上居于汉语思想观念之金字塔的最顶端⑧。《中庸》因之而有言："自诚明，谓之性；自明诚，谓之教。诚则明矣，明则诚矣。"几乎出于完全相同的考虑，周濂溪不仅主

---

① 《管子·心术上》："洁其宫，开其门。宫者，谓心也。心也者，智之舍也，故曰宫。"

② 《灵枢经·大惑论》："心者，神之舍也。"《素问·灵兰秘典论》："心者，君主之官也，神明出焉。"

③ 《商君书·垦令》。

④ George Lakoff, Mark Johnson: *Metaphor We Live By*, University of Chicago Press, 1980, p.136.

⑤ 匡钊：《心灵与魂魄——古希腊哲学与中国先秦观念的形而上学共性》，载《文史哲》2017年第5期。

⑥ 参见《大学》。

⑦ 《老子》第五章。

⑧ 事实上，道家不仅反对诚，还反对围绕诚组建起来的所有礼仪："上德不德，是以有德；下德不失德，是以无德。上德无为而无以为；下德无为而有以为。上仁为之而无以为；上义为之而有以为。上礼为之而莫之应，则攘臂而扔之。故失道而后德，失德而后仁，失仁而后义，失义而后礼。夫礼者，忠信之薄，而乱之首；前识者，道之华，而愚之始。是以大丈夫处其厚，不居其薄；处其实，不居其华。故去彼取此。"（《老子》第三十八章）

张"诚者，圣人之本"①，还径直将诚视作"五常之本，百行之源"②。较之于周濂溪，作为后学的阳明子说得更加直白，更为"直撤"③："大抵中庸工夫只是诚身，诚身之极便是至诚；大学工夫只是诚意，诚意之极便是至善。"④——诚不仅意味着善，还意味着善的发端、善的源起。在阳明子那里，"至善是心之本体"⑤。或许正是以此为基础，荀子才早于阳明子和濂溪先生如是放言："君子养心莫善于诚。"⑥

联合国教科文组织发布的《世界人类基因组与人权宣言》认为，人类的肤色容貌不分黑白黄褐美与丑，人类的地理分布不分东南西北七大洲，所有人都属于同一个物种，因为他们的基因的相同率超过了百分之九十九点九⑦。因此，作为人体的一个极为重要的器官，心不仅是距离中国人的最近之物，也是距离西方人的最近之物。它同样得到了白皮肤们的超级爱重，却因汉语和逻各斯之间的本质差别，中西之心竟然迥乎其异。有论者很敏锐但也很是直白地指出："康德试图以先验论证的方式向我们表明，空间、时间、因果关系和持续存在的物理对象是意识统一性的必要条件。他还认为，意识是或者可以是纯粹的：也就是说，康德以一种典型的西方哲学的方式，把心智（mind）看作可以不掺杂情感的纯粹理性。但是在远东地区，人们不以这种方式来思考人类的心理状态（human psychology）。他们假定，理性（推理）与情感从根本上是不可分割的，汉语的'心'（xin）、韩语的'心'（maum）、日语的'心'（kokoro）这些术语都反映出了后面的这种假定：这就是人们为何如此自然地把所有这些术语译为英语中的'heart-mind'而非'mind'的原因。'心智'这一术语至少意味着纯粹理性的和非情感性的心理机能是可能的，而这正是东方

---

①　周敦颐：《通书·诚上》。

②　周敦颐：《通书·诚下》。

③　蜀语，其意为干脆、直接。

④　王阳明：《传习录》卷上。

⑤　王阳明：《传习录》卷上。

⑥　《荀子·不苟》。关于如何养心，已经有众多学者作出过探讨，本人也曾撰长文做过十分肤浅的论辩（参见敬文东：《从心说起》，载《天涯》2014年第5期）。

⑦　参见联合国教育、科学及文化组织：《世界人类基因组与人权宣言》，载《中国医学伦理学》1998年第2期。

思想通常并不认可的地方。"①不用说，是 mind 而非 heart-mind，让西方人得以坐拥两部完全可以被拆分的历史："一部历史由他的躯体内部发生的事件和他的躯体遇到的事件所构成，另一部历史由他的心灵内部发生的事件和他的心灵遇到的事件所构成。……物理性存在物的特性必然是，它处于时空之中；心理性存在物的特性必然是，它处于时间而不处于空间之中。物理性存在物由物质构成，或者是物质的一种功能；心理性存在物由意识构成，或者是意识的一种功能。"②埃里希·弗洛姆（Erich Fromm）甚至毫不犹豫地说起他眼中——而非他心中——的弗洛伊德："就弗洛伊德看来，乐趣是紧张之解除，而不是喜悦之体验。人被看：是智性与情感分裂的；人不是整个的人，而是启蒙哲学家们所言的智性自我。友爱是一种不合理的要求，是同事实相反的；神秘体验是一种向婴儿期的自我迷恋之退化。"③诸如此类的言论不胜枚举；总之，在逻各斯治下，身心可以截然两分。对于这个看似难缠的问题，连对洋人几无正确认识的俞正燮也有几分不乏精到的看法："洋人巧器，亦呼为鬼工，而罗刹安之，其自言知识在脑不在心。盖为人穷工极巧，而心窍不开。"④

　　或许是有感于此，韩少功才如是写道："有些西方人曾经嘲笑中国的语言，用'心'想而不是用'脑'想，不符合解剖学的常识。……但细细一想，真正燃烧着情感和瞬间价值终决的想法，总是能激动人的血液、呼吸和心跳，关涉到大脑之外的更多体位，关涉到整个生命。……真理是寒冷的地狱，勇敢跳入者全凭正大的一念，甚至不需要太多的智识和技能。不科学也罢，不能与其他语言沟通也罢，我现在更愿意用这个古老而

①　[美] M. 斯洛特（Michael Slote）：《阴–阳与心》，牛纪凤译，载《世界哲学》2017年第6期。事实上，早在柏拉图那里，真乃是一切理念（idea 或 eidos）作为其存在的根本，比如善有善的理念、美有美的理念。所以，逻各斯导致的"观照"（theoria thea theorrein）必须指向所谓的纯粹灵魂，而纯粹灵魂即灵魂的最真形态，不涉及情感（参见林美茂：《哲人看到的是什么——关于柏拉图哲学中"观照"问题的辨析》，载《哲学研究》2003年第1期）。

②　[英]吉尔伯特·赖尔（Gilbert Ryle）：《心的概念》，徐大建译，北京：商务印书馆，1992年，第5—6页。

③　[美]弗洛姆：《心理分析与禅佛教》，载[日]铃木大拙、[美]弗洛姆等：《禅与心理分析》，孟祥森译，海口：海南出版社，2012年，第127页。

④　俞正燮：《癸巳类稿》卷15。

神秘的词 —— 心想。"①事实上，在味觉化汉语治下，中国古人的身与心被认为绝对不可须臾分离。新儒家就此作出的论说值得信赖：在中国的古典时期，"人多从知觉感觉来说心；人的欲望、能力，多通过知觉感觉而始见，亦即须通过心而始见"②。"见"即思维；一定得用心去想，不惜冒犯解剖学的威严；一定不能用脑去思，味觉化汉语实在犯不着遵从被逻各斯宠幸的解剖学。面对康德等西洋思想家难以理解的这等难题，中国的古贤哲们很早就有敏锐的感受，简洁而又恰切地给出了他们至为杰出的"心想"："耳之情，欲声，心弗乐，五音在前弗听；目之情，欲色，心弗乐，五色在前弗视；鼻之情，欲芬香，心弗乐，芬香在前弗嗅；口之情，欲滋味，心弗乐，五味在前弗食。欲之者，耳目鼻口也，乐之弗乐者，心也。心必和平然后乐，心乐然后耳目鼻口有以欲之，故乐务在于和心，和心在于行适。夫乐有适，心亦有适。"③单穆公则曰："夫耳目，心之枢机也，故必听和而视正。听和则聪，视正则明。聪则言听，明在德昭。听言昭德，则能思虑纯固。"④连形名学家邓析也忍不住说："目贵明，耳贵聪，心贵智。以天下之目视，则无不见也。以天下之耳听，则无不闻也。以天下之智虑，则无不知也。"⑤作为中国之心两个极为重要的隐喻，好恶与思维就这样交织在一起，共同呵护诚以及诚的完整性：不但伦理有诚，思维本身就是诚产的卵，下的蛋（亦即"通过心而始见"）。唯有至诚之心，才能或感"化"原本就冥顽不"化"的奸佞之辈 ——

> 圣君贤相安可欺，乾死穷山竟何俟。
> 呜呼余心诚岂弟，愿往教诲究终始。
> 　　　　　　　　（韩愈《谁氏子》）

或真"心""诚"意地思念"诚""心"之士 ——

---

① 韩少功：《心想》，载《读书》1995年第1期。
② 徐复观：《中国人性论史》，上海：华东师范大学出版社，2005年，第4页。
③ 《吕氏春秋·仲夏纪·适音》。
④ 《国语·周语下》。
⑤ 邓析：《邓子·转辞篇》。

　　九重窝寐忆忠诚，故向长沙起贾生。

　　魏阙丝纶新借宠，秦淮草木旧知名。

　　　　　　　　　（陈亮《送文子转漕江东二首》其一）

　　"舌者，心之官也。"①心者，"在窍为舌"也②。和摄氏零度（亦即不带任何情感）的mind截然相反，在古老的汉语思想中，身不仅不离不弃于心，还必得心与气连。"心气通于舌，心和，则舌能知五味矣"③，进而达至邓析所谓的"无不知"之境。这等情形显而易见地意味着：好恶之心有能力通过人之舌而纳万物于思维之心，由此，万物才有可能被心所思维，拒绝零度的诚正是其间的主媒者、主事者。对于这个过于重大的问题，贡华南有极为精辟的论述："'舌'能辨识物之性味。以'舌'主'心'，一方面，此后说'心'之动，我们即知：心大体以'舌'之'味'的方式在动，另一方面，当人们谈论体味、玩味，我们即知：这大体是在谈论'心'的活动——心与对象之间的作用、通达方式，而不仅仅停留于口舌之尝味。当然，'舌'占优居先并不意味着'目''耳'等感官在中国人思想活动中淡出或隐退。事实上，'目—知'与'耳—圣（通）'亦被'味—道'——与道为一、依道而在——这个味觉思想内在地要求。……具体到中国思想领域，耳目等感官由于受'心'的主使，而不断'心'化，亦即不断味觉化。"④正是在这个意义上，中国古人才可以十分笃定地说："心也者，智之舍也"⑤、"心者，神之舍也"⑥、"心是神明之舍，为一身之主宰"⑦、"心者，生之本，神之变也"⑧。还可以毫不犹豫地如是放言："耳目鼻口形，能各有接，而不相能也，夫是之谓天官。心居中虚，以治五官，

①　《灵枢·五阅五使》。

②　《素问·阴阳应象大论》。

③　《素问·阴阳应象大论》。

④　贡华南：《中国早期思想史中的感官与认知》，载《中国社会科学》2016年第3期。

⑤　《管子·心术上》。

⑥　《灵枢经·大惑论》。

⑦　朱熹：《朱子语类》卷98。

⑧　《素问·六节藏（脏）象论》。

夫是之谓天君。"①心统一提调人体的各个器官，让器官们得以充分地心化，心化即味觉化。因此，对于心（亦即 heart-mind）来说，绝不会是前因后果的"我思（亦即心）'故'我在（亦即身）"（I think therefore I am），只能是同时并存的"我在'和'我思"（I am and I think）。这让每个人坐拥两部互不相干之历史的情况绝对不可能发生于、存乎于古典中国。

心化（亦即味觉化）意味着：味觉化汉语必须在诚的主使下舔舐万物，以便让心感知万物、思维万物、回应万物。邵康节对此而有言："吾所以谓之观物者，非以目视之也，非观之以目而观之以心也，非观之以心而观之以礼也。"②礼从一开始，就不仅仅是一整套复杂的仪式，它还必得与心相连③——礼乃有诚之礼也。不仅"不诚无物"④，而且还不诚无礼（但不是"非礼"）⑤。何为"祭如在，祭神如神在"⑥？诚使之然也⑦。打一开

---

① 《荀子·天论》。

② 邵雍：《观物内篇》。

③ 李泽厚先生在阐释德的过程中，已将仪式化给心化了："文献中，周初以'敬德''明德'著称。周金中多见'德'字。'德'作何解，众说不一……它大概最先与献身牺牲以祭祖先的巫术有关，是巫师所具有的神奇品质，继而转化成为各氏族的习惯法规。所谓习惯法规，也就是由来久远的原始巫术礼仪的系统规范。'德'是由巫的神奇魔力盒循行'巫术礼仪'规范等含义，逐渐转化成君王行为、品格的含义，最终才变为个体心性道德的含义。"（李泽厚：《己卯五说》，北京：中国电影出版社，1999年，第52页。）

④ 《礼记·中庸》。

⑤ 荷兰学者提埃利曾指出，从自然宗教到伦理宗教是宗教发展史上的重要事件，具有普遍的意义，这似乎也关乎于诚。提埃利的大致意思是："在自然宗教阶段，虽然出现了频繁的祭祀活动和整全的神灵系统，但人们所信奉的神灵不具有伦理的品格，虽然'全能'，但非'全善'，既可以降福，也可以作祟。面对顽固暴躁、变化莫测的神灵，人们只能通过祈祷、献祭等谄媚手段以求哄诱、安抚之。而到了伦理宗教阶段，情况则发生了根本性的变化，神灵具有了鲜明的伦理品格，关注于人间的正义和善，其所降祸福是根据人行为的善恶。与之相关，祭祀乃至信仰具有了新的内涵，伦理意义开始取代巫术意义，开启了人生全新的方向。凡完成或经历了这一宗教变革的文化，便为自己注入了新的动力，具有了广阔的发展空间，而因为种种原因，没有完成这一变革，仍停留在自然宗教的文化，只能蜕变为文明的余烬，在苟延残喘中逐渐退出历史的舞台。"（吕大吉主编：《宗教学通论》，北京：中国社会科学出版社，1989年，第79—80页。）面对这种伦理品格十足的神灵，虔诚的祈祷就是必需的礼仪。

⑥ 《论语·八佾》。

⑦ 参见李泽厚：《中国古代思想史论》，北京：生活·读书·新知三联书店，2008年，第25—35页。

始，心化之思就是好恶味十足的思，它向来由诚驱动。因此，心化之思导致或凝结的后果必须用心（heart-mind而非mind）去体会和玩味，才终有所得。程颐说得好极了："读书者，当观圣人所以作经之意，与圣人所以用心，与圣人所以至圣人，而吾之所以未至者，所以未得者，句句而求之，昼诵而味之，中夜而思之，平其心，易其气，阙其疑，则圣人之意见矣。"①读圣人书，是为了用自家的至诚之心，去体会圣人之心（亦即圣人之意）以洗自家之心、以革自家之面②。这就是司马迁在读到屈原的《离骚》《天问》《招魂》《哀郢》时，为什么会自然而然地"悲其志……想见其为人"③。贡华南特意将程颐以自家心味圣人心的做法，唤作解味。贡氏有睿智之言："语词、文本都是（意）义和（意）味之统一体。'义'乃客观的、普遍的、公共的义理结构，可呈现于某个共同体，为某个共同体普遍接受，可说是普遍有效，亦可说其有可信性。'味'是文本的整体所散发出来，能直接打动人者。"④不用说，意义更倾向于mind，意味则更倾向于heart-mind。和心的其他状态比起来，处于至诚状态的心更有可能知味（道），更有能力准确地知他人之心（意），只因为诚中之心更善解人意——有诚之心在忘我之境中，将解他人之意当作了首要任务，所谓心诚则灵。在贡华南看来，解义就是解开一个文本的客观义，解味则是获取一个文本的浓烈之味。义无需读者而自在，就像甘蔗独立于人而自存；味则"需要读者亲自到来才呈现"⑤，正如没有舌头甘蔗之甜便无从被感知。味化即心化，因此，解味即解心。在味觉化汉语思想的疆域内，解味（解心）的重要性远远大于解义；唯有思维之心正确地解义，好恶之心才有可能终得正味（亦即解味），也才有可能"解"包括圣人在内的其他一切人之"心"。

　　《礼记》很是有味地说："秋之为言愁也。"⑥多情而有会"心"的诗人则倾向于扪"心"自诉："何处合成愁？离人心上秋"（吴文英《唐多

---

① 《二程集》卷5。

② 刘埙给出了程颐为何要如此言说的原因："儒家所以讳言悟者，恶其近禅，且谓学有等级，不容一蹴而到圣处也，故必敬义夹持，必知行并进。"（刘埙：《隐居通义》卷1）

③ 司马迁：《史记·屈原贾生列传》。

④ 贡华南：《味觉思想》，北京：生活·读书·新知三联书店，2018年，第208页。

⑤ 贡华南：《味觉思想》，北京：生活·读书·新知三联书店，2018年，第209页。

⑥ 《礼记·乡饮酒义》。

令·惜别》），"旅馆寒灯独不眠，客心何事转凄然？"（高适《除夜作》），
"这次第，算人间没个并刀，剪断心上愁痕"（黄孝迈《湘春夜月·近清
明》）。用不着怀疑，用味觉化汉语写下的诗与文，乃是心化（亦即味
化）的产物，包括寒山、拾得、张某某的打油诗在内的所有诗文，均无
不如此。刘勰谓之为"言之文也，天地之心哉"①，钟嵘则谓之为"动天
地，感鬼神，莫近于诗"②。因此，古典汉语诗文有理由拒绝以意图谬误
（intentional fallacy）为借口而出现的一切无心的诗学理论，有义务拒绝以
感受谬误（affective fallacy）为口实而现身的一切缺心眼的高级言说，比
如充满宿命口吻的英美新批评，比如像量子力学论文一般高深莫测的法国
结构主义诗学。在古典中国，一切人造物都必然相关于心，都是有心之
物，只因为万物都是君子以其至诚之心成己以成物的结果，无心便不解其
味、不得其味③。东坡居士发出的诘问既简洁，又有力：

> 若言琴上有琴声，放在匣中何不鸣？
> 若言声在指头上，何不于君指上听？
> 　　　　　　　　　（苏轼《琴诗》）

二、诗传道心

孟子云："心之官则思。"④在味觉化汉语的指引下，中国古人倾向于
以心致思，是为心—思⑤。关于心—思（heart-mind）的特殊性，张横渠

---

① 刘勰：《文心雕龙·原道》。

② 钟嵘：《诗品·序》。钟嵘这几句话显然套用了《诗大序》，却又去掉了《诗大序》中这
几句话前的"正得失"三字。这是意味深长的。

③ 在这里可以举画论为例。中国传统画论特别强调内心，强调心物之间的恰切关系："画
一也，而有以心以画之不同者，何哉？盖以心，则天地万物总吾一体，窗草不除，皆吾生意；元
会运世，皆吾古ом；伏羲周孔颜曾思孟，皆吾人物；易书诗礼春秋，皆吾六经；帝力何有，太
平无象，皆吾化育。画一吾也，吾一画也。吾之于画，未尝有二，又岂可以差殊观哉！"（庄昶：
《定山集》卷10）

④ 《孟子·告子上》。

⑤ 参见敬文东：《从心说起》，载《天涯》2014年第5期。

有妙解："世人之心，止于闻见之狭；圣人尽性，不以见闻梏其心，其视天下，无一物非我。孟子谓尽心则知性知天，以此。天下无外，故有外之心不足以合天心。见闻之知乃物交而知，非德性所知；德性所知，不萌于见闻。"①朱熹有极为相似的看法："心大，则百物皆通；心小，则百物皆病。"②虽然先贤早已有言在先："见而知之，智也。闻而知之，圣也。"③但在横渠先生那里，仍然得以德性（亦即诚）为根基的"天心"优先，"天心"即为"大心"；而唯有"大其心"，方可无外于万物，也才能够"体天下之物"而丝毫"不萌于见闻"④。恰如张子所言，中国古人向来以心"体"为方式致思，不以眼"见"、耳"闻"为途径获知⑤。不以眼"见"致思的理由，贡华南的观点可以被依仗⑥；不以耳"闻"获知的原因，中医学的

———————

① 张载：《正蒙·大心篇》。

② 朱熹：《近思录·为学》。

③ 《郭店楚墓竹简·五行》。

④ 张载：《正蒙·大心篇》。

⑤ 但事实上，见闻之知并非没有用处。比如，《春秋·僖公十六年》有"陨石于宋五""六鹢退飞过宋都"的记载。《公羊传·僖公十六年》对此的解释是："先言陨而后言五""先言六而后言鹢"是为了记闻记见的先后顺序。"陨石记闻，闻其磌然，视之则石，察之则五。""六鹢退飞，记见也，视之则六，察之则鹢，徐而察之则退飞。"闻见之知极为精确。这一方面说明味觉化汉语并非不能说清某个事物或某种状态，而是这种语言对此不感兴趣。它在诚的指引下，更强调德性之知——这才是问题的关键。

⑥ 《国语·周语下》载单子之言："夫君子目以定体，足以从之，是以观其容而知其心矣。目以处义，足以步目，今晋侯视远而足高，目不在体，而足不步目，其心必异矣。目体不相从，何以能久？"贡华南对此给出的解释很精彩，很能说明此处意欲说明的问题："理想的目体关系是目以定体，目体相从。'目'的展开具有距离性，'视远'则是指目之所视超出体之所及，也就是所视逸出了自身、脱离了自身。所视逸出了自身、脱离了自身，也就不再'处义'。'视远，目绝其义'表达了对视觉脱离自身的警惕，而要求'目'一直'在体''处义'。将'目'拉近'身'，将'目'纳至'义'之下，'视远'成为负价值，从而阻止了'目'对自身之外者的探索兴趣。"在同一篇文章中，贡氏还有更精彩、更有说服力的分析："如我们所知，道乃事物之所以然与所当然的统一。对所以然可作客观的了解，但对所当然的把握则需要相应的同情、信奉与接受。'道'之'闻'不是对道作客观的了解，而首先表现在对道之先在的同情、信奉与接受。以此态度为前提，道入身而化为自己的生命，有限的生命契入完满的大道，生命由此超越有限而不再孤立、缺憾，视听言动、生生死死都能得其所哉，所谓'夕死可矣'正表达出死得其所、不复欠缺与遗憾之样态。闻道之闻不仅表达理智的了解，更深深地指向人与道化意义上的情感与信念之自得。"（贡华南：《中国早期思想史中的感官与认知》，载《中国社会科学》2016年第3期。）

精彩看法可以被仰赖①。在味觉化汉语治下，体即感；所谓心 — 思，不过是在诚的护佑下，全身心地感知万物 —— 为感 — 思。感 — 思唯诚之马首是瞻，又是心 — 思最主要的致思途径 —— 假如不说唯一途径的话。心 — 思以手足视感 — 思；感 — 思则乐于为心 — 思敬献犬马之劳。以贡华南之见，感 — 思必得以味觉思维为原型②，其句式是"我感到……"，这和以视觉为中心的逻各斯乐于遵从的句式 ——"我看见……"——迥然有别。"我感到……"意味着heart-mind乐于"解"万物之正"味"（"解味"），有足够的主观性，有强烈的现场感，有说不尽的意味③，所谓言有尽而意无穷；"我看见……"则意味着mind乐于"解"万物之正"义"（"解义"），有极高的客观性，倾向于答案的唯一性、正解的单独性。"我感到……"和"我看见……"之间的差异，正合黑格尔的偏见："凡是被称为不可言说的东西，不是别的，只不过是不真实的、无理性的、仅仅意味着的东西。"④维特根斯坦（Ludwig Wittgenstein）则认为，心 — 思仰仗的体（或感）不过是某种形态的感受性，"感受性并不能产生任何东西，它纯粹是一种接受"⑤。但向来以心思审慎著称的维特根斯坦这一回却令人意外地马失前蹄。感受性并非维特根斯坦认为的那样，仅仅是被动

---

①　"舌者心之官。……心气通于舌，舌非窍也，其通于窍者，寄在于耳。"（皇甫谧编集：《针灸甲乙经》，黄龙祥整理，北京：人民卫生出版社，2006年，第6 — 7页。）

②　参见贡华南：《味与味道》，桂林：广西师范大学出版社，2015年，第214页。

③　其实，heart-mind也有客观计算的愿望。比如说，算筹就被认作中国最原始的计算工具，是用竹木或者兽骨制成的小棍子，长六寸、径一分（参见《汉书·律历志》），上面刻有必不可少的干支和数字。古人试图"拿人为的随机组合模拟天道人事的随机组合，再现'机运'"（李零：《花间一壶酒》，北京：同心出版社，2005年，第228页；另可参见李零：《中国方术续考》，北京：中华书局，2006年，第2 — 7页。）事情的吊诡之处正好在于："出乎纯物质的、中性的算筹之所料，在欲望主体的心理作用的暗示和怂恿下，算筹必将认领它命中注定的神秘色彩；华夏古人依靠算筹身上从心理作用那里感染而来的神秘气息，试图驱动算筹张开腿脚，以破解机运的内在秘密、接管来自机运深处的消息，进而围绕这些神秘的消息，组建自己的'生活世界'（die Lebenswelt）。"（敬文东：《牲人盈天下》，桂林：广西师范大学出版社，2011年，第106页。）很容易看出来，尽管heart-mind心怀客观计算的愿望，却受制于中国之心的基本隐喻：思维之心乃是有好恶之心，计算的客观是不可能的。

④　[德]黑格尔：《精神现象学》（上），贺麟等译，北京：商务印书馆，1979年，第72页。

⑤　[英]维特根斯坦：《文化和价值》，黄正东等译，南京：译林出版社，2011年，第84页。

的行为。事实刚好相反：感受性意味着人将其全部身心主动投向万物，用全身心热情拥抱万物；人依靠感受性不出意外地获取了、品尝了万物之味（亦即解味），又何来"不能产生任何东西"一说呢？

"知者，接也"①、"知，接也"②。所谓"接"即为"感"。因此，经由感—思、心—思之所获为知，或者，心—思的终端产品为知。《康熙字典》有妙言：知者，"知理之速，如矢之疾也"。知不仅建基于解义（亦即知义），更意在解味（亦即知味）。唯有解味能"如矢之疾也"，盖因为解味的直接性，以及解味对零距离的格外器重，对肌肤相接的超级渴望和仰慕。"知地者智，知天者圣。"③"知"固执地来源于和植根于"心"，宛若在画者们的念想中，画作不源自眼，而源自区区方寸④；是心而非别的器官（比如脑）在统摄腕、笔和墨，正所谓"画受墨，墨受笔，笔受腕，腕受心"⑤。虽然中国古代的画师们都倾向于将"心传目击之妙一写于毫端间"⑥，但唯有"目击道存"⑦，才是"心传目击"的旨归，因为画者的最终目的，乃是令画笔"含道映物"，更是为了让"山水以形媚道"⑧。这是一个"心"统"目"而"目"存"道"的奇妙过程。与此相反的情形是："故昧于理者，心为绪使，性为物迁，泪于尘氛，扰于利役，徒为笔墨之所使耳，安足以语天地之真哉！"⑨在古老的汉语思想那里，心—思以感—思为途径，其终极目的不在义理之知，而在"天地之真"和有味之道。对此，贡华南说得既简练，又十分干脆和坚定："在中国传统思想

---

① 《庄子·庚桑楚》。

② 《墨子·经上》。

③ 《周髀算经》。

④ 朱良志说："中国画学认为，画是心画，绘画是人心灵的艺术，是从人的灵府中流出的，有一等之心胸，方有一等之绘画，要成为一个有成就的画家，并不在于你手下笔法技巧的操持，而主要在于你内在心性的养炼。"（朱良志：《论儒学对中国画学涵养心性理论的影响》，中国美术家网http://sichuanmeishujia.cn/index.php?act=usite&usid=481&inview=appid-265-mid-523&said=480，2019年7月8日15:54时访问。）

⑤ 石涛：《苦瓜和尚画语录》。

⑥ 《宣和画谱》卷18。

⑦ 参见《庄子·田子方》。

⑧ 宗炳：《画山水序》。

⑨ 张怀：《〈山水纯全集〉·后序》。

世界中，不仅有'形'之物有'味'，事有'味'，而且无形之道、理、意、性、情、象（范畴）亦皆有'味'。"①范宽曰："吾与其师于人者，未若师诸物也；吾与其师于物者，未若师诸心。"②范氏为何说得如此笃定到武断的程度？那仅仅是因为古老的汉语思想对其子民发出的指令不过是"味道守真"③、"心存道味"④。而汉语思想又何以有此指令？那仅仅是因为这个指令的前提，乃是心必为道心，而非普通之心："人何以知道？曰：心。"⑤心之所知在道，是为知——道。心——思必须仰仗感——思以致知，而知的对象始终在道。有人因此很朴素地认为，"大凡我国的传统学者都会肯定，周公与孔子的区别在于，前者'有德有位'，后者'有德无位'。周秦之变的根本即在于从'德位一致'沦落至'德位分离'。是故三代以上圣人之道行于天地，百姓日用而不知；三代以下圣人之道隐没不彰，学者遂著书立说，载之文字，传于后世"⑥。这等情形很有可能意味着："在味觉化的汉语思想中，'德'总是乐于同'道'联系在一起；所谓德位一致，指的就是德、道、位相一致——一种中国版的三位一体，世俗中有超越，超越中有世俗。"⑦中国的古贤者早已有言在先：士应当"朝受业，昼而讲贯，夕而习复，夜而计过而无憾，而后即安"⑧。因此，孔子坚定地认为，就像至诚君子成己以成物那般，有道君子必须"修己以安百姓"⑨。王阳明对孔子之言做如是解味云："'修己'便是'明明德'。'安百姓'便是'亲民'。"⑩正是在这个意义和层面上，有道君子完全可以像尼采那样自言自

---

① 贡华南：《味与味道》，桂林：广西师范大学出版社，2015年，第81页。

② 《宣和画谱》卷1引范宽语。

③ 《后汉书·申屠蟠传》。

④ 僧佑：《弘明集》卷11。

⑤ 《荀子·解蔽》。

⑥ 傅正：《古今之变——蜀学今文学与近代革命》，上海：华东师范大学出版社，2018年，第7—8页。

⑦ 敬文东：《李洱诗学问题》（下），载《文艺争鸣》2019年第9期。

⑧ 《国语·鲁语下》。

⑨ 《论语·宪问》。

⑩ 王阳明：《传习录》卷上。王阳明训"亲"为"亲"与朱熹训"亲"为"新"有巨大区别，此处没有必要讨论谁更有道理。

语道："我会成为一个把事物变美的人。"①

　　诚乃心—思的护身符：唯有至诚，才能保证心—思的醇正；之所以必须以诚保证心—思之醇正，是因为心之所知始终在道。不醇无道，非正亦无道。在谈及道时，自称"游心于物之初"②的老子居然也有一丝难得的幽默感："上士闻道，勤而行之；中士闻道，若存若亡；下士闻道，大笑之。不笑不足以为道。"③《管子》有言："正道捐弃而邪事日长。"④任何一种处于摄氏零度的心性状态，都必将被下士"大笑之"的那个道所拒绝、所痛斥。这不仅仅是出于好恶与思维互不离弃的原因，也是道的本性所在：道因诚而为道，诚因道而为诚。但这等奇妙的境地，这等醇厚的疆域，归根结底源于以诚为自身伦理的味觉化汉语，言因有诚而很早就获取了"三皇设言民不违"的赞词⑤。语言即宿命。是汉语自身的伦理，造就了汉语之心；是如此这般的汉语之心，导致了有诚之道。刘师培说得很有意思："法家之文，发泄无余，乏言外之意，说理固其所长，但古质而无渊懿之光；儒家之文说理虽不能尽，而朴厚中自有渊懿之光。"⑥事情何以至于此？仅仅在于法家更倾向于务实而无味——亦即"乏言外之意"——地大讲其法、术、势，顶多言及臣子们的"奸伪之心"⑦，只因为这种心需要帝王严加防范和看管，心正和意诚压根儿就不在法家的考虑之列——

---

　　① ［德］尼采：《快乐的科学》，黄明嘉译，桂林：漓江出版社，2007年，第171页。艾兰（S. Allan）的观察很准确："英语中就没有一个既包括植物又涵盖动物的字词。而在中文，人被包容于'万物'这一概念之中——一个兼指动物与植物的范畴。这类范畴对人们的思维方式有着根本性的影响。"（［美］艾兰：《水之道与德之端》，张海晏译，上海：上海人民出版社，2002年，第6页。）因此，尼采这句话中的"事物"一词就显而易见地包括了"百姓"，因为"百姓"就是汉语中"万物"的一部分。

　　② 《庄子·田子方》。

　　③ 《老子》第四十一章。

　　④ 《管子·立政》。

　　⑤ 《春秋纬元命苞》。

　　⑥ 刘师培：《中国中古文学史讲义》，南京：凤凰出版社，2011年，第176页。

　　⑦ 《商君书·垦令》。

"无渊懿之光"，斯之谓也①。孟子云："君子所以异于人者，以其存心也。君子以仁存心，以礼存心。"②心 — 思经由被其视为手足的感 — 思付出的犬马之劳，同时经由诚的精心滋养，方才培植出热气腾腾的道 —— 尽管在不少时刻，道更愿意拥有一副不动声色的从容面相，将道的热气深埋心底，将道的热心肠掩藏起来。

打一开始，古典汉语诗歌就乐于与心相偎依；作为一种三重有味的特殊人造物③，古典汉语诗歌唯有委身于心，才可能拥有一条恰当的来路，才可能获取一个远大的前程。"诗，言其志也；歌，咏其声也；舞，动其容也。三者本于心。"④"在心为志，发言为诗。"⑤"心生而言立，言立而文明。"⑥"诗者，人心之感物而形于言之余也。"⑦诗与文"之作也，必得之于心，而成之于言"⑧。对于历史悠久、错综复杂的味觉化汉语诗歌，缪钺有近乎庖丁解牛之妙论："昔之论诗者，谓吾国古人之诗，或出于《庄》，或出于《骚》，出于《骚》者为正，出于《庄》者为变。…… 盖诗以情为主，故诗人皆深于哀乐，然同为深于哀乐，又有两种殊异之方式，一为入而能出，一为往而不返，入而能出者超旷，往而不返者缠绵，庄子与屈原恰好为此两种诗人之代表。庄子持论，虽忘物我，齐是非，然其心并非入槁木死灰 …… 庄子虽深于哀乐，而不滞于哀乐，虽善感而又能自遣。屈原则不然，其用情专一，沉绵深曲。…… 盖庄子之用情，如蜻蜓点水，旋点旋飞；屈原之用情，则如春蚕作茧，愈缚愈紧。自汉魏以降之

① 一般来说，可以将先秦逻辑思想分为两派：辩者派和正名派。辩者派始于邓析，大成于战国晚期的墨辩学者；正名以孔子发其端，发展完成于荀子和韩非子。前者有纯逻辑的倾向，后者是以伦理政治为主，逻辑为辅。（参见温公颐：《先秦逻辑史》，上海：上海人民出版社，1983年，第170—295页。）

② 《孟子·离娄下》。

③ 关于汉语诗歌是三重有味之人造物的论述，参见拙作《诗与味 —— 兼论张枣》（发表在《南方文坛》2018年第5期）的详细论述。

④ 《礼记·乐记》。

⑤ 《毛诗序》。

⑥ 《文心雕龙·原道》。

⑦ 朱熹：《诗集传序》。

⑧ 孙复：《答张洞书》。

诗人，率不出此两种典型，或偏近于庄，或偏近于屈，或兼具庄、屈两种成分，而其分配之比例又因人而异，遂有种种不同之方式，而以近于屈者为多。……古论者谓吾国诗以出于《骚》者为正。"①有诸多迹象表明，在所有状态的心性当中，儒家的"仁人之心""仁义之心"是味觉化汉语诗歌最为宠幸的对象②，屈原是它的上佳体现；中国古典时期的造型艺术主要受惠于逍遥庄子③，诗文则更主要是孔门的天下，王维以降的神韵派从来就不是汉语诗文的正宗④。

　　赵奎英认为，味觉化汉语始终围绕两个问题以展开自身之本质：语言与名分的关系问题（亦即"名与分"）、语言与实在的关系问题（亦即"名与实"）。但归根到底只有一个问题：辨"名实"，最终还是为了正"名分"，以至于君君臣臣、父父子子各安其位。正是在此基础上，赵氏进而指出："儒家崇尚'名'，是因为在儒家看来'名与道'是合一的，道家反对'名'，是因为在道家看来，'名与道'是悖立的。"⑤赵奎英的精辟洞见，很有可能在暗中呼应了缪钺的庖丁解牛之论：古典汉语诗歌"出于《骚》者为正，出于《庄》者为变"。这是因为古典汉语诗歌更倾向于从名道合一（亦即"人道"）的角度，展开自身；却不愿意从名道悖立（亦即"天道"）的层面，获取诗意。而"道者，非天之道，非地之道，人之所以道也，君子之道也"⑥。因此，味觉化汉语诗歌有理由更加看重人世间

<hr>

①　缪钺：《古典文学论丛》，杭州：浙江大学出版社，2009年，第80—81页。

②　参见李泽厚：《华夏美学》，北京：生活·读书·新知三联书店，2008年，第44—81页。

③　刘若愚（James J.Y. Liu）认为，《庄子》可能比"任何一本书更深刻地影响了中国文人的艺术感觉"（James J.Y. Liu, *Chinese Theories of Literature*, University of Chicago Press, 1975, p.31）。徐复观说得更明白："庄子之所谓道，落实于人生之上，乃是崇高的艺术精神；而他由心斋的功夫把握到的心，实际乃是艺术精神的主体。"（徐复观：《中国艺术精神》，上海：华东师范大学出版社，2001年，第2页。）前两人是从精神的层面谈庄子与绘画的关系，陈传席则从技法上谈到了绘画与庄子的关系："'三远'的境界又不期然而然的和庄子的精神境界混同起来了。"（陈传席：《中国山水画史》，南京：江苏美术出版社，1998年，第230页。）

④　参见钱钟书：《七缀集》，北京：生活·读书·新知三联书店，2002年，第17—28页。

⑤　赵奎英：《中西语言诗学基本问题比较研究》，北京：中国社会科学出版社，2009年，第17—18页。

⑥　《荀子·儒效》。

的悲欢离合，更乐于从日常人伦中感叹人道的入身入世和即身即世，它对天道一类迂远而阔于世情的境界持敬而远之的态度①，这就是东坡居士获取的正觉："起舞弄清影，何似在人间。"视觉化汉语的早期诗人穆木天依然有此觉悟："感情、情绪，是不能从生活的现实分离开的，那是由客观的现实唤起的。"②杜甫因此大声疾呼：

> 安得广厦千万间，
> 大庇天下寒士俱欢颜！
> 风雨不动安如山。
> 呜呼！
> 何时眼前突兀见此屋，
> 吾庐独破受冻死亦足！
>
> （杜甫《茅屋为秋风所破歌》）

"呜呼"之所以"走上了它有史以来最正确、最富有同情心的道路"③，"呜呼"之所以称得上中国历史上的"创世原音"④，就是因为杜甫把那颗"仁人之心"和"仁义之心"演绎到了极致。作为味觉化汉语中一个常见的叹词，"呜呼"在此取道"仁义之心""仁人之心"而上通于诚，因而获取了空前绝后的力量；因此，杜甫有理由在千百年之后获取视觉化汉语诗人的真心赞美：

> 你的深仁大爱容纳下了

---

① 流沙河对此有很数字化的议论，他说：《诗经》"三百八十九个兴象，取材于自然界的有三百四十九个，取材于人事的只有四十个，反映出农耕社会的吟唱诗人着眼之所在。就是那四十个人事类的兴象，说的也是人作用于自然界，如钓鱼啦采薪啦，而不纯是人事。…… 那些取材于自然界的兴象都象在自然，征在人事，一象一征，前呼后应，联成一组象征，出现于一篇之首或一章之首。"（《流沙河诗话》，成都：四川文艺出版社，1995年，第223页。）这显然是人道而非天道的体现。

② 穆木天：《平凡集》，上海：新钟书局，1936年，第78页。

③ 敬文东：《牲人盈天下》，桂林：广西师范大学出版社，2011年，第106页、第342页。

④ 参见徐达斯：《上帝的基因》，重庆：重庆出版社，2008年，第5页。

那么多的太阳和雨水；那么多的悲苦

被你最终转化为歌吟

…………

美丽的山河必须信赖

你的清瘦，这易于毁灭的文明

必须经过你的触摸然后得以保存

你有几乎愚蠢的勇气

倾听内心倾斜的烛火

你甚至从未听说过济慈和叶芝

…………

千万间广厦遮住了地平线

是你建造了它们，以便怀念那些

流浪途中的妇女和男人……

（西川《杜甫》）

　　作为一个典型的视觉化汉语诗人，西川在咏诵"土气"的杜甫时当然有权提到"洋气"的济慈（John Keats）和叶芝（William Yeats）；西川之所以能够在新诗中土洋并置，可以将叶芝、济慈和杜甫有意叠加在一起，排开其他种种因素（比如修辞学的因素），更主要的原因很有可能是：无论汉语如何被视觉化，来自汉语基因层面的某些因素绝对不可被撼动①。在所有不可被撼动的因素当中，从人道出发的"仁人之心""仁义之心"——而不是"游心于物之初"的那颗漠然之心——极有可能是当"仁"不让之首选②，因此，西川能在心的层面上，像是"感"同"身"受那般，再次理解杜甫，并将杜甫的"仁人之心""仁义之心"反向投射到叶芝、济慈以及他们的诗歌写作。即使是视觉化汉语因《圣经》的汉译而

---

　　①　关于这个问题，本人曾经有过详细论述［参见敬文东：《李洱诗学问题》（中），载《文艺争鸣》2019年第8期］，此处不赘。

　　②　儒学传统正是以"仁人之心"和"仁义之心"为主线，毕竟一说到孔子，传统读书人首先想到的就是孔门的仁学（参见李泽厚：《中国古代思想史论》，北京：生活·读书·新知三联书店，2008年，第5—28页）。

拥有诉说超验事物的才能①，但也终因汉语中存在不可被撼动的因素而显得孱弱无力②，汉语的世俗特性、汉语的肉体特征、汉语以诚为自身之伦理等，都不会得到根本性的改变。因此，西川更有可能从人道而非神道的角度理解杜甫，并将叶芝和济慈同时人道化。

扬雄曰："言，心声也；书，心画也。"③《毛诗》则认为，"在心为志，发言为诗"④。《白虎通德论》有云："声者何谓？声，鸣也，闻其声即知其所生。音者，饮也，言其刚柔清浊，和而相饮也。"⑤诗因此不仅是一般的言，更是精粹之言；诗也因此不是一般的心声，更是心的精粹之声，是从所有心声中萃取出来的那种精纯之心声。在拥有舔舐能力的味觉化汉语那里，到底哪种心可以发出如此这般的精粹之声呢？荀子愿意告诉你：道心。也就是心——思经由感——思而所知始终在道（知—道）的那颗"大心"，或者"天心"。子产云："天道远，人道迩。"⑥孔子曰："人能弘道，非道弘人。"⑦在这里，作为距离人最"近"（"迩"）的人道，作为能被人大加弘扬的"近"人之道，"仁人之心""仁者之心"不是一般的心，它只可能是道心。而在味觉化汉语的疆域内，诗要表达的，乃是赤诚之道心，杜甫是其间最伟大的代表；诗之所达，乃是由诚心而至人道。诗是道的仆人和工具。

阳明子说得好，"良知者，心之本体"⑧，"良知是造化的精灵，这些精灵，生天生地，成鬼成帝，皆从此出，真是与物无对"⑨。道心意味着良知；修心则是为了致良知，但更主要是为了保证道心时时刻刻处于良知状

①　参见刘意青：《〈圣经〉的文学阐释》，北京：北京大学出版社，2004年，第15—32页；朱一凡：《翻译与现代汉语的变迁》，北京：外语教育与研究出版社，2011年，第49—98页。

②　对这个问题的详细论述可以参见敬文东：《从超验语气到与诗无关》，载《中国现代文学研究丛刊》2018年第10期。

③　扬雄：《法言·问神》。

④　《毛诗序》。

⑤　《白虎通德论·礼乐》。

⑥　《左传·昭公十八年》。

⑦　《论语·卫灵公》。

⑧　《传习录》（中）。

⑨　《传习录》（下）。

态①。因此，在古典汉语诗歌阔大的境域内，诗的最终所达，乃是良知保证下的善，并不是通常所说的美，因为唯有善，才是"心之本体"［亦即心的本来面目而非Ontology（本体）］；但又能由此至少获得一个极为重要的推论：味觉化汉语始终在倡导美出源于善。善不仅与诚相毗邻，以阳明子之高见，还是诚的产物②。因此，沿波讨源地说，美归根到底源于诚，亦即心作为语义原词的两个隐喻（思维与好恶）为汉语思想举荐的基本价值。苏珊·桑塔格（Susan Sontag）说："我宁可认为，艺术与道德相关。它之所以与道德如此相关，是因为艺术可以带来道德愉悦，但艺术特有的那种道德愉悦并不是赞同或不赞同某些行为的愉悦。艺术中的道德愉悦以及艺术所起的道德功用，在于意识的智性满足。"③在味觉化汉语的念想中，尤其是在那颗味觉化汉语之心的念想中，苏珊·桑塔格刚好很不幸地颠倒了因果关系；画家关晶晶所说的话，才更合中国之"心"那原初的"心"意，那个早已心化（亦即味觉化）的境地："我们觉得作品好是因为受到感动。感动由心起而非物起。"④

三、抒情传统

在人类文明的诸多形式中，若要谈到人类地位之崇高，能超越汉文明者虽不敢说绝无仅有，却肯定极为鲜见⑤。在这种形式的文明中，要么"天地与我并生，而万物与我为一"⑥；要么君子以其至诚之心，"可以赞天地

---

① 熊十力对阳明学说有精辟的议论："阳明廓然返诸良知，无所拘滞，以致良知于事事物物，释《大学》之格物，于是学者多有独用之虑。"（熊十力：《中国现代学术经典·熊十力卷》，石家庄：河北教育出版社，1996年，第482页。）本文此处正可以参考此论。

② 王阳明：《传习录》卷上。

③ ［美］苏珊·桑塔格：《反对阐释》，程巍译，上海：上海译文出版社，2011年，第25—26页。

④ 关晶晶：《答胡赳赳问》，未刊稿，2013年，北京。

⑤ 参见李泽厚：《由巫到礼 释礼归仁》，北京：生活·读书·新知三联书店，2015年，第83—116页。

⑥ 《庄子·齐物论》。

之化育"，最后达至"可以与天地参"①的极高境地。这是因为天地"惟人参之，性灵所钟，是谓三才"②。"三才说"意味着：人必须参与到天地的运行当中，才算完成了人之为人的责任和义务。因此，汉文明和"人生而有罪"的希伯来文明不可同日而语，跟贬低肉体的古希腊文明截然两样。在所有意欲拔高人类地位的汉语言说中，《礼记》因其放言"人者，天地之心也"③显得尤为亲切、尤为动人，只因为《礼记》在务实地以心喻人。在汉语思想中，诸如此类敬畏天地却不埋汰凡人的表述可谓比比皆是，但荀子的言论肯定不在此列："大天而思之，孰与物畜而制之？从天而颂之，孰与制天命而用之？"④以心为学的阳明子说得十分恳切："夫人者，天地之心，天地万物，本吾一体者也。"⑤即便如此，依然要数张正蒙的言说来得豪迈、大气和率性：人生而为人的首要任务，便是"为天地立心"⑥；接下来，才是"为生民立命，为往圣继绝学，为万世开太平"等其他诸多也许更为重要的任务。刘勰虽然讲得也很另类，但比起横渠先生到底要谦虚得多。刘氏在《文心雕龙》的一开篇即说：人"为五行之秀气，实天地之心生"⑦。如果把《礼记》、刘勰、张载和阳明子的言说串联在一起，就会发现一个有趣的循环：人始而为天地之心所生，继而自己把自己即位、加冕为天地之心，最终，还会主动为天地立心。

在任何情况下，都不可以说诗人是人中精粹，更不能像某些自恋的诗人那般，称自己所在的这个群体为高贵族群，但尤其不能像法国人兰波（Jean Rimbaud）那样，将诗人看成通灵者："我认为诗人应该是一个通灵者，使自己成为一个通灵者。必使各种感觉经历长期的、广泛的、有意识的错轨，各种形式的情爱、痛苦和疯狂，诗人才能成为一个通灵者，他寻

---

① 《礼记·中庸》。

② 刘勰：《文心雕龙·原道》。

③ 《礼记·礼运》。

④ 《荀子·天论》。

⑤ 王阳明：《王文成公全书》卷2《答聂文蔚》。

⑥ 明人归有光对此作出了解释："人生为天地立心，一念之善，喜见于天，而和气应之；一念之恶，谪见于天，而沴气应之。故欲观己之善恶，当观天之所以为应者以验之。"（归有光：《震川先生集》，上海：上海古籍出版社，1981年，第10页。）

⑦ 《文心雕龙·原道》。

找自我，并为保存自己的精华而饮尽毒药。"①这种沾染了世纪末颓废气质的西洋通灵者["世纪末"（Fin-dle-siecle）一词正好是兰波的同胞所发明]，至少有违味觉化汉语随身自带的伦理：诚反对各种型号的"错轨"，视各种性质的"疯狂"为邪恶之举，拒绝所有种类的"毒药"加诸诚身。但在味觉化汉语的心心念念中，诗人肯定可以而且必须被认作语言的敏感者、语言的钟情者。既然人乃天地之心，和语言天然亲近的诗人似乎更有理由成为天地之心。与兰波的不自量力比起来，刘勰为此早已给出了充足并且素朴的理由："言之文也，天地之心哉。"②有人对这句话做了浅显、简洁的解释，给出了朴素、易懂的理解："语言之所以有文采，乃是天地之心的表现。"③诗人不仅钟情、敏感于语言，他（或她）还必须首先是语言的操持者和工作者。因此，作为一个特殊 —— 仅仅是特殊 —— 的群体，诗人比其他群体更有理由接管作为"天地之心哉"的"言之文也"；或者："言之文也"原本就该成为诗人的专职 —— 如果不说成天职的话。"作者之谓圣，述者之谓明。"④据此，龚鹏程不同意叶舒宪诗有雅（《雅》《颂》）、俗（《风》）两个源头的主张⑤，转而认定唯有颂歌才是诗的源头，亦即汉语古典诗歌以《雅》《颂》为正，以十五《国风》为变⑥。果如是言，则在最为原初的层面上，所谓诗人（亦即作者），不过是被诚附体的天地之心（这与缪钺的庖丁解牛之论并不矛盾）；诗人的首要任务，乃是"代"赤诚之道立"言"，是为代言。作为圣者的诗人代道立言和举子们代圣贤立言，顶多只有表面上的相似性；代道立言必须以诚打底，来不得半点伪饰之心 —— 诚原本就是伪饰的天敌。以钱钟书之见，代圣贤立言的实质和真意，不过是"以俳优之道，抉圣贤之心"⑦，它只需做到"未作破题，文章由我；既作破题，我由文章"⑧就足够了。举子们的目的，原本就不

①　[法]兰波：《兰波作品全集》，王以培译，北京：作家出版社，2011年，第305页。

②　刘勰：《文心雕龙·原道》。

③　王志彬：《文心雕龙译注》，北京：中华书局，2012年，第9页。

④　《礼记·乐记》。

⑤　参见叶舒宪：《诗经的文化阐释》，武汉：湖北人民出版社，1997年，第32—38页。

⑥　参见龚鹏程：《汉代思潮》，北京：商务印书馆，2005年，第84页。

⑦　钱钟书：《谈艺录》，北京：中华书局，1984年，第32页。

⑧　刘熙载：《艺概·制义概》。

在圣贤之意或成圣成贤，只在功名而已矣。龚鹏程说得很准确、很深刻：正因为八股文的操持者满心眼都是功名和利禄，代圣贤立言就"跟情动于中而形于外、若有郁结不得不吐的言志形态迥然异趣"①。

出土文献往往能颠覆人们的既有观念②。作为味觉化汉语文明中至高无上的概念，道极有可能并不是学者们通常想象的那样地位坚不可摧，难以被撼动。1993年秋，湖北省荆门市郭店村郭店1号楚墓出土了八百余枚竹简，其中就有骇人听闻的如下字样："性自命出，命自天降。道始于情，情生于性。始者近情，终者尽性。"③这等带有刘师培所谓"渊懿之光"的表述，颠倒了数千年来存留于中国读书人方寸之中的固有观念；道竟然不可思议地滑落到观念金字塔的最底端：天→命→性→情→道，吓傻了不少迂腐的读书人。

对于古典汉语诗歌来说，很有几分神秘性的天与命，在此可以暂且不论；但至关重要的性、情、道，却不可不察。朱熹有言："盖心之未动则为性，已动则为情，所谓心统性情也。"④王阳明的观点更简洁："心即性，性即理。"⑤郭店楚简认为，情出自性，道始自情，道因此经由情而与性相连——道是性的产物。在朱熹那里，性与情只是心的不同状态：心统性、情。但郭店楚简之所言和朱子之道说也许并不矛盾，因为朱熹对此还有更加详细的申说："性便是许多道理，得之于天而具于心者，发于智识念虑处皆是情，故曰心统性情。"⑥在朱熹那里，性终归是"得之于天"同时又"具于心者"，情则从心而来。因此，朱子之言似乎可以被笼统地理解为对郭店楚简的暗中呼应。

既然"道始于情"，道就不过是心的产物，因为情乃心之动。这很自然地意味着：心的状态决定道的成色，道的模样取决于心的状态。心动之

---

① 龚鹏程：《中国诗歌史论》，北京：北京大学出版社，2008年，第93页。

② 为了说明这个问题，李零写了一部卷帙浩繁的《简帛古书与学术源流》（北京：生活·读书·新知三联书店，2008年）可资参考。

③ 《郭店楚简·性自命出》。

④ 朱熹：《朱子语类》卷5。

⑤ 王阳明：《传习录上》。

⑥ 朱熹：《朱子语类》卷98。

谓情，情为道之始。因此，有理由认为，道以心为根基。就这样，郭店村出土的文献将道与心紧紧捆绑在一起：道不仅不外在于心，还必须听命于心、取决于心。郭店楚简对道所做的这番不同寻常的理解，可能导致中国古代思想史在许多方面被改写，对此暂且姑置不论；单就理解古典汉语诗歌来说，郭店楚简对道的另类看法就不失为一条有效的思想进路，却必须在此得到申说：古典汉语诗歌所要传达的赤诚之道心，乃是作为天地之心的诗人们在其自身之心的统摄下，以同样作为天地之心的"言之文也"为工具，而进行的心自身的活动。也就是在众多天地之心们的诸多自身之心的活动中，"道"被众多的诗作所"'道'及"，被众多的诗人所"'道'白"。被"'道'及"、被"'道'白"的质量有可能或好或坏，却不影响天地之心们的心自身的活动，更不必担心其性质会有丝毫改变。

宇文所安（Stephen Owen）颇为动情地引述过《文心雕龙·原道》开篇不久，便急匆匆涌现出来的那几句话："惟人参之，性灵所钟，是谓三才。为五行之秀，实天地之心生，心生而言立，言立而文明，自然之道也。"紧接着，宇文所安给出了他对这几句话的理解：在味觉化汉语思想中，"作为'天地之心'，人是唯一有自我反思能力的生物，但这个词仍暗示人在宇宙这个'身体'里发挥'心'的功能"①。但诗人作为天地之心自身必须拥有的那颗跳动的心（亦即道心），被宇文所安令人遗憾地有意放弃了。据柯汉琳考证，"诗心"一词，大约最早见之于宋代王令的一首五言律诗——《庭草》。这首诗的最后两句是："独有诗心在，时时一自哦。"柯汉琳认为，"诗心"一词意指"诗人之心"，或者"诗人创作之

---

① [美]宇文所安：《中国传统诗歌与诗学》，陈小亮译，北京：中国社会科学出版社，2013年，第7页。和宇文所安之所说恰成比照的是武田雅哉。他很有趣地说："总而言之，宇宙即是葫芦，即是馄饨。无论文学作品、地理学、建筑、器物或者食品，只要经过中国人之手，这个宇宙蛋Kun-lun便会一边哄着'混沌'的基因入睡，一边不断改变形貌潜藏。正因为中国人在'吃'一事发展出独特的哲学，馄饨里才包入了他们的宇宙论。这个轻飘飘、难以捉摸、名叫'馄饨'的宇宙，中国人把它吃进肚里，让它到体内的小宇宙去还原。"（[日]武田雅哉：《构造另一个宇宙：中国人的传统时空思维》，任钧华译，北京：中华书局，2017年，第13页。）这正反两个方面（说高下两个方面也许更准确）相加，可能就是中国文化的真相，即：心即物，人不以心而贵，也不以物而贱。

心"①。柯氏做这样的理解也许并无问题；但如果从解味而非解义的角度，将以感 — 思为途径心 — 思着的"诗心"理解为诗人之心的诗性状态，而且是饱满的状态或状态的饱满，可能更有道理。和柯汉琳对"诗心"一词的考释大不相同，宗白华将"诗心"的原始出处推给了更早出现的文献《诗纬》："诗纬云：'诗者，天地之心。'"据宗白华推测，《诗纬》的意思大概是，也很可能是："艺术家禀赋的诗心，射映着天地的诗心。"②虽然柯汉琳反对宗白华的观点，他的反对也有较为充足的阐释学证据打底，但归根结底，还是宗氏的看法更有可能最迹近于真相。这在柯汉琳先生自己的文章中，就可以找到较为扎实的内（部）证（据）。柯汉琳先引述据说是孔子说过的话："《诗》者，天地之心，君德之祖，百福之宗，万物之户也。"③紧接着，柯先生对此给出了极为精辟和极为独到的解说："在孔子那里，'诗者，天地之心也'，说的是：《诗经》凝结着天地的精魄，汇聚着万物的灵气，下究万物之情状，上推天人之理，通'天地之心'，而《诗经》的'诗人之心'就是一种体现了'天道'之'心'。"④柯先生在此是正确的：天道实为人道；而孔子之言的重点，必须落实在"诗人之心"乃是道心的显现上，这似乎刚好是在为宗白华先生的观点做证。

　　一般而言，常人作为天地之心，其自身之凡心时时处于默然或漠然的状态；诗人作为天地之心，其自身之道心必定时时处于充沛、饱满的诗性状态。唯有如此这般以解味（而非解义）的方式理解诗心（亦即 heart-mind 而非 mind），也许才更符合味觉化汉语的本性，才更能让诗人之心时时处于有味之境地，也才可以保证作为天地之心的诗人因有感于"'天道'之'心'"随时起兴，兴则是诗的别名，或另一个名号⑤。或许正是出于如此这般的考虑，顾随才高度评价王维的诗歌及其诗歌创作："在表现一点上，李、杜皆不及王（维）高超。杜太沉着，非高超；李太飘

---

① 参见柯汉琳：《论"诗心"》，载《中国文学批评》2019年第2期。

② 宗白华：《美学散步》，上海：上海人民出版社，1981年，第62页。

③ [日]安居香山、[日]中村璋八辑：《纬书集成》，石家庄：河北人民出版社，1994年，第464页。

④ 柯汉琳：《论"诗心"》，载《中国文学批评》2019年第2期。

⑤ 参见傅道彬：《诗可以观》，北京：中华书局，2010年，第161页。

逸，亦非高超，过犹不及 …… 说明、描写皆不及表现，诗法之表现是
人格之表现，人格之活跃，要在字句中表现出作者人格。…… 诗是表现
（expression），不是重现（re-expression），事的'真'不是文学的'真'，
作品不是事的重现，是表现。"①诗法等价于诗人之人格，但人格必然出自
对心性的磨砺，是为修心。以阳明子之见，修心是为了致良知，良知即至
善，至善来自至诚。在此，修心不仅让诗人人格高尚，也让诗人之心时时
处于萌动着的诗性状态；诗人之心的饱满的诗性状态，更有可能支持汉语
之心以感 — 思为途径完成心 — 思。既然诗心随时处于枕戈待命的诗性状
态，也就意味着随时可以应物起兴而实施感 — 思；实在没有必要怀疑：
感 — 思更靠近或者更倾向于表现而非说明，亦非描写。感 — 思首先意味
着直接性，意味着跟各种物、事、情、人构成的各种状态短兵相接、一触
即发。表现就是直接把各种状态呈现出来，它与各种状态之间构成了一种
面对面的我 — 你关系；描写和说明则充满了间接性，它（们）和各种状
态之间构成了一种背靠背的我 — 它关系。面对面意味着我跟你直接对话
（呈现），不需要中介；背靠背则意味着：你不是想知道它的情况吗？那
就必得取道于我对它的诉说（说明、描述），类似于叙事学中一种特殊的
叙事模式：我对你（你们）诉说他（他们）的情况②。

　　"道始于情"和"味道守真"从根子上保证了道不但必须有味，还必
须有情：道是情与味的统一体。在这里，情是有味的情，味是有情的味。
在味觉化汉语治下的古典中国从来道器不分，不存在视觉中心主义支持
下的抽象之道和纯粹之道；道无法像逻各斯唆使的那样，可以离器而独
存。这很可能就是中国可以成为诗之王国的原因③，却也是中国人不可以

---

　　①　顾随：《中国古典诗词感发》，北京：北京大学出版社，2012年，第28 — 29页、第
215页。

　　②　参见敬文东：《李洱诗学问题》（下），载《文艺争鸣》2019年第9期。

　　③　参见[美]费诺洛萨：《作为诗歌手段的中国文字》，赵毅衡译，载[美]庞德：《比萨诗
章》，黄运特译，桂林：漓江出版社，1998年，第234页。

成为科学王国之人只能成为部落之人的重大理由①。如前所述，古典汉语诗歌意欲表达的，乃是赤诚之道心。因此，古典汉语诗歌只能被定义和界定为：它就是时时处于饱满诗性状态的诗心对既有味又有情的"仁人之心""仁义之心"的直接表现，而非对"仁义之心"和"仁人之心"的说明或描写。"道始于情"，因此，道的根基在情，无情便无道；"味道守真"，因此，道的本质在味，无味亦无道。在味觉化汉语思想的幽深之处或腹心地带，情与味乃道的一体之两面，缺一不可。冯梦龙因之而有言："天地若无情，不生一切物；一切物无情，不能相环生。"在同一个文献中，此人还意犹未尽并且颇具会心地指出："《六经》皆以情教也……《易》尊夫妇，《诗》首《关雎》，《书》序嫔虞之文，《礼》谨聘奔之别，《春秋》于姬姜之际详然言之。"②面对如此这般既有情又有味却十分不入流的"小说家言"③，众多的儒士经生早就发出了痛斥之声："人之所以为圣人者，性也；人之所以惑其性者，情也。喜怒哀惧爱恶欲七者，皆情之所为也。情既昏，性斯匿矣。"④但或许小说家言反倒更能切中出土文献的高贵之言；李泽厚则因发出高贵之言的出土文献，而提出中国传统文化必得以情为本，必得以情而非神道设教是为情本体⑤。就这样，古典汉语诗歌总是乐于以感 — 思为方式，去感有味之道和有情之道是为感 — 道。

在古典中国，以心感 — 道事实上乃是以心"感"物之"道"，因为在味觉化汉语的念想中，道只可能存乎于物（人是万物之一，但有其特殊性：他是天地之心），甚至存乎于物的极端品：屎溺⑥；道物一体，道不

---

① 麦克卢汉对这种部落人有精辟的猜测："部落人认为，宇宙秩序和仪式在他们是身体器官及其社会延伸中要循环往复地出现。然而，对宇宙的冷漠却可以培养对细枝末节和专门任务的强烈关注，这正是西方人独特的力量所在。专门化的人绝不犯小错，然而他走向的目标却是绝大的谬误。"（[加]麦克卢汉：《理解媒介》，何道宽译，南京：译林出版社，2011年，第146页。）

② 冯梦龙：《〈情史类略〉序》。

③ 郑燮：《潍县署中寄舍弟墨第一书》。

④ 李翱：《复性书》（上）。

⑤ 参见李泽厚：《历史本体论》，北京：生活·读书·新知三联书店，2002年，第108 — 123页。

⑥ 参见《庄子·知北游》。

离器①。因此，作为诗人的天地之心实施的以心感 — 道，终将遵从味觉化汉语的指令，务实地落实于以心感 — 物。高友工认为，感 — 道（感 — 物）的基本方式无外乎二：高友工倾向于将内化和符号化视作以心感 — 物（感 — 道）的两个维度。所谓内化，就是将外在的物象化作内在的心像，是为内在的形构；所谓符号化，就是更上一层楼，将内在的心像转化为外在的艺术性的物象，是为外向的流转。高友工说得很对仗："前者是'我'因'境'生'感'，由'感'生'情'，终于'情境'可以交融无间。这是一种自我因'延续'（extension）而导致的'同一'，创造一个无间隔距离的绵延（continuity）世界。后者是'我'以'心'体'物'，以'物'喻'我'，因此'物我'的界限泯灭。这是一种自我因'转位'（transposition）而形成的'同一'，由于物物'相等'（equivalence），因而有一个心游无碍的世界。"②感 — 道（感 — 物）的初始形态是心物交融无间；可供心游的无碍世界则是感 — 物（感 — 道）的高级状态，其间的中介始终是情。事实上，高友工道及的诗之生成机制的重点，正在于情。心、道、情（性）紧密相连。徐祯卿说得极为精简，却也极为准确："情者，心之精也。"③遍照金刚则将徐祯卿的之所言落到了实处，直接跟诗相连："夫诗工创心，以情为地。"④如前所说，诗之所达，乃是由诚心而至"仁义之道""仁人之道"（亦即名道合一之人道）。作为天地之心的诗人始终有一颗充沛、饱满的诗心，诗心则随时处于诗性状态；"夫诗工创心"

---

　　① 中国人将物与道连在一起的观念是西方人很难理解的。海德格尔就这样分析过物："器具既是物，因为它被有用性所规定，但又不只是物；器具同时又是艺术品，但又要逊色于艺术品，因为它没有艺术作品的自足性。假如允许作一种计算性的排列的话，我们可以说，器具在物与作品之间有一种独特的中间地位。"（[德]海德格尔：《林中路》，孙周兴译，上海：上海译文出版社，1997年，第13页。）物在西方不可能同高级的道直接相连。

　　② 高友工：《中国美典与文学研究论集》，台北：台大出版中心，2004年，第14 — 15页。关于高友工谈论的这个问题，程抱一有另外的理解，此处一并列出以为参照："（古典汉语诗歌）这种尽量避免使用三种语法人称的意愿，显示为一种自觉选择；它造就了这样一种语言，这种语言使人称主语（主体）与人和事物处于一种特殊的关系中。通过主体的隐没，或者更确切地说通过使其出场'不言而喻'，主体将外部现象内在化。"（[法]程抱一：《中国诗画语言研究》，涂卫群译，南京：江苏人民出版社，2006年，第31页。）

　　③ 徐祯卿：《谈艺录》。

　　④ [日]遍照金刚：《文镜秘府论·论文意》。

之"心"乃是道心，其精华为"情"（而不仅仅"始于情"）。因此，在古典中国，诗之所达，最终为有味之道 — 情。其流风所及，凝结而为陈世骧极力称道的抒情传统①。

四、新诗可否言心？

作为一种修辞格，反讽的含义乃是言在此而意在彼②。克尔凯郭尔（S. A. Kierkegaard）的表述很明确："在公共演说中就经常出现一个名为反讽的修辞格，它的特点是嘴所说的和意所指的正好相反，这里我们看到一个贯穿所有反讽的规定，即现象不是本质，而是和本质相反。"③视觉化语言（亦即逻各斯）几乎是宿命性地强调纯粹之看；虽然冷静、客观的纯粹之看为西方世界孕育了灿烂无比的伟大文明，但也成就了西方人自我毁灭的巨大潜力。"作为逻各斯最为辉煌的成果之一，原子能既可以温暖人间，也可以将人间沦为废墟和瓦砾。就这样，逻各斯不仅自带求真伦理，由求真伦理导致的反讽特征，也是它的基本秉性和天赋。"④按惯例，黑格尔之言说来得极为独断："哲学的对象与宗教的对象诚然大体上是相同的。两者皆以真理为对象 —— 就真理的最高意义而言，上帝即真理，而且唯有上帝才是真理。"⑤很具反讽意味的是：以真理为对象的逻各斯（视觉性语言）本身就是反讽的策源地和故乡。韦恩·C. 布斯（Wayne C. Booth）如是放言：只要逻各斯存在一天，反讽就必将是世界之本质，就是宇宙运

---

① 关于抒情传统可参见陈世骧：《中国文学的抒情传统》，北京：生活·读书·新知三联书店，2015年，第3 — 9页。这里需要说明的是，本文此处得出古典汉语诗歌的抒情传统一说的论证思路完全不同于陈世骧先生，陈氏是在中西文学的比较中得出这一结论的，此处更多是从汉语自身的本性出发逐步得出这一结论。事实上，笔者反对在中西比较基础上获得的抒情传统这一结论。关于这个问题我写有不少文字比如《感叹诗学》（北京：作家出版社，2017年），比如《李洱诗学问题》（《文艺争鸣》2019年第7期、第8期、第9期）。

② [英]D.C. 米克：《论反讽》，周发祥译，北京：昆仑出版社，1992年，第10 — 14页。

③ [丹]克尔凯郭尔：《论反讽概念》，汤晨溪译，北京：中国社会科学出版社，2005年，第212页。

④ 敬文东：《李洱诗学问题》（上），载《文艺争鸣》2019年第7期。

⑤ [德]黑格尔：《小逻辑》，贺麟译，北京：商务印书馆，1980年，第37页。

行之规律；反讽是逻各斯的内在规定性之一，凡受其感染者，均遁无可遁①，不存在可以被"逃向"的"苍天"②。孙周兴认为，尼采深知其中的奥秘，因此尼采心心念念的未来哲学，"首先是一种科学批判，这是尼采从《悲剧的诞生》就已经开始的工作，在当时叫'苏格拉底主义''科学乐观义'或'理论文化'批判，即反对以'因果说明'为主体的科学–理论方式对人类生活的日益侵占和对人文科学的全面挤压"③。尼采离世一个多世纪了，他要批判的反讽性愈演愈烈。

因此，反讽有可能像蝮蛇蜕皮以便不断超越自己的身材那般，从修辞学的狭窄空间，转而进入历史反讽的宏大境域。对此，赵毅衡曾经有过十分清楚、简洁的解说："'历史反讽'（historical irony）……规模巨大，进入历史。例如，第一次世界大战时英美的动员口号'这是一场结束所有战争的战争'（The War That Ends All Wars），结果这场战争直接导致第二次世界大战。还有，工业化为人类谋利，结果引发大规模污染；抗生素提高了人类对抗病毒的能力，结果引发病毒变异。如此大范围的历史反讽，有时被称为'世界性反讽'（cosmic irony）。"④赵毅衡由此出发，提炼出反讽时代这个极具解释力的概念；反讽时代中的每个人都必将以反讽主体的角色现身，以反讽主义者的身份亮相，就是理所当然之事。"所谓反讽时代，就是虽然苦心追逐目标而最终获取的，却总是，甚至只可以是目标之反面（或背面）的那种搞笑的时代。"⑤以此类推，所谓反讽主体（亦即反讽主义者），就是受制于反讽时代每每走向自身意图之反面的那种搞笑的主体；作为一种滑稽的角色，反讽主体原本就是在逻各斯之本质内涵的指引下，主体为主体自身量身定制的反讽。在这里，反讽是双倍的，斯德哥尔摩综合征（Stockholm syndrome）则是反讽主体必须随身持有的症候。

① [美]韦恩·C.布斯：《修辞的复兴：韦恩·布斯精粹》，穆雷等译，南京：译林出版社，2009年，第80页。

② 此处化用了茨威格（Stefan Zweig）的一篇文章的题目——"逃向苍天"（参见[奥]茨威格：《人类群星闪耀时》，李杰译，武汉：华中科技大学出版社，2013年，第243页）。

③ 孙周兴：《未来才是哲思的准星》，载《社会科学报》第1561期第6版（2017年10月12日）。

④ 赵毅衡：《反讽时代：形式论与文化批评》，上海：复旦大学出版社，2011年，第8页。

⑤ 敬文东：《李洱诗学问题》（上），载《文艺争鸣》2019年第7期。

巴赫金总是慧眼独具：同一性自打娘胎开始，就"不是'和……同一'，而是'与……并存'"①；"与……并存"可以替换为另一个表达式：A（可以造福人类的原子能）与-A（可以毁灭人类的原子能）同时存在、同时为真；或者，A恒等于-A（亦即 A≡-A）。这正是反讽时代和反讽主体的本质内涵之所在。

中华文明很早就强调修辞立其诚，强调讷于言，强调文质彬彬。其间暗含的道理正是一是一、二是二，容不得半点虚假、虚浮和虚伪；因此之故，味觉化汉语中虽然也有言在此意在彼的情形出现，但反讽终究不可能盛行其间，不可能大成气候②。子曰："《志》有之：'言以足志，文以足言。'不言，谁知其志？言之无文，行而不远。"③虽然孔子强调和提倡文质互匹，但最重要的依然是"辞达而已矣"④，因为"巧言令色鲜矣仁"⑤，言在此意在彼更容易被置诸"巧言令色鲜矣仁"之列。反语也许堪称反讽的变通形式，但它主要用于或自辩（比如李斯），或劝诫（比如秦人优旃，见《史记·滑稽列传》），仍然处于修辞立其诚的范畴之内。味觉化汉语的含蓄、内敛被弗朗索瓦·于连（François Jullien）认作语言表达上的"迂回与进入"⑥，但无论如何，"迂回与进入"都不可以被认为与反讽相等同；清人施补华评价王翰《凉州词》时说："后一句佳，作悲伤语便浅，作谐谑语读便妙。"⑦但那只是施某作为战争旁观者的一家之言，不能认为王翰真的在行自我反讽之实。汉语中大量出现反讽，应当在白话文运

---

① ［美］卡特琳娜·克拉克（Katerina Clark）、［美］迈克尔·霍奎斯特（Michael Holquist）：《米哈伊尔·巴赫金》，语冰译，北京：中国人民大学出版社，2000年，第17页。

② 一般来说，言在此而意在彼的话语方式是任何一种成熟语言通常的表达方式，其目的一般认为有四：表现幽默感、具有警示性、流露亲切感、避免会错意（参见沈谦：《语言修辞艺术》，北京：中国友谊出版公司，1998年，第152—156页）。因此，在味觉化汉语中有反讽存在而又规模较小，是可以理解的状况。

③ 《左传·襄公二十五年》。

④ 《论语·卫灵公》。

⑤ 《论语·学而》。

⑥ ［法］弗朗索瓦·于连为此主题写有专书《迂回与进入》，杜小真译，北京：生活·读书·新知三联书店，1998年。

⑦ 施补华：《岘佣说诗》，载王夫之等撰，丁福保辑录：《清诗话》，北京：中华书局，1963年，第55页。

动以后；白话文运动的实质被汪晖一语道破："不是白话，而是对白话的科学化和技术化洗礼，才是现代白话文的更为鲜明的特征。"①味觉化汉语被高度——而非彻底——视觉化后（此即汪晖所谓的"科学化和技术化洗礼"），反讽很自然地过渡到视觉化汉语（亦即现代汉语）之中②。在此背景下，古典汉语诗歌的实质更有可能是：由诚心而至"仁义之道""仁人之道"（亦即名道合一之人道），其出发点在心；因此，古典汉语诗歌更倾向于也更乐于心（亦即诗心）自身的活动（亦即心—思），它不知反讽为何物。汉语新诗的实质更有可能是：它建基于作为修辞性的反讽，是反讽主体（而非天地之心）沉思反讽时代的肠肠肚肚，其出发点在脑，新诗更主要是脑自身的活动（亦即沉思）；为反讽时代中的变态情感或经验寻找客观对应物（objective correlative）乃其关键，与道和心（或道心）关系不大——假如不说毫无关系的话。

　　归根到底，是视觉化汉语彻底改造了味觉化汉语的中国；与古典中国完全异质的器物、观念，紧随着视觉化汉语的到来而到来。农耕经验全线崩溃。习惯于农耕经验之柔软的赤诚之心，必将不适于现代经验之坚硬与冷漠；视觉化汉语精心造就的现代经验，始终在呼应视觉化汉语本身：它在呼唤冷静的脑以及脑的沉思功能。感—思被认为大面积地失效了（如

---

　　①　汪晖：《现代中国思想的兴起》（下卷）第二部，北京：生活·读书·新知三联书店，2004年，第1139页。

　　②　陈嘉映对此说得更为细致。在他看来，现代汉语里有一种特殊的外来词，"它们是汉语里原有的词但用它来翻译某个外文词后，我们逐渐不再在它们原有的意义上使用它们，而主要在它们用来对译的外文词的意义使用它们，这些词原有的意义反而被掩盖了"，比如经济（汉语原义是经邦济世）、经验（汉语原义是验证或灵验）。这些都被陈嘉映称之为移植词："移植词指的是这样一些词，它们虽然是外文词的意译而非音译，但它们主要是作为译名起作用的。移植词对应于某个外文词，它的意义基本上是这个外文词的意义。……移植词对现代汉语的影响比外来词更为深远，不仅由于移植词数量更大，更由于流行的外来词多半是自然品类和器物的名称，而不是论理词。在论理的场合，大部分语汇都是移植词。物理学、经济学等专门学科就不去说它了，一般的论理文章里面也尽是移植词。现在杂志上发表论文，前头都要求列出关键词，查一查就可看到，这些关键词几乎无例外地是移植词。就是平常老百姓说话，只要涉及论理，所用的也有很大一部分是移植词，例如民主、专制、事实、理论、主观、客观、作用、影响、原因、效果等。……现代汉语所受的外来影响远为更加深广地体现在移植词中。"（陈嘉映：《从移植词看当代中国哲学》，载《同济大学学报》2005年第4期。）

果不说成彻底失效的话），脑之所知在物不在道，王国维对此深有所感："古人所谓学，兼知行言之，今专以知言。"①脑甚至有望上升为视觉化汉语当中的语义原词，用以解释反讽时代治下的诸多复杂意义。和视觉化汉语一样，新诗也是舶来品。舶来品在此有两个意思：诗的观念是全然西方而非传统中国的；诗建基于现代汉语（亦即高度视觉化的汉语），它必将以视觉化汉语为前提。在反讽时代，现代经验显得坚硬、冷漠、琐碎，因此，作为诗人的反讽主体必将使用反讽语气去沉思如此这般的现代经验。新诗作为舶来品的两个意思相互叠加，造就了如下事实：首先，像兰色姆（John Crowe Ransom）宣称的那样，在反讽时代，诗乃"有罪的成人"之诗②。其次，它又像苏珊·桑塔格宣称的那样，唯有心性上的"倒错"而非中正，"才是现代文学的缪斯"③。但有罪的成人之诗也好，心性的倒错也罢，它们终归是同一个意思：心性上的圆融和完整要么消失不见，要么已成神话。不仅新诗如此，以现代汉语为媒介的中国现代小说也不例外。陈平原早已有言在先：中国现代小说甫一开始，就不以表现"正经"的生活为务④。凯.埃.吉尔伯特（K.E. Gibert）等人为西方艺术下了判决书："'为艺术而艺术'这个思潮中的大部分成员，都把美奉为神，因此，他们都犯了过分崇拜的罪过。"⑤这话可以完全被看作对视觉化汉语诗人的棒喝。

　　作为一种舶来品，新诗似乎不再将心以及心的产物诚视为根本，也不愿意将诚导致的善、美、真当一回事。它更乐于传达现代经验，视传达上的准确性为更重要的诗学问题。作为新诗人中的杰出代表，欧阳江河就很明确地说过："单纯的美文意义上的'好诗'对我是没有意义的，假如它没有和存在、不存在发生一种深刻联系的话，单纯写得好没有意

---

　　① 王国维：《王国维全集》第14卷，杭州：浙江教育出版社、广州：广州教育出版社，2009年，第129页。

　　② 转引自赵毅衡：《重访新批评》，天津：百花文艺出版社，2009年，第10页。

　　③ [美]苏珊·桑塔格：《反对阐释》，程巍译，上海：上海译文出版社，2003年，第60页。

　　④ 参见陈平原：《中国小说叙述模式的转变》，上海：上海人民出版社，1988年，第26—27页。

　　⑤ [美]凯.埃.吉尔伯特、[德]赫·库恩：《美学史》，夏乾丰译，上海：上海译文出版社，1989年，第660页。

义，因为那很可能是'词生词'的修辞结果。"①无论是"存在"还是"不存在"，都不是用心去感的某种状态，而是跟思的准确性有关的某种行为（行动）——海德格尔对此有很精到但稍显唠叨的分析。新诗对待物的态度更多与看（思）接壤，而不是用心去尝、舔舐或感。因此，屈原之所以"称物芳"，是因为"其志洁"②；汉语新诗在大多数时刻之所以"称物恶"，是因为其心"脏"（读作平声而非去声）甚或无心。对看的过分强调，对经验的过于依赖，让新诗渐渐失去温度，离心越来越远。但事情的另一面是：汉语中不可被撼动的部分始终存在，心作为语义原词所举荐的诚就是其中极其珍贵的一部分。这暗示了一个很简单却十分重要的结论：只要用汉语写诗（无论新旧），心与诚事实上一直是在场的；用汉语写诗（但不仅限于写诗）意味着一场迈向诚的艰苦却欢快之旅，意味着修行。写诗也许起始于经验，但它不能以准确传达经验为归宿；它不指向晦暗不清的经验，甚至不指向由晦暗不清的经验带来的启示，它指向以心为中心组建起来的道、智慧和悲悯。这是从汉语内部发出的严正指令，具有无从躲避的宿命性。

和倾向于取消时间的永恒比起来，味觉化汉语更愿意支持、提倡和赞美不朽，不朽意味着对时间的无限拖延和延长："太上有立德，其次有立功，其次有立言，虽久不废，此之谓不朽。"③魏文帝有意识地抛弃立德、立功，专拿文说事："盖文章，经国之大业，不朽之盛事。年寿有时而尽，荣乐止乎其身，二者必至之常期，未若文章之无穷。是以古之作者，寄身于翰墨，见意于篇籍，不假良史之辞，不托飞驰之势，而声名自传于后。"④老太史公临终前训诫小太史公曰："扬名于后世，以显父母，此孝之大者。"⑤——不朽是对被遗忘的抗拒，是另一种形式的再生。拜汉语的本性所赐，即使是用视觉化汉语进行书写，其间的几乎每一个写作者多多少少都有一点对于不朽的念想、对于不朽的渴望。但古往今来，写作（比

---

① 欧阳江河：《电子碎片时代的诗歌写作》，载《新文学评论》2013年第3期。

② 《史记·屈原贾生列传》。

③ 《左传·襄公二十四年》。

④ 曹丕：《典论·论文》。

⑤ 《史记·太史公自序》。

如新诗写作）都是一件残酷、惨烈的事体，这对于使用反讽语气的反讽时代的反讽主体，尤其如此；从不朽的角度看过去，一个诗人除了伟大毫无意义，因为唯有伟大才能达至不朽的境地。但如果听从来自汉语内部的指令，仅仅将写作（比如新诗写作）当成一种修养心性的工作，一种修炼的过程，一种跟心有关的行为艺术，就可以超越不朽，甚至无视直至蔑视不朽。唯有以诚修心，才能如孟子所说那般：虽然浩然之气"难言也"，但"其为气也，至大至刚，以直养而无害，则塞于天地之间"①。朱子则曰："尊德性，所以存心而极乎道体之大也；道问学，所以致知而尽乎道体之细也。二者，修德凝道之大端也。"②其间的关键将一决于心，唯有不可被撼动其性质的汉语之心能予赤诚之人以快乐。

　　汉语新诗迟早会重新来到返家的路口，它将在见山不是山之后，再次见山是山。

（原载于《文艺争鸣》2022年第2期）

---

① 《孟子·公孙丑上》。

② 朱熹：《朱文公文集》卷54。

中文学科虚拟仿真实验教学改革的探索

杨天舒　刘震　路杨

摘要：近年来国家致力于提高高校教学的信息化水平，将虚拟仿真实验列入一流课程展开重点建设。本文基于目前中文一级学科虚拟仿真项目建设的必要性和实践应用情况，分析了符合中文学科特点的实验类型、实验设计和评价体系，并就实验建设中存在的问题以及今后的建设方向提出建议，力求为中文学科的虚拟仿真实验教学理清建设思路，提供建设经验，推动中文学科虚拟仿真实验教学的发展。

关键词：中文学科；虚拟仿真；实验教学；文学情境

为贯彻落实习近平总书记关于强化实践育人工作的重要指示精神，根据《教育信息化十年发展规划（2011—2020年）》和《2017年教育信息化工作要点》等相关文件，教育部从2017年起展开新一轮国家虚拟仿真实验教学项目建设工作，提高高校教学的信息化水平，推进教学资源的开放和共享，尤其加大了人文社科类虚拟仿真实验项目的支持力度，为基础人文学科教育与信息技术的深度融合提供了较大空间。2019年12月，由中文专业教学指导委员会参与、南开大学召集的"文学学科虚拟仿真实验建设与发展研讨会"，有效推动了中文专业虚拟仿真项目的整体

作者简介：杨天舒，文学博士，中央民族大学文学院副教授、硕士研究生导师，主要研究方向为现代小说；刘震，文学博士，中央民族大学文学院副教授，主要研究方向为现代文学思潮流派、左翼文学；路杨，文学博士，北京大学中文系助理教授、研究员，主要研究方向为中国现当代文学。

基金项目：中央民族大学"一流本科课程"建设项目"中国现代文学史"（KC2028）。

规划和目录编制工作①，为各大高校进一步展开中文学科虚拟仿真教学项目建设提供了重要的方向指导和建设参考。

不过，目前人文社科类虚拟仿真项目的建设，仍以应用性较强的学科门类为主，以实验空间 — 虚拟仿真实验教学课程共享平台（http://www.ilab-x.com/）上线并开放共享的虚拟仿真实验项目为例，目前归入文学类目录的项目共有92项，但这一分类目录下实际包含中国语言文学、新闻传播学和外国语言文学三个一级学科。②其中，新闻传播学一级学科的实验共46项，占总数的50%。中国语言文学一级学科的实验目前上线24项，其中6项于2020年11月经教育部认定为首批国家级虚拟仿真实验一流课程③，16项为2021年新上线的项目，可以说实验课程的建设尚处在初级阶段。目前关于虚拟仿真实验教学的相关研究，主要集中在虚拟仿真技术的开发和利用层面，对虚拟仿真实验与具体学科相结合的教学改革研究，则只涉及极少部分理工、新闻等技术和应用学科。作为传统人文学科的中国语言文学学科，如何更好地利用虚拟仿真技术，设计符合专业教学特点的实验教学体系，提高人文学科学生的数字素养和科学思维，目前都尚未展开系统的研究与探索。本文尝试对中文学科虚拟仿真教学实验建设的必要性和实践路径、方法等展开分析，并就今后中文学科虚拟仿真实验开发与建设提出建设性意见。

一、中文学科虚拟仿真实验建设的必要性

在新文科背景下，中文学科相关课程的虚拟仿真实验建设，既是适应国家近年来规划和调整虚拟仿真项目专业布局、建设文科类信息化实验教学项目示范体系的新要求，也是人文学科进行交互性、泛在化实验教学新

---

① 参见张丛皞：《中文专业发展的新趋势与新选择》，载《中国高校社会科学》2020年第5期。

② 数据采集时间截至2021年10月，访问网址为http://www.ilab-x.com/list#95 ，2021年10月5日访问。

③ 《教育部关于公布首批国家级一流本科课程认定结果的通知》，访问网址为http://www.moe.gov.cn/srcsite/A08/s7056/202011/t20201130_502502.html ，2020年11月25日。

模式的探索，对于培养人文学科大学生数字素养和信息素养都具有重要
意义。

（一）传统中文学科实验教学的普遍困境

进入信息时代以来，互联网、云计算和大数据等信息技术的发展，给
传统中文教育教学模式的创新带来新的动力。一些高校中文学科开始利
用实验技术和手段来促进文科教学[①]，最大限度地调动学生的主观能动性。
然而，在实际教学中，众多需要学生沉浸于特定文学情境中加以理解的教
学内容，无法通过大规模参观、游历让学生体验。这不但受制于时间、交
通、安全、经费等因素，更是由于文学情境限于特定历史时空或经过作家
艺术加工，其实验环境往往无法通过现实途径完整获得。教学中涉及的众
多历史文物、文献、建筑、绘画等，因价值昂贵或已湮灭，也不可能作为
实验素材用于日常教学。一些涉及诗词吟诵、古籍修复等操作性的实验，
又往往因为地区差异和教育资源的不平衡，只能限于一时一地的教学，无
法进一步开放和共享。因此，中文学科的课程实验体系，面临实验环境匮
乏、实验素材湮灭或不可得、实验资源不均衡等诸多问题，急需要引入虚
拟仿真和现代信息技术，提高学习主体的实践性和体验感[②]，解决教学中
的难点和痛点，构建中文学科信息化实验教学创新体系。

（二）后疫情时代泛在化实验教学的需要

在新冠疫情防控期间，单一的传统课堂教学方式受到极大挑战，各大
高校充分利用在线教学资源开展线上教学，基本保证了教学工作的顺利完
成。不过，在实验教学方面，因较多受制于实验空间、实验素材和特定的
实验条件，仍然受到一定影响。中文学科的大部分课程，虽不像理工学科
那么依赖实验教学，但仍有一部分，诸如戏剧排演、语音训练、方言调
查、文献修复等实验教学内容，无法通过普通的线上教学完成。相比之
下，有针对性地建设以学生为主体、以"情境体验+交互操作"为主要手
段的虚拟仿真实验教学学习平台，能较好地解决这一问题，让学生不受时

---

① 参见许桂芳：《建立新型的高校文科实验教学体系》，载《高校实验室工作研究》2007
年第3期。

② 参见姜丽萍、李小平、张琳等：《基于可穿戴人体感知的教学体验系统设计》，载《中
国电化教育》2020年第12期。

间、空间限制，随时随地利用手中的电脑设备做实验，实现交互性、泛在化教学。这对以"教师讲解+PPT展示"为主的传统中文课堂来说，是有益的推进和重要的补充，也是在后疫情时代，应对时代之变，用数字技术改造传统中文教学，进行中文学科教学改革的一个重要方面。

（三）中文学科人才数字素养提升的需求

"数字素养"的概念，是1994年由以色列学者约拉姆·埃谢特·阿尔卡莱（Yoram Eshet-Alkalai）最早提出的，包括解读视觉图形信息的图像素养、整合各种数字信息进行复制再创造的素养、驾驭非线性超媒体的素养、辨别信息适用性并对之保持批判性思维的素养和以数字化的形式进行共享与交流的社会–情感素养五个方面①。此后，保罗·吉尔斯特（Paul Gilster）②、英国联合信息系统委员会（JISC）、欧盟（EU）、美国图书馆协会（ALA）、国际图联（IFLA）等学者或行业机构，都从不同角度提出多种数字素养的定义、模型或框架③。大学生的数字素养教育是复杂的系统工程，也是当代高等教育的重要内容之一，其关键性影响因素有相关政策、文化环境、ICT基础设施、教学管理和评价等④。中文学科因其偏于传统性的教育体系，较多涉及的是偏重科研性的查找、理解、评价等利用信息技术的信息素养训练，针对提高数字素养的框架设计，与理工学科和其他应用型社会科学专业相比往往显得不足。虚拟仿真实验教学，注重专业教育与数字技术的融合，能有效训练中文学科大学生利用数字化系统和工具展开学习、多人在线协同合作学习以及适应虚拟技术设备并在虚拟环境下学习等能力，进而培养在数字环境下进行知识、图像、情境整合再创造等多方面数字素养。因此，中文学科虚拟仿真实验课程的开发和推广，是专业课程与数字素养融合教育的新探索，给传统学科注入新的活力，是提高中文学科大学生数字素养的必要途径。

---

① 参见肖俊洪：《数字素养》，载《中国远程教育》2006年第5期。

② Paul Gilster, *Digital Literacy*, New York: John Wiley & Sons, 1997, p.25 — 48.

③ 参见凌征强：《我国大学生数字素养现状、问题与教育路径》，载《情报理论与实践》2020年第7期。

④ 参见耿荣娜：《信息化时代大学生数字素养教育的关键影响因素研究》，载《情报科学》2020年第9期。

二、中文学科虚拟仿真实验的类型

中文学科的虚拟仿真实验，主要运用仿真技术，通过教学内容中人或物的3D建模、场景的建构还原和人机交互的情节演绎等虚拟功能，将抽象的文学、语言知识具象化、情境化、逻辑化，为学生构建关于文艺理论、文学文本、文献修复、语言实训等方面的操作性、体验性和探究性学习框架。目前，中文类虚拟仿真项目，主要有技能训练式、沉浸体验式两种①主要实验类型，也有部分更加突出自主探究环节的综合性实验模式。

（一）技能训练式实验

一般由系统提供相应的3D虚拟场景和交互操作界面，实验设计能"准确地计算并模拟实际实验状态和仪器操作状态，能正确地分析判断用户的操作流程，对用户不当操作进行屏蔽或提示"②。此类实验以浙江师范大学的《古籍鉴别与修复虚拟仿真实验》为代表，该项目以引导学习（版本鉴别、古籍修复）和自主实验（综合测试）两个模块的三个环节组成，主要以学习古籍版本修复知识和操作技能训练为主。再如湘潭大学的《多情境口语表达能力训练虚拟仿真》和西北民族大学的《民汉双语国家通用语言社区应用虚拟仿真实验》。前者将学生的普通话口语表达训练与讲演比赛、新闻发布会、面试等虚拟场景相结合，提高学生在实际情境中克服恐惧、流畅表达的口语能力；后者在虚拟生活社区、餐厅、房屋中介等情境中设置语言交互训练，帮助学生感受国家通用语言应用的文化氛围。此类实验可突破实验环境、实验素材、实验成本等限制，一般根据教学实验内容设计较为严格的操作流程和训练标准，达到相关知识和能力培养目标。

（二）情境体验式实验

近年来，实验开发者开始将VR技术及其带来的沉浸感作为虚拟仿真实验的关键元素，借助新的交互工具如触笔、数据手套、头戴式显示器

---

① 参见涂俊、沈立岩、冯大建：《构建文学学科的实验教学体系》，载《实验室研究与探索》2009年第4期。

② 王琳、吉逸：《基于FLASH技术的虚拟仿真实验开发》，载《电脑知识与技术》（学术交流）2007年第17期。

等，提升虚拟仿真实验的应用效果。①此类实验以盐城师范学院的《"18世纪歌德创作与中国元素"文学虚拟仿真实验》为代表，该实验构建了18世纪欧洲"中国热"背景下的歌德故居、歌德歌剧院等情境模块，虚拟再现了《浮士德》《少年维特之烦恼》等文学场景，除PC版之外，还建设了VR版本，可由学生佩戴HTC-VR头盔，对歌德生平与创作进行沉浸式情境体验与学习。此类实验具有鲜明的文科实验特色，以虚拟技术对文学文本或文学情境进行复原、模拟、重构、再造，让学生进入构造的虚拟教学情境中完成沉浸体验与学习，从而突破历史时空，消弭接受隔膜，提升学习效果。

（三）"自主探究"式综合实验

由于中文学科自身特点，在文学、语言、艺术、审美等活动中，往往是多种因素同时介入，因此，单一的操作训练缺少具体的人文环境，容易失之于死板，纯粹的审美漫游体验又不能完成教学目标中的专业能力训练，结合以上两种类型，并且一定程度地实现学生的交互设计和自主探究的综合性实验往往更符合中文学科的特点。此类实验以南开大学《中华诗教·诗词吟诵虚拟仿真实验》为代表，该实验以迦陵学舍内外的不同虚拟环境展开"学吟诵"和"听名篇"两个环节的情境体验式学习，再以"吟名篇"和"自由吟"两个环节，分别进行单人和多人小组古诗吟诵训练，将情境式体验学习、吟诵技能训练和多人互评自主探究环节有机结合。这类实验能营造良好的操作性和体验性的学习环境，同时提高学生的实践技能、情感认知和文化素养，是中文学科实验教学革新的重要发展方向之一。

三、中文学科虚拟仿真实验的设计

中文学科的实验设计，既有一般理工、社会科学类虚拟仿真实验的共性，如对实验环境的仿真还原，针对训练目标对各个实验步骤进行人机交

---

① 参见陈娟娟：《VR叙事视角下虚拟仿真实验的设计与应用》，硕士学位论文，华中师范大学，2017年，第7—9页。

互设计等，也有自身的学科特殊性，如具有特定人文气质的虚拟实验环境、场景化和情节化的VR叙事策略、实验主体的角色扮演、学习模块的情境化等。这些富有学科特色的设计思路，使虚拟仿真实验教学更贴近中文学科的特点和教学实际，也为本学科的虚拟仿真实验建设积累了宝贵的经验。

（一）特定人文气质的实验环境

中文学科虚拟仿真实验环境，大多区别于普通实验室或实操训练环境，重视具有人文意义的虚拟实验环境。在"能实不虚"的整体性原则下，中文学科虚拟实验环境，有的是山水诗词的意境，有的是文学中的象征世界，有的是已经湮灭的历史时空，或者是不易获得的历史情境，整体氛围上都更富有沉浸式的人文气息和审美感染力。例如，陕西师范大学的《丝绸之路起点的历史重现 —— 唐诗话长安城虚拟仿真实验》，以史料中记载的唐代长安城为依托，结合建筑、政治、绘画、乐舞、西域文献等多种元素，利用VR和AR技术，在虚拟世界中还原了唐代长安城的核心格局，构建了大唐长安城这一在历史中已经湮灭的特定虚拟实验环境。再以温州大学《山水诗之意境体验虚拟仿真实验教学项目》为例，该项目就以山水诗鼻祖谢灵运的古诗《登江中孤屿》为中心，通过不同时代的诗人雅集和角色扮演，将入境、悟境、造境和用境等关键性实验模块、步骤与共赴江屿之神的邀约、江上问答、澄鲜阁论艺、浩然楼评诗等情节巧妙融合，形成意境优美、虚实结合的实验环境。这一实验环境，既有现实中雁荡山、楠溪江和江心屿等风景的仿真还原，同时又不同于现实中的山水风景，而是基于VR技术进行了重构，再现了经过诗人艺术加工的"山水意境"。基于这一独特的、虚实结合的山水意境实验环境，该项目为中国古典诗词美学鉴赏类课程中相对抽象的山水诗歌意境教学打开了实验教学设计的新思路。

（二）具有完整情节框架的VR叙事

中文学科的虚拟仿真实验，十分注重对实验内容中的各种关键性步骤进行场景化和情节化处理，即使是在进行操作性的交互设计时，也更注重将关键步骤的交互点与场景、情节有机融合。这使中文学科的虚拟仿真项目具有更强的故事性，从而增加学习过程的人文意趣和体验性。以中央民族大学开发建设的《延安文艺情境实践虚拟仿真实验》为例，该实验以一名当代大学生穿越到抗日战争时期并奔赴延安进行文艺学习与实践的经历为情节线索，搭建了一个融入VR叙事的相对完整的系统处理框架。在这个相对完整的VR叙事框架中，学生进行角色扮演穿越到达20世纪40年代的延安之后，根据场景解锁后任务栏及场景中的触发任务提示，展开情境式学习与交互性操作，在抗日战争时期延安民族学院学员生活场景、《在延安文艺座谈会上的讲话》学习场景、鲁迅艺术文学院文艺实践场景等3D仿真环境中，连续完成4个模块共17个实验步骤。实验将具体知识和能力目标，分散融合在一个个虚拟的20世纪40年代延安历史环境中，让学生在完整有序的VR叙事语境中强化代入感，复现了历史上青年们奔赴延安之后适应学员生活、进行文艺理论学习、在实际工作中进行文艺实践和最终成为党的文艺工作者的培养全过程。这一过程，是深入理解延安文艺理论和创作实践并将其内化于情感结构中的关键，在历史上一般要经过3—4年时间，周期长，培养过程不可逆，在当代现实生活中不再能够获得。该实验围绕《中国现代文学史》课程中延安文艺理论与实践展开实验设计，尤其重视情节化场景化的VR叙事，较好地解决了学生在当代现实环境下无法完成的穿越历史、体验革命的教学难点，具有专业训练与课程思政建设的双重意义。

（三）实验主体的角色扮演

　　沉浸式体验是虚拟仿真实验的主要教学优势之一，实验一般利用虚拟技术增广视角为360度全景，实验主体实现从旁观者到第一人称的视角转换，可以全方位观察自己的虚拟实验环境，在其中获得更加自然流畅的体验，阻断现实世界的干扰，增强沉浸感和代入感。[①]不过，中文学科的虚拟仿真实验，环境大多为经过艺术化、审美化加工的特定时空，整体设计上又往往具有相对完整的情节架构，在实验过程中如果直接代入学生的当下身份作为实验主体，有时反而会破坏体验感，有不和谐的"出戏"之嫌。因此，部分中文学科在进行特定实验情境设计时，引入网络游戏的角色扮

---

　　① 参见陈娟娟：《VR叙事视角下虚拟仿真实验的设计与应用》，硕士学位论文，华中师范大学，2017年，第11—12页。

演方法，与实验环境和VR叙事相结合，建构特定的角色扮演主体，通过模拟化实践和审美移情，实现类似游戏体验的、深度介入的沉浸感[①]。

1.第一人称叙事型角色扮演

即由系统提供角色扮演提示，但在VR叙事中仍保留第一人称叙事视角。例如，在南通大学的《〈楚辞〉象征体系虚拟仿真实验》中，系统提供屈原、湘君、湘夫人三个角色，实验主体可以根据提示勾选其中一位角色，通过角色扮演的方式进入实验空间开始实验。再如，在中央民族大学的《延安文艺情境实践虚拟仿真实验》中，系统通过建构当代大学课堂场景和穿越时空场景，帮助实验主体获得历史穿越和角色扮演的真实感，代入奔赴延安的青年学生角色。这种类型的角色扮演：一方面解决了当代大学生实验主体在特定实验环境中的身份游离"出戏"的问题；另一方面也保持了VR叙事的第一人称视角，方便设计较多的互动环境，让实验主体有更为真实的实验操作体验。

2.第三人称叙事型角色扮演

即由系统提供特定的化身形象，实验主体通过对化身形象的操作和代入，实现角色扮演。例如，温州大学开发建设的《山水诗之意境体验虚拟仿真实验教学项目》，设计了谢灵运、孟浩然、文天祥三个不同时代的诗人形象，由实验主体扮演谢灵运的角色，与另外两位诗人同游"诗之岛"，进行意境体验。该实验采用第三人称和第一人称视角切换的VR叙事手法，实验主体既可以像网络游戏体验一样代入真实可感的角色形象，又可以通过"手动行走"模式进入第一人称视角，体验视角的变化并加强漫游体验感，便于避免因长时间单一人称视角而产生枯燥感。

（四）学习模块的情境化

虚拟仿真实验教学项目一般在所属课程中占一定比例的学时，多采用线上与线下结合的教学方式，由学生先在课程中完成相关实验内容的学习，再通过线上虚拟仿真实验系统进行实验操作，完成相应的实验学时。不过，由于虚拟仿真实验教学资源在线上开放共享的特质，独立于线下课

---

① 参见徐莺云：《电子游戏审美表现对玩家体验的影响 —— 以互动偏向与角色扮演为例》，载《东南传播》2020年第8期。

程的线上学习模块一直占有较为重要的位置。尤其是2019年教育部将虚拟仿真实验项目列入一流课程开展建设以来，作为虚拟仿真实验课程，相应的学习模块更成为实验设计的重要组成部分。中文学科的虚拟仿真实验，一般较少将实验简单划分为知识学习和实验操作两大模块，更注意学习模块的情境化设计，尤其是设计基于情境学习和沉浸式体验的虚拟展厅、虚拟课堂和虚拟图书馆等虚拟场景，将实验需要学习的基础知识、教学影像、图像、音频、视频等资料库植入虚拟展厅、虚拟课堂和虚拟图书馆，由学生在特定的虚拟情境中漫游体验，同时进行深度学习。南开大学开发建设的中华诗教虚拟仿真实验教学平台①，在这方面进行了较为成功的尝试。该平台建设复原了叶嘉莹先生的迦陵学舍，将叶先生手稿、书信、手札等生平资料内置于迦陵学舍的虚拟展厅情境中，将叶先生的在线讲座视频资料内置于虚拟会议室情境中，将叶先生讲诗评诗的音视频资料以及学术研究数据库资料内置于虚拟学堂情境中，将系统的中华诗教学习模块和数据库建设模块有机融合在展厅、学堂、书房、会议厅等迦陵学舍情境中，为广大没有条件进入真实的迦陵学舍学习的学生，提供了线上迦陵学舍情境化体验式的学习机会。此外，《"18世纪歌德创作与中国元素"文学虚拟仿真实验》《延安文艺情境实践虚拟仿真实验》等项目，也都较好地将学习模块进行情境化设计并融合到实验的虚拟展厅和交互操作过程中，避免了独立学习模块在设计上的割裂感，改善了沉浸感与互动性不共存的设计难题，将专业知识学习、深度体验和实验操作模块有机结合，同时提升学生的数字处理、整合和再创造等能力与素养。

四、中文学科虚拟仿真实验的评价体系

虚拟仿真实验项目的评价模块，也是实验开发的重点环节之一。一般技能训练型实验，在实验中设计能正确分析判断用户的操作流程的评价模块，由系统根据实验操作与最终实验结论生成实验报告，即可获得较为科

---

① 参见李晓娟、涂俊：《中华诗教虚拟仿真实验教学平台构建体系探索》，载《实验室研究与探索》2017年第12期。

学、准确的实验评价。对于中文学科来说，因为涉及较多情境体验和较为复杂的VR叙事，除了实验操作之外，评价元素也更为多元和复杂。例如，复杂情境交互体验度、非标准化和个性化考核等，都是设计评价标准时需要着重考虑的关键性因素。

（一）情境体验度评价

情境体验是一种偏于主观的感受，在传统人文学科教学评价中，其过程较难量化，一般只能实现结果评价，即由学生将自己的体验诉诸文字，再由教师根据文字表达进行评价。在互联网和信息高度发达的时代，学生从网上获取相关情境体验的文字表述变得更加便捷，给传统的结果评价方式带来一定困难，教师对学生体验的真实性较难把握，对体验过程也不易追踪。虚拟仿真实验评价体系，能较好地实现对体验过程的评估。目前主要的评价方法是：在情境模块中设计相应的学习或操作触发点，借用游戏中任务驱动法的思路，为实验主体布置任务，由实验主体一边漫游一边探究，根据在情境中对触发点的触发或操作数量或质量，评价情境体验的完成度。例如，南通大学《〈楚辞〉象征体系虚拟仿真实验》在湘江岛屿漫游模块发布在情境中进行植物采集的相关任务，中央民族大学《延安文艺情境实践虚拟仿真实验》在延安情境漫游模块发布在情境中寻找军号、讲台、劳动工具和生活用品等任务，通过评价学生完成任务的情况，实现学生情境体验的过程评价。

（二）非标准化考核评价

个性化和非标准化考核在中文学科非常普遍，这是由学科特点决定的。从根本上来说，人文学科都不以千人一面的标准化思维为人才培养目标。因此，即使是相对接近科学思维的虚拟仿真实验教学，非标准化的实验考核仍占有一定比例。针对非标准化考核，目前主要有两种评价方式：一是由教师或助教在线上完成非标准化答案的批阅和反馈，形成实验评价；二是由学生小组讨论和互相评价的方式，以互评结果形成实验评价。此外，也有项目团队利用大数据和AI技术，尝试在主观评阅的基础上生成客观评阅系统。如温州大学《山水诗之意境体验虚拟仿真实验教学项目》，由系统记录多位老师的评价评语和学生用词频率，多层次生成相应的评价数据库，尝试实现实验结果自动批改。

近年来，高等教育教学改革的重点之一，就是不断强化教育教学的过程评价。2020年10月13日国务院印发《深化新时代教育评价改革总体方案》，提出"坚持科学有效，改进结果评价，强化过程评价，探索增值评价，健全综合评价，充分利用信息技术，提高教育评价的科学性、专业性、客观性"①。虚拟仿真实验在评价机制方面的优势，正是具有双重反馈机制，能有效利用信息技术，实现过程评价和结果评价。系统可以同步记录学生操作错误的数据并及时反馈，学生在实验过程中遇到问题，可即时得到系统的指导信息。在实验完成后，学生也可获得系统生成的实验报告反馈，学生的学习过程和实验操作每一步都有记录，并且体现在实验报告中，有据可查，方便学生整体上把握实验过程中的错误、问题以及最终实验成绩。

虚拟仿真实验的评价机制的另一优势在于，它不只是学习评价的方式，也是进行教学数据搜集、整理与分析的有效途径。任课教师可以通过平台分析学生实验高频错误的原因，利用大数据了解教学难点，针对性地评估学习效果，改进实验设计，在实验中实现智能指导。因此，虚拟仿真实验的评价体系，其价值不局限于简单地判断对错和给学生打分，而是让教师可以全方位、全过程地监控学生的学习过程并评价、分析学习结果。在学习过程与学习结果的双重评价与分析中，教师可以准确掌握学生学习的难点，进一步在与实验教学相对应的课堂教学中有的放矢地解决学生学习的难点。在这个意义上，虚拟仿真实验教学既是从传统教学中生长出来的一个教育创新点，也通过评价机制的大数据技术实现了"反哺"整个教学过程，传统课堂教学也可以从中受益，在以学生为主体的教学活动中，实现更加精准化和个性化的教学指导。

五、中文学科虚拟仿真实验的问题与建议

中文学科虚拟仿真教学实践，目前已经积累了一定经验，在实验设计

---

① 中共中央、国务院印发《深化新时代教育评价改革总体方案》，网址为http://www.gov.cn/xinwen/2020–10/13/content_5551032.htm，2020年10月13日。

方面比较充分地体现了中文学科的特点，不但能够一站式完成专业知识学习、实践能力提高、创新素质训练、课程思政建设等多方面的教学任务，在提高人文学科大学生的数字素养和促进优质教育资源开放共享等方面，都具有较为明显的优势，未来可能会在中文学科线上教学和实践体系中扮演更重要的角色。

当然，中文学科的实验教学体系建设整体仍处于探索阶段，面临的问题也同样明显。一方面，以目前建设完成的实验课程来说，数量上远远不能跟理工类、应用类学科相比，即使在中国语言文学一级学科内部，实验课程的二级学科方向也严重不均衡，与汉语言文学专业核心课、必修课配套的实验课程较少，尚不能满足中文学科的实验教学需求。另一方面，也有学者提出虚拟仿真技术在文学和语言教育中参与能力有限的问题，认为"要将其限定在稳妥合理的教学结构和课时比例之中，主要侧重古意的营造、古音的复原、特定文学和文化时空的虚拟等，不宜在所有课程中推广和实践"①。或者说，以文字阅读为主要训练方法的传统中文学科，如何避免受制于一般理工科实验的思维定式，更合理地利用虚拟现实技术，开发出更多适合中文学科特点的虚拟仿真实验，还是需要深入研究的课题。

在现有技能训练和情境体验等主要实验类型之外，我们建议中文学科的虚拟仿真实验，可以建设更多专业＋跨学科的综合性训练。例如，由中国人民大学开发的《特殊类型纪录片摄制虚拟仿真实验》即立足于新文科建设背景下中国语言文学的跨学科、影像化、科技化特征，通过仿真纪录片场景，培养学生分镜头设计的能力，解决"从文字到影像思维的跨越"问题，将文字创作转化为影像构思，实现跨学科的专业能力和数字素养训练。中央民族大学开发的《延安文艺情境实践虚拟仿真实验》，在实验内容上从延安文学文本扩大到美术、音乐、艺术创作、舞台表演、摄影等多种艺术形式，并且融合了马克思主义理论、社会生活史、人文地理学、大学教育史、艺术理论、建筑学等多个学科领域，设计为以专业学习为核心、以多学科交叉融合为特色的综合性训练，更有助于实现实践性、综合性和高阶性的人才培养目标。陕西师范大学开发的《丝绸之路起点的历

---

① 张丛皞：《中文专业发展的新趋势与新选择》，载《中国高校社会科学》2020年第5期。

史重现——唐诗话长安城虚拟仿真实验》，以唐代诗歌为专业核心内容，运用建筑、政治、绘画、乐舞、考古、西域文献等跨学科实验素材进行综合设计，体现了古典诗歌与信息技术融合的跨学科综合性训练的思路。

除了跨学科综合性训练之外，我们还应进一步突出实验主体的自主探究和自主设计环节，尝试开发多线性开放式的实验类型。一般来说，理想的VR叙事形态下，故事不是阅读的前提，而是互动的结果。[①]也就是说，实验主体进入实验设计的VR叙事之后，并不是故事的静态旁观者，也不仅限于按照实验要求进行交互操作，而应该成为虚拟环境中真正的叙事主体，成为故事的参与者与结果的创造者。基于VR叙事中主体与虚拟环境的交互理论，中文学科虚拟仿真实验，可尝试设计实验主体与虚拟环境的多线性互动，不同的互动形成多个实验结果，不但能真正体现虚拟现实的交互性特征，也可以更有效激发实验主体的学习兴趣。此类型的实验尚在理论探索阶段，如果能实现这种多线性开放式互动设计，既可避免过于统一化和标准化的实验操作模式，给实验结果带来更多的可能性，又有助于进一步开发更具有人文特色的个性化、高阶性和研究型实验。这显然更加贴近中文学科的培养目标，也更符合中文学科的教学实际。

六、结语

传统中文学科在数字时代如何守正创新，以更加适合新一代"网络原住民"——大学生——的方式开展教学，在保持传统和与时俱进中激活学科的新活力，一直广受研究者的关注。而虚拟现实技术和中文学科教育的结合，必将带来学习方式甚至是思维方式的变革，为中文教育的文化传承与数字人文创新作出自己的贡献。

（原载于《现代中国文化与文学》2022年第1期）

---

① 秦兰珺：《互动和故事：VR的叙事生态学》，载《文艺研究》2016年第12期。

文艺理论研究

从庄子"咸池之乐"看抽象艺术的精神旨归

陈莉

摘要：宇宙的原初状态具有混沌和无序的特征，这成为一种集体无意识代代传承，并在抽象艺术中得到较为集中的再现。《庄子·天运》篇中黄帝演奏的"咸池之乐"具有非写实、无逻辑、无主题、无明确思路等特点，并具有使听众北门成陷入"惧""怠""惑"及"愚"等几种接受状态中的艺术效果。"咸池之乐"奠基了中国早期抽象艺术的基本模式：其深层是对宇宙混沌和无序状态的再现，也是对作者混沌懵懂心理的反映。混沌宇宙观念影响到赵无极、朱德群等现代抽象画家，使他们的作品以表现宇宙的鸿蒙状态和自然之光初照旷野时的气韵为主要特征。随着科学和理性的发展，在欧几里得几何学和牛顿机械论的影响下，人们以为整个世界都有着清晰、明确的逻辑关系，都是可以把控的对象，但是人在高度理性的时代，出现了疲软和倦怠等"症状"，抽象艺术在一定程度上成为人类放下"意义"追寻、理性和秩序，重回混沌和非理性状态，并得到心理疗治的一个渠道。20世纪后，在混沌学的影响下，人类重新认识了世界的混沌性和无序性，并且以分形几何学为基础，以计算机为依托，创作出一个具有混沌序的艺术世界，成为抽象艺术的又一个发展阶段。

关键词："咸池之乐"；抽象艺术；混沌；无序；集体无意识

作者简介：陈莉，文学博士，中央民族大学文学院教授，主要研究方向为文艺学及中国古典美学。

基金项目：国家社会科学基金一般项目"楚汉梦幻艺术范式研究"（20BZW030）。

　　作为艺术流派,抽象艺术主要指的是以康定斯基、蒙德里安、马列维奇、罗斯科、波洛克等为代表的西方艺术流派,但是作为一种艺术表现手法,抽象艺术自古就有。就中国的艺术状况来看,史前彩陶上那些锯齿纹、漩涡纹、圈纹等,显然不是对生活景象的描摹①,而是抽象艺术的雏形。这些凝固在彩陶上的抽象形式,穿越几千年,至今依然令人着迷,也同样令人百思不得其解。还有晚唐李商隐的诗常常用空灵、含混的语言形式,描写几个逻辑关系不甚清晰的朦胧幻影,似乎是写男女恋情,但又不像是在写爱情,或者不仅仅在于写爱情,"它们要表现的不是一个故事,而是一种情绪;不是一幅时间、地点清晰可考的画面,而只是一种空灵缥缈但是可以把握的意境"②。李商隐的无题诗大多是抽象诗,诗中有含蕴不尽的意味,人们不能确定它到底表现了什么,但永远不失对它进行解读的兴趣。作为艺术流派的抽象艺术,和古代抽象艺术基本特征是一样的,但不同历史时期抽象艺术的出发点、指导思想和精神旨归还是存在一些差异的。

　　具象艺术侧重再现现实生活,有着较为明确的主题、思想和社会关注,抽象艺术则在较大程度上超越对自然对象的客观摹写,超越对具体社会事件和个人明晰化情感的书写,没有明确的主题和清晰的内在逻辑。比如兴起于20世纪中期的西方抽象表现主义努力超越单纯模仿现实的传统艺术观念,不再以绘画表现人物、风景、静物和社会事件,相反在创作和欣赏过程中突出潜意识的运用,力求表现出无主题、无逻辑、无情节等艺术特征。尤其是美国抽象主义画家波洛克用画笔、刮刀在画布上堆叠,或把颜料从瓶中直接挤到画布上,用各种非传统颜料进行绘画创作,从表现手法到表现内容都超越了传统的绘画观念。波洛克的很多作品乍看上去,线条如同一团乱麻一样交织在一起,散漫无际,毫无主次,也没有任何可辨识的形象。如,他的《薰衣草之雾:第一号》中纷乱的色彩布满了整个画面,星罗棋布的线条无序地交织在一起。

---

　　① 虽然李泽厚在《美的历程》中给出了"积淀说",认为这些符号有一个从写实向抽象的演变过程,但是他给的运演时间具有想象的性质。事实上,抽象符号和写实性符号是同时并存的。

　　② 董乃斌:《李商隐的心灵世界》,上海:上海古籍出版社,2012年,第52页。

庄子的"咸池之乐"同样超越了对现实生活的客观描写，没有明确的主题和思想，也没有清晰的思路，人们为什么永远不失对"咸池之乐"的解读兴趣？以庄子的"咸池之乐"为代表的抽象艺术魅力何在？其艺术价值何在？本文拟以"咸池之乐"为个案和出发点，尝试从源头上对抽象艺术所涉及的一些理论问题进行较为深入的探讨。

一、"咸池之乐"在表现什么？

庄子反对儒家礼乐文化对声色之美的推崇，构建了富有道家艺术精神的音乐美学思想。但是庄子音乐美学思想又具有扑朔迷离的特征，给后世阅读带来很大困惑。"咸池之乐"是《庄子·天运》篇中讨论的乐曲。"咸池之乐"到底表现了什么，历来聚讼纷纭，莫衷一是。我们可以先看看"咸池之乐"到底演奏了什么，又想表达什么。

《天运》篇中黄帝对北门成演奏"咸池之乐"是分三个乐章进行的。第一个乐章中演奏了如下内容：

> 奏之以人，徵之以天，行之以礼义，建之以大清。夫至乐者，先应之以人事，顺之以天理，行之以五德，应之以自然，然后调理四时，太和万物。四时迭起，万物循生；一盛一衰，文武伦经；一清一浊，阴阳调和，流光其声；蛰虫始作，吾惊之以雷霆；其卒无尾，其始无首；一死一生，一偾一起；所常无穷，而一不可待。故汝惧也。①

第一个乐章中黄帝依循人情来演奏，因而乐曲中表现了"行以礼义""文武伦经""行以五德"等现世生活内容。黄帝又"徵之以天"，以四时万物相应和，因而乐曲中表现了"四时迭起""万物循生""蛰虫始作"等自然景象，以及阴阳交和、流光与音声相应等内容。听众感觉到似乎抓住了乐曲表现的内容，但仔细分辨就会发现，乐曲时起时落，时高时低，时小时大，变化无常，寻不到开头，也抓不住结尾；乐曲一会儿消

① 郭庆藩：《庄子集释》，王孝鱼点校，北京：中华书局，1961年，第502页。

逝，一会儿奋起，一会儿偃息，似乎正在表现繁茂之感，忽然就转入了衰败，完全不可以有所预期。面对如此变化无穷和无可把握的音乐，听者感到惊恐不安和无助。接着是第二个乐章，内容如下：

> 吾又奏之以阴阳之和，烛之以日月之明；其声能短能长，能柔能刚；变化齐一，不主故常；在谷满谷，在坑满坑；涂却守神，以物为量。……子欲虑之而不能知也，望之而不能见也，逐之而不能及也；傥然立于四虚之道，倚于槁梧而吟。目知穷乎所欲见，力屈乎所欲逐，吾既不及已夫！形充空虚，乃至委蛇。①

黄帝奏之阴阳之和，用日月光辉相照耀。"阴阳"之声能长能短，能柔能刚，跌宕起伏，变化多端，似乎布满世间每一个角落，又似乎已经飘散到至幽之地，宽广无边犹如太空星辰。思绪追随音乐的旋律而起伏，但又似乎抓不住任何头绪，找不到任何规律。于是，接受者只好放弃了自我主体意识，消解了理性的拘束，也放弃了对于音乐的理性把握，任由天乐渺渺，也任由思绪遥遥，力气竭尽于一心想要追求的东西，在荡荡漠漠、周流无穷中感到形体充实，但又感到自己已不复存在，因此听者进入"怠"，即放松的接受状态。第三个乐章的内容如下：

> 吾又奏之以无怠之声，调之以自然之命，故若混逐丛生，林乐而无形；布挥而不曳，幽昏而无声。动于无方，居于窈冥；或谓之死，或谓之生；或谓之实，或谓之荣；行流散徙，不主常声。……天机不张而五官皆备，此之谓天乐，无言而心说。②

在这部分黄帝奏之无怠之声，用自然规律相协调。演奏过程中，各种乐音混同驰逐，相辅相生，犹如风吹丛林自然成乐，却又没有形迹。这样的音乐，似乎从深不可测的地方来，滞留在幽深莫测的地方。听着乐音似

---

① 郭庆藩：《庄子集释》，王孝鱼点校，北京：中华书局，1961年，第504页。
② 郭庆藩：《庄子集释》，王孝鱼点校，北京：中华书局，1961年，第507页。

乎已经结束，陡然之间又一跃而起；似乎着实存在，又似乎只是虚华不实的幻觉。这样的音乐通达万物之性，随顺自然之命，让听者五官具备却无所用心，口不能言而内心欢愉，视不见而目自明。所以有焱氏说它充满天地，包容六极，用耳朵却听不到的声音，用眼睛却看不见形迹。听者忘身于乐境之中，以无分别之心追踪无在之在的音乐，必然无所发现，混沌无知，故"惑"。惑，即忘身自我，迷醉其中，无知无识。

听完这三段演奏，黄帝接着解释："乐也者，始于惧，惧故祟；吾又次之以怠，怠故遁；卒之于惑，惑故愚；愚故道，道可载而与之俱也。"①"咸池之乐"开始于惊惧，接着是放松，最后是迷迷糊糊的"惑"，也就是无知无识的混沌状态。无知无识的混沌状态就是"愚"。

"咸池之乐"充分体现了《庄子》一书"谬悠之说，荒唐之言，无端崖之辞"②的特点，其文辞扑朔迷离，不可捉摸，不可言说。一直以来对"咸池之乐"的解读也绵延不断，却不好说谁的解读穷尽了庄子的本意。这也许正是《庄子》的魅力所在。相较而言，黄帝所奏"咸池之乐"，第一乐章中将人间世事、礼义道德与天道自然融于一体，具有较为鲜明的"人乐"特征；第二乐章中以日月之光辉耀阴阳之气，让乐音弥漫于万物之中，流荡于天地宇宙之间，光声并显，日月流行。这一阶段的音乐更具超越性。置身于此种音乐之中，规则和外在矛盾烟消云散，心灵一片澄明。第三乐章中，忘我忘物，物我同一，所奏之乐"无形""无怠""无声""无方"，更接近老子"大音希声"的音乐境界。三个阶段的演奏，隐约是一个不断摆脱音乐世俗性，逐渐进入超验和无知无觉体验的过程，但阶段性也不是非常清楚。综合"咸池之乐"的种种迹象，可以说无论哪一层次的演奏，都毫无疑问呈现了"咸池之乐"不可把握、无可名状的总体特征。

"咸池之乐"的"三奏"有不同的变化，但并无本质的区别。"咸池之乐"具有鲜明的抽象艺术特征。

第一，"咸池之乐"不是对具体物象的描绘。整个"咸池之乐"中，

---

① 郭庆藩：《庄子集释》，王孝鱼点校，北京：中华书局，1961年，第510页。

② 郭庆藩：《庄子集释》，王孝鱼点校，北京：中华书局，1961年，第1098页。

看不到时代背景，没有对具体物象和社会生活情景的描摹，也没有对社会事件的记录。其中似乎也有一些生活场景，但是以碎片化的方式散见于乐曲之中，并不是被有意刻画的对象，从中更看不到清晰和统一的情感和思想。可以说"咸池之乐"远离社会生活，没有反映什么，也没有揭示什么。

第二，"咸池之乐"具有抽象性和超验性。"咸池之乐"是庄子一直在追求的"天乐"。《庄子·天道》云："与天和者，谓之天乐。"①所谓与天和者，就指的是超越了人间日常的道理和伦理标准，不为世俗所累，游乎天地之间，与天地同在的音乐。《庄子·齐物论》中的"天籁"与"咸池之乐"有着同样的性质，都是具有抽象性的"天乐"。"天籁"无需任何外力，自鸣自息。然而在现实世界，不依赖外力的音乐显然是不存在的。所以庄子这里所说的"天籁"之乐不是人世间所有，它具有超验性，实际上就是老子所说的无声之乐。老子说"大音希声""大象无形"。"咸池之乐"是"天籁"之乐的具体化，它们共同的特征是超验性和抽象性。

第三，"咸池之乐"还具有不可把握、不可捉摸的特点。"咸池之乐"在广漠之野演奏，没有开头，没有结尾，没有明确的主题和旋律，没有一定的节奏规律，"变化无常""行流散徙"，不可捉摸，体现了"道"恍惚迷离的特征。因而我们说"咸池之乐"是中国古代最具抽象性的音乐艺术，也蕴含着中国抽象艺术的特殊基因，并对后世艺术产生了深远的影响。

与很多抽象艺术看起来有标题但标题和内容之间没有内在的逻辑联系一样，"咸池"并不能体现乐曲的内容。咸池是中国古代神话中日浴之处。如《淮南子·天文训》中讲："日出于旸谷，浴于咸池。"②《九歌·大司命》中讲："与女沐兮咸池，晞女发兮阳之阿。"③在中国古代"咸池"也是一种星宿，是一种天神，是传说中重要神煞之一。《淮南子·天文训》中讲："咸池者，水鱼之囿也。"高诱注："咸池，星名。"④但是《庄子·天运》篇中黄帝所演奏的"咸池之乐"显然与这些神煞和星宿等都没有关系。"咸池之乐"虽有标题，但是标题与内容没有内在逻辑关系，所以是有标题的

①　郭庆藩：《庄子集释》，王孝鱼点校，北京：中华书局，1961年，第458页。

②　何宁：《淮南子集释》，北京：中华书局，1998年，第233—234页。

③　洪兴祖：《楚辞补注》，白化文等点校，北京：中华书局，1983年，第73页。

④　何宁：《淮南子集释》，北京：中华书局，1998年，第201页。

抽象艺术。

　　"咸池之乐"什么都没有表现，什么都没有反映，为什么能在某个瞬间触动人内心深处的某个点？为什么如"咸池之乐"一样的抽象艺术，扑朔迷离，给接受带来很大障碍，人们却永远不失对"咸池之乐"的解读兴趣？以庄子的"咸池之乐"为代表的抽象艺术魅力何在？这是值得我们进一步探讨的问题。

二、"咸池之乐"：有关宇宙"混沌""无序"状态的无意识再现

　　宇宙伊始，天地一片混沌。这是人类对这个世界的最初认识。但是理清世界的秩序，确定自己在宇宙中的位置却是人类获得安全感的必然途径。于是出现了各种对于世界本质的思考、对于宇宙结构的思考以及对于世界运转规律的总结。古希腊德谟克利特以原子来解释宇宙实体的内在构成，毕达哥拉斯以数作为宇宙的本原。在中国，阴阳五行、四时八方都是人类对于宇宙理性分析的开端。随着人类智识的增长，宇宙的"混沌"最终被打破。人类开始进入理性化生存阶段。正如《庄子·应帝王》篇所讲，"混沌"本来没有七窍，"天籁"寂静本没有声音，它们都是"道"最完满的状态，是宇宙的本原；人类打破混沌状态，开了七窍，"混沌"就死掉了。世界走向有序化、理性化是必然趋势，人类也必然会走出懵懂和梦幻的生存状态，具有更强的理性思维能力和生存能力。

　　人类虽然打破了"混沌"踏上了理性之途，但是有关"混沌"的童年记忆却作为集体无意识被保存在人类潜意识中。"集体无意识"是由瑞士心理学家、哲学家荣格提出来的概念，指有史以来沉淀于人类心灵底层的、普遍共同的人类本能和经验的遗存。它是人类对于远古的共同记忆，是一个人人都有的普遍的心灵结构。荣格说，集体无意识"是一种超越了人类理解力的原始经验……它对艺术家的能力提出了各种各样的要求，

唯独不需要来自日常生活的经验"①。这是说集体无意识不是人有意想表现就能表现出来的，它是在艺术家不知觉的状态下，无意识间表现出来的。加斯东·巴什拉在《梦想的诗学》中把这种超越有限时空和明确个体意识的状态称为人类童年的宇宙性记忆。他说："我们童年时代的宇宙性留在我们心中。它一再出现在我们孤独的梦想之中。"②在巴什拉看来宇宙的混沌性、人和宇宙混融一体的记忆一再出现在我们孤独的梦想中。

有关宇宙混沌和无序性的集体无意识的确广泛保存在各种神话传说和早期哲学思想中。如古希腊诗人赫西俄德在《神谱》中讲道：最先产生的是混沌之神卡俄斯，然后是大地之神该亚，从混沌中还产生出黑暗的化身厄瑞波斯以及黑夜之神纽克斯。③在中国古代，人们用"混沌"形容宇宙形成之前模糊无序的状态。老子说："有物混成，先天地生，寂兮寥兮，独立而不改，周行而不殆，可以为天下母。"④老子认为先天地而生的混成之物，寂寥混沌，自足运行，且是万物的起源。《易纬·乾凿度》中讲混沌就是"万物相混成而未相离"⑤的状态，它蕴含万物，混乱无序，又内含着规则和秩序。《淮南子·天文训》也描述了天地未形成之前宇宙的状况："天地未形，冯冯翼翼，洞洞灟灟，故曰太昭。道始于虚廓，虚廓生宇宙，宇宙生气……"⑥从这些片言只语可以看出，混沌是人类对天地开辟之前宇宙状态的基本认识，是保存在人类记忆深处的集体无意识。

表面看"咸池之乐"呈现出的是混沌、无序的音乐，什么都没有表现，深入分析就会发现"咸池之乐"再现的恰恰是宇宙之初混沌、无序和不可捉摸的状态，只是它是以音乐的外在形式来表现的。"混沌"和"无序"

---

① ［瑞士］荣格：《心理学与文学》，冯川、苏克译，北京：生活·读书·新知三联书店，1987年，第129页。

② ［法］加斯东·巴什拉：《梦想的诗学》，刘自强译，北京：生活·读书·新知三联书店，2017年，第136页。

③ ［古希腊］赫西俄德：《工作与时日·神谱》，张竹明、蒋平译，北京：商务印书馆，1991年，第30页。

④ 朱谦之：《老子校释》，北京：中华书局，1984年，第100页。

⑤ ［日］安居香山、［日］中村璋八：《纬书集成》（上），石家庄：河北人民出版社，1994年，第29页。

⑥ 何宁：《淮南子集释》，北京：中华书局，1998年，第165页。

的宇宙状态在理性发展之后，逐渐淡出人们的关注范围，但是它又是人类集体的故乡。"咸池之乐"将宇宙的初始状态呈现出来，让接受者重新进入那个混沌、无序的世界，让接受者产生既熟悉又陌生的感觉。

呈现宇宙的混沌和无序状态也成为抽象艺术展现人类"乡愁"的一种很好的方式。混沌的宇宙状态对受到过老庄道家精神影响的艺术家而言，有着更大的吸引力。20世纪有两位有中国文化背景的华裔抽象画家赵无极和朱德群都不约而同地将表现混茫的宇宙作为自己绘画的目标，他们通过这种方式表达他们的"乡愁"。赵无极深受"道"的混沌性哲学观念的影响，以变幻的色彩、有力的笔触描绘了一幅幅"无题"绘画。这些绘画大气磅礴，以富有韵律感和光感的艺术形式对宇宙原初气化流行又宁静无声的状态进行再现。看赵无极的画不由得会想到庄子"流光其声""混逐丛生"等有关"咸池之乐"的描绘。朱德群同样以浓郁泼辣的色块表现深远的宇宙空间，让人不由得想到光芒照耀的宇宙之初，天地一片宁静，但又孕育着就要爆发的生命活力，有着衍生万物的混茫感。当代河北画家要力勇的油画同样以斑斓混融的色彩表达了人类对于混茫宇宙的朦胧感知。如果说朱德群力求捕捉的是宇宙之初的"恍惚"感，那么要力勇力求捕捉的则是"恍惚若有象"的"象"。要力勇笔下的"象"是人类梦幻中的"象"，它似乎就混沌之中浮现出来了，但伸出手时就会发现那"象"沉没于无形和混沌之中，似乎又不存在了。这些都是东方人特有的对于宇宙"混沌"性的体认。

重回"混沌"和"无序"对人类总是有着莫名的吸引力。这一点在音乐艺术中也有所体现，正如朗多尔米指出，德彪西的音乐中最迷人的是那朦胧和梦幻的感觉。他说："在外部的种种现实中，最吸引他的是一些飘忽、神秘的东西，一切能唤起模糊不清的象征、荒诞不稽的幻想的东西。"[①]换句话说，虽然人们并没有清楚认识到混沌状态的魅力何在，但是当我们面对艺术时，就会发现冥冥之中有一种神奇的吸引力，吸引着我们朝向那个梦幻般的境地走去。沃林格认识到，东方艺术的深层魅力在于表

---

① ［法］保罗·朗多尔米：《西方音乐史》，朱少坤等译，北京：人民音乐出版社，1994年，第331页。

现了宇宙的混茫和宇宙最初的朦胧之光。他对于东方艺术深层特质的概括是准确而深刻的，东方抽象艺术大多以苍茫的宇宙作为其底蕴。

三、"混沌"：最原初的心理状态

面对鸿蒙和混沌的宇宙，人类处于一种懵懵懂懂的状态，没有方位感，没有四时运转的观念，就像处身漫无边际的黑夜或者大海中一样。他们眼中的世界，物我不分，主客不分，梦和现实不分，混沌一片。在这种生存状态中，人类没有对世界进行理性分析的能力，他们如刚刚睁开眼的婴儿，带着懵懂、带着恐惧去感知他们还不能理性把控的天地万物。在老子看来，这种无知无觉、混混沌沌的状态就是婴儿的状态。所以说，"混沌"和"无序"不仅是宇宙最初的模样，也是人类心理结构的最初状态。

庄子"咸池之乐"的三遍演奏，其实是带领接受者北门成一步步"复归于婴儿"①的三个层次。北门成听第一遍演奏时，难以掌握曲中对于天地宇宙无常变幻特征的描述，所以产生"惧"感；听第二遍时，面对找不到开头、抓不住结尾、找不出变化规律的"咸池之乐"，北门成放弃了对音乐内在秩序的梳理，忘智绝虑，放弃自主性，不再追逐外物，所以会"怠"；至第三遍时，北门成完全放弃了对世界的理性把握，放弃了对音乐主题的探寻，进入物我同一、大智若愚的状态。其精神状态则是"惑"，是"荡荡默默"。至此，"咸池之乐"将北门成带回到浑然忘我的状态。《庄子·天地》篇也讲："与天地为合。其合缗缗，若愚若昏。"②"愚"是主客体交融而"无我""丧己"的状态，是人类最本真、自在的状态。黄帝演奏的"咸池之乐"使北门成陷入"惧""惑""怠""愚"等混沌、迷惘的接受状态之中。可以说，使北门成放下理性的辨析，一步步进入迷离恍惚的状态之中，这正是"咸池之乐"的艺术效果所在。虽然抽象艺术并不以表现混沌和梦幻作为唯一目的，但是混沌和梦幻无疑是抽象艺术创作的出发点和艺术归宿之一。清代诗论家叶燮认识到了诗歌的这种特质，他说：

---

① 朱谦之：《老子校释》，北京：中华书局，1984年，第112页。

② 郭庆藩：《庄子集释》，王孝鱼点校，北京：中华书局，1961年，第424页。

"诗之至处，妙在含蓄无垠，思致微渺，其寄托在可言不可言之间，其旨归在可解不可解之会。言在此而意在彼，泯端倪而离形象，绝议论而穷思维，引人于冥漠恍惚之境，所以为至也。"①叶燮所推崇的正是艺术引人入"冥漠恍惚之境"的作用。当人被艺术带入"冥漠恍惚之境"，就会忘掉戚戚小我，进入天地宇宙浩渺的状态之中，与苍茫的宇宙融为一体，精神得到放松，灵魂得到净化。用柏拉图的观点来看，这其实是诗人的迷狂状态。柏拉图说："若没有这种诗性的迷狂，无论谁去敲诗歌的门，他和他的作品都永远站在诗歌的门外。"②

抽象艺术的旨归之一正在于开启混沌之门，引导接受者放松对现实世界的警惕，进入恍惚迷离的心理状态，得到精神的休憩，甚至与内在潜意识契合，达到心理治疗的目的。近代以来，随着理性认识能力的增强，人类甚至产生了一种人可以用科学和理性统治宇宙的幻想。比如牛顿及其追随者认为宇宙创生之前的唯一存在是上帝，从上帝施加第一推动力之后，宇宙就像钟表一样按照给它编好的程序处于确定的、和谐有序的运动中。牛顿定律认为，只要有了方程及初始条件，整个宇宙无论过去、现在、将来都在可预测之中。由于牛顿力学的巨大成功和机械决定论的广泛影响，人们相信宇宙是确定的、有序的和可分析的，甚至"产生了想把一切都归结为机械运动的狂热"③。因而混沌、无序、非理性、无意义被排除在科学研究范围之外，古代素朴的混沌宇宙观也被淡忘了。

正如培根所说"知识就是力量"，理性和秩序给人类带来自信，但是随着理性和科学的发展，人的非理性本质必然会失去存在的空间，人的潜意识将会被挤压。当充满神话奇想的夜空变成了天文规律，当所有直观、猜测都被送进实验室得到证明，这个世界上人类不可以控制的东西越来越少，人类不再有对宇宙的敬畏，人类想象的翅膀也渐渐退化。正如在高速公路上开车丝毫不可以分神，丝毫不可以懈怠一样，长期处于理性状态下，人类会进入疲软和倦怠状态。西方哲学家和心理学家认识到了这个问题的严重性，于是从不同的角度探讨了非理性对于人类健康的重要意义。

---

① 叶燮：《原诗》，北京：人民文学出版社，1979年，第30页。

② [古希腊]柏拉图：《文艺对话集》，北京：人民文学出版社，1963年，第118页。

③ [德]恩格斯：《自然辩证法》，北京：人民出版社，1971年，第154页。

比如，奥地利心理医生弗洛伊德提出了三重人格结构学说，关注人类非理性的无意识层面。弗洛伊德认为白日梦是人类释放压力的有效途径，而艺术也是一种白日梦。超现实主义受到精神分析学说的影响，反对理性主义，主张放弃以逻辑和有序为基础的现实形象刻画，将现实观念与本能、潜意识及梦的经验相融合，探讨人类深层潜意识心理。抽象艺术的创作和欣赏也带有释放人类被压抑的本我欲望的作用。如抽象表现主义绘画，就非常注重无意识在艺术创作中的运用。波洛克每次作画都进入一种狂热的无意识状态。他说当他作画时，不知道自己在做什么。只有经过一段时间的沉淀后，他才能看到他在做什么。帆布上那些随意泼溅的颜料和带有偶然性的线条，如同庄子"咸池之乐"所表现的世界一样混沌、没有秩序，但又不是杂乱无章；似乎什么都没有表现，又似乎表现了画家的深层无意识，成为画家宣泄压抑情绪的最佳方式。

如果"咸池之乐"是人类早期无意间对混沌宇宙状态的回望，那么抽象表现主义更多的是近代科技有了长足发展之后，人类对机械决定论和片面化生存状态反抗的方式。无论是"咸池之乐"，还是抽象表现主义，均没有表现更为具体的社会生活内容，却因为契合了人类无意识的心理欲求，而让接受者的内心得到抚慰，使被压抑的情绪得到释放。有不少接受者面对完全"无序"化的艺术，瞬间会泪流满面，感觉到这类艺术触动了内心深处的某种东西，但又说不清楚到底触动了什么。这其实是抽象艺术的心理疗愈功能在起作用。

虽然抽象艺术没有主题和清晰明确的思想，但是人们总是对抽象艺术有着无限的解读兴趣。这一方面是因为人类有一种厘清事物关系、寻找世界秩序的本能冲动；另一方面是因为冥冥之中有一种沉迷于混沌和朦胧艺术的心理欲求在起作用。每一遍对于抽象艺术的解读，就是一次在无序而混沌的世界中的穿越。这种穿越没有目的，但能够有一种穿越的快感。进一步讲，人类需要两种艺术类型，一类是客观理性反映社会生活的作品，另一类是契合人类梦幻和无意识心理需求的作品。人类需要在后一类作品中感受到宇宙的混茫和无序，重新找回自我最为本原的懵懂心理状态。这是抽象艺术存在的根本原因和魅力所在。

四、混沌学与抽象艺术的未来发展

人类发展的历史是一个不断认识宇宙天地的历史。从古代素朴的混沌宇宙论到近代对混沌和无序的排斥，再到20世纪后随着科学的发展，混沌学使人类在一个更高的层面重新认识了宇宙的混沌面目，进而反思该如何面对这个世界。20世纪60年代初美国气象学家洛伦兹在研究天气预报大气流动问题时偶然发现了混沌现象。后来数学家、生物学家都发现了所属领域的混沌现象，并形成了混沌学。混沌是指确定性系统中出现的各种混乱无序的复杂现象。混沌现象无处不在，小至静室中缭绕的轻烟、一滴墨汁在水中扩散，大到木星大气中的涡流，都存在无规则、杂乱无章等特征。科学家从不同学科的角度对混沌进行定义，物理学家、协同学的创始人H.哈肯指出："混沌性为来源于决定性方程的无规运动。"[1]中国科学家郝柏林指出："混沌是确定论系统的随机性。"[2]混沌学让人类在几百年来只看得见钟表式机械运动的地方看到了混沌运动，改变了人类头脑中的自然图景，开创了认识复杂性问题的新领域。

但是混沌理论所讲的非线性非平衡态混沌与古人所讲的原始混沌已经有很大不同。原始混沌是人类对于宇宙状态的主观记忆，面对混沌时，人也是混沌和茫然的状态。而现代混沌理论其实是对混沌现象的一种理性认识的结果，是科学家探寻混沌现象，并对其内在规律进行总结的结果。混沌理论揭示出在有序与无序之间存在一种更普遍的状态，即混沌序。所以说，混沌理论所描绘的宇宙图景是一个有序和无序、稳定性与非稳定性、确定性和随机性辩证统一的宇宙，这是对古代混沌观的一种回归，但绝不是简单的重复，而是建立在否定之否定基础上的回归。

分形几何学充分体现了混沌理论的基本特征。在欧几里得几何学背景下，人们掌握了诸如圆、直线、平面等规则几何形态的规律，但是对山脉、河流、海岸线、云烟等不规则的形状却无能为力。20世纪70年代法国数学家曼德勃罗特提出了分形理论，为人们重新认识自然界中的不规则

---

① [德]H.哈肯：《协同学导论》，张纪岳、郭治安译，江仁寿校，北京：原子能出版社，1986年，第403页。

② 郝柏林：《自然界中的有序和混沌》，载《百科知识》1984年第1期，第8页。

图像提供了科学依据。分形几何学的基本思想是，客观事物从远距离观察，其形状是极不规则的，但从细节看，其局部形状和整体有着相似性。比如一棵大树的树枝和枝杈与大树的主干具有相似的形状，叶脉的形状与大树主干也有相似性。分形几何学可以描绘出自然界中最不规则的图形，所以被称为大自然的几何学。分形几何学之所以能够取得巨大进展与计算机的运用有很大关系。分形艺术正是利用计算机显示技术和运算能力把数学公式转换成绚烂的复杂图形。混沌分形图案具有不规则性、奇幻性等特征。混沌分形图案既不是简单重复的形式，也不是杂乱无章的形式，而是混乱中的秩序。分形几何学将大自然的混沌、无序、不可捉摸重新呈现在人们眼前，具有令人震撼的艺术效果。

分形艺术是抽象艺术的一个新的阶段。分形艺术是计算机运算的结果，虽然与传统抽象艺术有着同样的混沌和无规律的艺术效果，同样再现了世界的无序性，但是如果说传统抽象艺术的主体是人，是人类对于那个混沌宇宙的无意识再现，那么分形几何学背景下的抽象艺术不再是特定主体视角下的混沌，而是计算机运算的结果。

五、结语

综上所述，庄子的"咸池之乐"具有无逻辑、无主题、无明确的思路、不表现情感、不反映现实生活等特点。"咸池之乐"具有抽象艺术的基本特点，代表了中国早期抽象艺术，其深层是对宇宙混沌和朦胧状态的再现，也是对作者混沌朦胧心理的反映，或者是对作者梦幻生存状态的反映。"咸池之乐"是人类早期无意识间对于混沌宇宙的回望。随着科学和理性思维的发展，随着欧几里得几何学和牛顿机械论的发展，人们以为整个世界都有着清晰、明确的逻辑关系，整个世界都是可以把控的对象，但是由于非理性和梦幻生存空间被挤压，人在高度理性的时代出现了疲软和懈怠等症状。抽象艺术再现了宇宙最初的无序状态，也在偶然间触动了人的无意识，因此对人类紧绷的神经具有缓解和疗愈作用。抽象艺术在一定程度上成为人类放下理性分析、放下"意义"追寻、重回混沌和非理性状态的一种方式。

　　20世纪后在科学背景下，人类重新认识了宇宙的混沌性，并寻找混沌的内在规律，于是形成了混沌学。分形艺术将宇宙的混沌特征通过理性和技术的手段重新予以呈现，成为抽象艺术新的发展阶段。但这一阶段的抽象艺术是计算机运演的结果，其创作主体处于缺席状态。

（原载于《江西社会科学》2022年第3期）

归纳认知视域下的赝品问题再探

安静

摘要： 艺术赝品经常被论及的角度大体包括审美价值、艺术价值、艺术体制等，但关于赝品的认知价值还鲜有关注。赝品认知存在"以假乱真"和"以假代真"情况，涉及归纳逻辑的认知概率问题，这与古德曼所提出的归纳悖论存在学理上的相通性。无论是"以假乱真"，还是"以假代真"，对赝品的认知都存在"符号化的意向性"过程，即感受直观、形式直观以及本质直观三个阶段，最终的目的是离开艺术文本的符号构成，进入最后的"本质直观"，其间蕴含着探讨艺术符号学哲学向度的可能空间。从赝品的认知逻辑出发，探寻经验论与观念论之间的辩证张力，打破二者之间的二元对立分野，在实践的基础上进一步整合人类的思想资源，使艺术符号学真正走向哲学的境界，共同面对人类思想的终极追求。

关键词： 符号化的意向性；认知概率；赝品；艺术符号学

一、引入："以假乱真"和"以假代真"背后的归纳逻辑悖论

众所周知，赝品一般是指那些与真迹相对，能够在外观上足以混淆真迹的作品。赝品虽是收藏家的噩梦，但在很多时候，我们明知是假而依然

作者简介：安静，文学博士，中央民族大学文学院副教授、博士研究生导师，主要研究方向为艺术哲学、文艺美学以及艺术符号学。

基金项目：北京市高精尖学科民族艺术学"舞蹈符号学的民族话语体系建构研究"（ART2020Y02）。

代以为真。此处所探讨的赝品不仅是指与真迹难以辨别的"完美"赝品，也包括在日常生活中随处可见的真迹的代替品。赝品在艺术哲学中形成一个非常有意思的问题域——赝品关乎艺术的本真性（authenticity）①，它到底有没有价值②，能不能被称为艺术品③，这些问题让赝品与艺术体制④、艺术家、艺术史等话题都产生了密切的联系。在学术界的讨论中，比较有定论性的观点是，赝品具有审美价值，并没有艺术史价值。在关于赝品问题的研究中，很少有学者注意到赝品所引发的广义的认知价值问题，这就是本文所提出的两类赝品的不同情况——"以假乱真"和"以假代真"。前者是我们试图避免的情况，而后者则是我们的主动选择。在学术历史上，关于"以假乱真"的赝品最为著名的例证莫过于梵·梅格伦模仿维米尔的画作了，这就是纳尔逊·古德曼（Nelson Goodman）所说的"完美的赝品"——特指那些不标明仿作而带有欺骗目的的赝品，这类赝品制作手法非常高明，足够以假乱真，对原作构成极大的挑战。20世纪30年代，汉·梵·梅格伦（Han van Meegeren）模仿17世纪荷兰大师级画家杨·维米尔（Jan Vermeer）制作了一些油画。由于使用了非常狡猾的绘画手段，这些作品使很多艺术鉴赏专家信以为真，认为那是维米尔一些罕见的作品，甚至当伪造者本人对某些伪作供认不讳时，那些号称专家的人依然不肯相信那是赝品。1967年，美国卡耐基梅隆大学（Carnegie Mellon University）的科学家们进行了这项研究，小组利用X光透视画件、碳的同位素放射方法以判断这些画作是否系伪造。在这次伪作事件中，古德曼在符号学的层面解决了哪类作品能够被复制的问题，古德曼说："音乐中没有已知作品的赝品这种事情。"⑤古德曼对"亲笔艺术"（autographic）和

---

① [美]纳尔逊·古德曼：《艺术的语言》，彭锋译，北京：北京大学出版社，2013年，第79—100页。

② 章辉：《赝品：当代西方文艺理论的一个问题》，载《山东社会科学》2014年第4期，第47—55页。

③ Carter L. Curtis, *The Spanish Forger*, Wisconsin: Marquette University Press, 1988, p.1.

④ 李素军：《艺术体制视域下的赝品问题考察》，载《文艺理论研究》2016年第2期，第201—216页。

⑤ [美]纳尔逊·古德曼：《艺术的语言》，彭锋译，北京：北京大学出版社，2013年，第91页。

"代笔艺术"（allographic）①进行了区分；借鉴记谱理论，引申出区分艺术与非艺术的符号学解读，给出五个审美征候。毫无疑问，古德曼从符号学层面给予赝品问题以重要的启示，《艺术的语言》成为与杜威的《艺术即经验》并置的经典文献地位就是明证。耐人寻味的是，古德曼在这里同样提出了关于赝品的认知问题：当我们排除技术手段介入的界定过程后，我——观看者——能否直接感知出两幅作品的差异？答案是肯定的，"现在的观看在训练我在这两幅图像之间以及在其他图像之间做出区分的感知力"②。这里面的关窍在于对鉴赏者进行不断地训练和实践，而不仅仅是自然的敏锐视觉。观察和训练的最终目标，是确立某一位艺术家惯例类型（precedent-classes）。一旦这种惯例类型确立起来，曾经需要借助各种技术手段的严密监测才能判定真伪的作品，现在也可以一眼就识别出来，从而完成现象学上著名的"本质直观"，实现对具体符号构成的本质超越。

当我们探讨赝品的审美价值、艺术价值以及由此而引发的艺术体制问题时，这些讨论的范围基本无法离开专业的艺术领域；然而，在实际的生活中，赝品所面对的对象是范围更加广泛的普通人群，因此，赝品所产生的价值，从更加普适的角度来看，是赝品的认知价值，也就是"以假代真"的赝品。举一个最简单的例子，在各种儿童艺术读物上，我们很容易看到印刷版《蒙娜丽莎》《向日葵》，但几乎所有图书都不会标出"这些是印刷赝品"的字样，而是会有板有眼地告诉孩子，这是某国艺术家的某部作品，它的布局与色彩是如何精妙，它在艺术史上具有多么崇高的地位，等等；或者，会写一句，它的原作收藏于某个著名的博物馆，但这句话并不是告诉一个涉世未深的孩子这是"赝品"，而是把印刷品作为真迹的一个替代品来培养儿童对艺术品初步的认知能力。然而，仅仅是对孩子如此吗？就连北京美术摄影出版社印刷精美的《神圣艺术》这一恢宏的系列艺术史著作也采取类似的方法，在细节放大的铜版纸印刷品上，我们的

---

① [美]纳尔逊·古德曼：《艺术的语言》，彭锋译，北京：北京大学出版社，2013年，第92页。

② [美]纳尔逊·古德曼：《艺术的语言》，彭锋译，北京：北京大学出版社，2013年，第86页。

认知极力要告诉我们：这种精美的印刷所表征的艺术特征，就是真迹的艺术特征，我们所向往的真迹已经近在咫尺。甚至，我们在真迹上也不可能这样凑近观看如此细微的"艺术特征"！也就是说，我们在认知层面是有意地进行了"以假代真"的替换。

上述两类赝品问题，无论是"以假乱真"的鉴别，还是"以假代真"的替换都存在一个归纳逻辑的问题。在"以假乱真"的鉴别过程中，鉴赏者需要不断从真迹与赝品的比较过程中提炼分别属于梅格伦和维米尔的审美类型，这个过程可能是需要借助技术手段来进行，但最终的目的是，建立依靠人的鉴赏力可以独自完成鉴定的审美惯例类型，技术只是这种审美类型确立的一种辅助条件。如果技术已经鉴定出来孰真孰伪，那么鉴赏者的任务就是通过不断学习来确定自己对不同审美类型构成要件的归纳途径和归纳方法。对"以假代真"的鉴别过程，其实也是一个不断归纳的过程。通过对赝品反复观看，鉴赏者最终要学习真迹所具有的审美特征，以便在面对真迹的那一刻，可以确证自己曾经学习的各种细节都是真实有效的。归纳逻辑与演绎逻辑不同，天然地包含或然性结论，这虽然与追求唯一确定答案的演绎逻辑相反，但归纳逻辑却更加符合认知的实际发展过程，因为无论是"以假乱真"还是"以假代真"，作为鉴赏者都会存在对真伪不确定或者说真伪混同的状况。这两种状况都蕴含着归纳的逻辑过程，都属于归纳逻辑中的认知概率问题。认知概率适合于命题或陈述句，而不适用于推理。在上述"以假乱真"和"以假代真"的认知过程中，鉴赏者都要进行相关的知识储备，认知概率就可以因人而异，因时而异。关于命题的认知概率不是由一个预先设定好的归纳概率的变化而引起，而是在于无论是借助技术手段还是借助不断的学习，在鉴赏者的认知过程中增加了新的信息，这些新增信息又是在不断强化关于该作品是真是伪的认知概率。最终我们的目的，是建立休谟所说的归纳认知中的"习惯"，即：不经过任何推理和思量，仅根据对类似现象的反复观察而形成的相对固定的心理状态和思维方式，来作出关于真伪的判断。由于知识背景、鉴赏者的学习水平乃至技术的手段等诸多因素，造成了关于真伪判断不断反复的过程，因此在鉴定者对"以假乱真"提出最后判断之前，在"以假代真"的学习者面对真迹之前，都会产生一种真伪混同的情况；而且，所有的归纳问题都面临着休谟所说的归纳悖论，即：从特殊现象出发归纳而出的结论，为何能够跨越到一般的结论？休谟主要关注归纳的规则性。后来，古德曼对此有新的发展，这就是新的归纳难题——对古德曼而言，问题不在于要保证归纳在未来仍然有效，而是试图以不太随意且不太含糊的方式刻画归纳是什么，也就是要揭示出归纳的过程，进而对这个过程的投射性进行质疑，这就是古德曼提出的"绿蓝悖论"。"绿蓝悖论"恰恰符合赝品认知过程中的真伪混同的情况。

　　古德曼在1946年提出著名的"绿蓝悖论"，被誉为继休谟提出"旧归纳之谜"之后的"新归纳之谜"，在哲学界引起热烈的讨论。然而，"绿蓝悖论"和赝品之间的联系还未曾有人注意到。归纳推理的基本形式是，如果S_1是P，S_2是P……一直到S_n也是P，那么可以归纳为S都是P。休谟认为，因果关系是确定归纳结论成立的依据，归纳的结论并不是建立在经验之上，但因果链条的确立只能借助于经验；这就造成了从个别经验出发的知识最终要得出超越经验的一般结论。在休谟问题的背后，是知识归纳所建构的知识是否可信。古德曼认为："归纳难题不是关于解证（demonstration）的难题，而是界定有效预测与无效预测之间差别的难题。"[1]为此，古德曼提出了他的"绿蓝悖论"：假定在一给定时刻t之前被检验的所有宝石都是绿色的，t表示未来的某个时刻，于是，在t时刻，我们的观察支持假说"所有翡翠都是绿色的"，当引入另外一个谓词"格路"（grue），它适用于在时间t以前检验为绿色的所有事物，以及对于其他情况为蓝色的其他事物。假设一块宝石是绿蓝的，当且仅当，它在t时刻之前被观察且是绿的，或者它在t之前未被观察且是蓝的。由于现在观察的一个翡翠满足绿蓝的定义，所以这个结论与之前的结论是相悖的[2]。这意味着，相同的观察证据以同等的程度认证了两个互不相容的

---

①　[美]纳尔逊·古德曼：《事实、虚构和预测》，刘华杰译，北京：商务印书馆，2012年，第83页。

②　[美]纳尔逊·古德曼：《事实、虚构和预测》，刘华杰译，北京：商务印书馆，2012年，第89—97页。

假说。①对赝品的判断，古德曼提出，如果某人×不能在某个时间t上通过仅仅观看就将它们分辨开来，那么对于在时间t上的×来说，这两幅图像之间是否存在审美上的差异？②古德曼不否认赝品问题的审美价值，但是在这种提问方式下，可以说"绿蓝悖论"投射到了赝品问题的判断。对于未来判定的某个t时刻之前，完美的赝品符合"绿蓝悖论"的基本内容，真假是无从定论的，的确存在一个"绿蓝悖论"的时刻。所以，假设一件作品是真或是伪的，当且仅当，它在t时刻之前被观察且是伪作，或者它在t之前未被观察且是真的。t表示未来的某个时刻。

赝品问题存在鲜明的意向行为过程，而且由于鉴定时刻的存在，使赝品的鉴赏不是简单的非此即彼的过程。在"以假乱真"的判断过程中，的确存在一个真伪混同的时刻，无论技术手段是否介入。即使是在技术手段介入之后，依然有专家确信这是真迹，这是因为这些专家并没有将维米尔和梅格伦的审美惯例类型确立起来。在"以假代真"的接受过程中，其实鉴赏者并没有看到真迹，但他的任务是要把二者逐渐对接起来，直到他真的面对真迹那一刻，赝品才算退出了他的归纳系统。由于审美鉴赏是将审美客体转变为审美对象的过程，存在不断调整不断变化的意向性过程。为了把这个过程清晰地展现出来，结合学术发展的历史，本文尝试提出"符号化的意向性"这一概念。

二、符号化的意向性：符号学、分析哲学与现象学的再次相遇

"符号化的意向性"旨在用符号学的认知推理过程阐释意向性问题。从学术发展的历史来看，关注语言的意义问题，以及语言和思想的关系成为20世纪哲学的主要话题——分析哲学从对语言的批判入手，发展出从语句意义来判定命题真伪的研究方法，即命题分析真。现象学最基础的概

---

① 陈晓平：《关于绿蓝悖论的消解》，载《湖南科技大学学报》（社会科学版）2015年第1期，第23—24页。

② [美]纳尔逊·古德曼：《艺术的语言》，彭锋译，北京：北京大学出版社，2013年，第85页。

念是"意向性"，以"意向性"作为基点概念，主张调和主客二分非此即彼的二元对立立场，体现出深刻的层次性，分别是相当于意识感受性的心理意向性、相当于意识关联性的关系意向性以及相当于意识构造性的构成意向性。①现象学虽然聚焦于意识研究，但关于意向性的解读也离不开意义，而意义和思想存在相互建构的关系。"从学理上说，意向性问题甚至可以起到统摄语言 — 心灵 — 世界这个分析哲学中著名的语义三角关系的作用。"②所以，意向性问题在分析哲学中也有广泛的讨论，其展开模式主要依据语言逻辑分析，也就是将心灵的意向性状态被转换成思想语言的表征状态，这里已经触及符号学的内容。所以说，分析哲学与现象学的"发源相当近，并一度沿着大致并列的河道流动，只是最终分出完全不同的方向，流入不同的海洋"。③由于意义的载体不仅限于语言，"符号"成为更广义的切入点。符号学是研究符号构成意义的学问，但意义的建立过程离不开意识的不断参与，可以说，在符号学的学术理论中，分析哲学与现象学都是天然存在的，"……它们（符号学与现象学）的论域重叠如此之多，可以说，无法找到不讨论意识诸问题的符号学，也无法找到不讨论意义诸问题的现象学"④。

"意向性"在布伦塔诺这里第一次成为具有哲学色彩的专有名词，他认为，意向性是心理现象独有的一个基本特征，因此可以通过意向性或者意向内存在（Inexistenze）的指明，来区分心理现象与物理现象。⑤"现象学的意向性理论为解决审美对象的存在方式这一美学难题提供了新的契机与方法。在意向性理论视野中，审美对象就不再是一种物质的或精神的、主观的或客观的实体性存在，而是一种意向性、关系性和价值性的存

---

① [德]胡塞尔：《纯粹现象学通论》，李幼蒸译，北京：商务印书馆，1997年，第484页。

② 张志林：《分析哲学中的意向性问题》，载《学术月刊》2006年第6期，第50—53页。

③ [英]迈克尔·达米特：《分析哲学的起源》，王路译，上海：上海译文出版社，2005年，第26页。

④ 赵毅衡：《意义理论，符号现象学，哲学符号学》，载《符号与传媒》2017年第2期，第4—9页。

⑤ 倪梁康：《现象学背景中的意向性问题》，载《学术月刊》2006年第6期，第47—50页。

在。"①在胡塞尔看来，意识的本质在于意识的意向性，所谓意向性就是艺术对某物的指向性。意向性的基本结构包括两方面的内容，分别是意向行为（Noesis）与意向对象（Noema）。②所谓意向行为，是指意识投向对象的行为。胡塞尔将其分为"客体化行为"和"非客体化行为"，客体化行为是指意识构造客体的能力，而非客体化的行为并不构造对象，但需要指向对象。客体化行为是非客体化行为的基础。而意向对象，国内外对这一概念的阐述也是见仁见智。就意向行为和意向对象而言，胡塞尔本人对这两个概念的论述前后并不一致，因此哲学家对此的解释和分析也分为多个层次③，胡塞尔自己的举例是，观看者无论从哪个角度哪个方向观察同一个盒子，每次都看到不同的东西，现象学不关心盒子本身，而每次增加的新东西就是现象学所关注的意向部分。④皮尔斯在现象学视野下，以对现象的直接观察为支撑，并对这种观察进行概括，提出几种极为广泛的现象类型，然后描述每一种类型的特性。⑤

在皮尔斯符号体系下，存在（being）有三种模式：我们直接面对的是事物的"第二性"（secondness），即一个事件的实际存在状况（actuality），如某种事实；除此之外还存在另外两种模式——第一性（firstness）和第三性（thirdness）。第一性这种存在实在地存在于主体的存在之中，它只能是一种可能性（possiblity）。比如某种品质，红、苦、

① 张永清：《意向性理论与审美对象的存在方式》，载《江苏社会科学》2001年第3期，第80—85页。

② 关于胡塞尔这一组哲学概念的命名，国内学者的译法并不统一，"意向行为"与"意向对象"主要体现了现象学意向性的研究意图，而赵毅衡教授命名为"获义活动"与"获义对象"更多体现了符号学对意义问题的追求，本文旨在体现现象学与符号学的融合，而在赝品问题中，不仅要解决符号第一性的意义问题，而且需要给予审美经验不断滋养，还要解决作为第三性意义的"本质直观"问题，更加偏重现象学对赝品的观照方式，因此选择"意向行为"与"意向对象"的译法。赵毅衡教授的命名，参见其论文《形式直观：符号现象学的出发点》，载《文艺研究》2015年第1期，第18—26页。

③ 如，王炜编：《中国现象学与哲学评论——现象学的基本问题》第一辑，上海：上海译文出版社，1995年；《胡塞尔的"Noema"概念》，倪梁康译，载赵汀阳主编：《论证》，沈阳：辽海出版社，1999年。

④ [德]胡塞尔：《逻辑研究》，倪梁康译，上海：上海译文出版社，1998年，第449页。

⑤ [美]皮尔斯：《皮尔斯：论符号》，赵星植译，成都：四川大学出版社，2014年，第9页。

高贵等。无论它以什么样的具体形式存在，这种可能性只存在于观念的抽象之中。第三性是一种倾向性，它存在于这些事件发生过程中的一个重要成分，是第二性的未来事实具有一种确定的一般品格。它既非品质，也非事实，而是一种在品质和事实之间的间性。我们对于事物的认知过程也存在这样一个过程，刚刚接触时的可能性，中间过程的实在性，以及最后主客一体的融合性。艺术赝品的存在，使艺术符号诸要素的相互关系，以及审美鉴赏的意向性过程更为复杂，这种实在性的过程存在真假混同的"绿蓝"状态，让我们从符号学和现象学的多层次探讨成为可能。

相比于最后的结论，赝品问题的中间过程是最为引人入胜的地方。从物理现象来说，"以假乱真"的赝品当然不会是一个似是而非、亦真亦假的审美的客体，但是，在心理意识层面，赝品的识别却并不一定是确定无疑的赝品，特别是在技术手段介入之前；在技术手段介入之后，反复观摩赝品的意义在于，修正之前的认知经验，在下一次遇到完美的赝品之后，可以达到"本质直观"而不需要技术。只有在鉴赏者全部掌握真迹的审美特征之后，鉴别"以假代真"的赝品这一任务才算真正完成，否则便一直存在一种以赝品艺术符号替代真迹认知的状态，其间主体在观念中的意向性一直发挥着不可替代的作用。可见，赝品的发现处在它与主体之间的关系状态中。符号学的研究方法是一种实体性的研究，以清晰阐释和逻辑自洽为追求，是在共时层面的研究，但审美客体和审美主体却是一种相互培养的过程，这个过程必然是充满动态和变化的，相比于真迹的审美过程而言，对赝品的鉴定和鉴赏过程是一个更加复杂的意向性过程。由于真伪之别，对于赝品的观看过程不能仅停留在"感受直观"的层面，而更应该走向"本质直观"。审美对象不等于审美客体，"某物是赝品"的判断仅是对审美客体的感受直观，但又因其"完美"对审美主体所形成的影响最终应该是一种"本质直观"。那么，对于赝品的观看过程，经历了怎样的符号学和现象学过程？

首先是感受直观（feeling intuition）。这是意向行为与意向对象发生关联的第一步，这个过程与符号的第一性相对应。"感受"①，用皮尔斯的话

---

① [美]皮尔斯：《皮尔斯：论符号》，赵星植译，成都：四川大学出版社，2014年，第15页。原文译作"感觉"，鉴于feeling的本义，本文译作"感受"。

来说，就是"指某种意识的一个实例，而这种意识既不包含分析、比较或者任何过程，也不存在于任何可以使一段意识区别于另一段意识的行为之中"①。皮尔斯认为，符号的意义活动应该包括三个阶段，符号的第一性就是符号的"显现性"，是首先的和短暂的，它在日常生活中随处可见，是整体的和瞬时的。在这里，皮尔斯并不是指意识主体真正地经历过某种感觉，而是指事物本身性质的诸种"可能"（maybes）。②这种可能性的根源是知觉的意向对象并不确定是哪种性质最先被感知到。所以，当人的知觉在确定意向对象之前，它首先是一个事物，只有意向行为产生之后，这个事物的某一方面才成为符号，才能体现出符号性来。而在感受直观的阶段，事物只是整体性地成为知觉中的事物，并没有成为一个狭义的意向对象，即产生意向内容的对象。就赝品问题而言，在感受直观的过程中，赝品与真迹之间不存在任何差别，因为主体并不知道这是赝品还是真迹，主体在这个阶段只是对物品的接受，是一种整体的接受，至于哪一部分会成为产生意义的"意向对象"，还是一种可能性。

其次是形式直观（formal intuition）。形式直观是"获得意义的初始过程"，如果没有这个过程，就不会产生意义的无限衍义③。在形式直观这一步，符号学和现象学实现了彻底的融合。符号的第二性是意识主体获得意义的初始阶段，即对象由"事物"转变为"符号"的过程。皮尔斯在论述第二性时，特别提到了一种"关系状态"，即"关于某时和某地具体说明包含所有与其他存在物的关系，事件的现实性似乎存在于与存在物的宇宙的关系之中"。④由于这种关系相关性的存在，意向行为产生，物转变为意向对象，主客之间的现实性建立了起来，也就是产生意义的阶段。这一点与现象学的看法是一致的。杜夫海纳说："形式与其说是对象的形状，

---

① [美]皮尔斯：《皮尔斯：论符号》，赵星植译，成都：四川大学出版社，2014年，第15页。

② [美]皮尔斯：《皮尔斯：论符号》，赵星植译，成都：四川大学出版社，2014年，第14页。

③ 赵毅衡：《形式直观：符号现象学的出发点》，载《文艺研究》2015年第1期，第18—26页。

④ 涂纪亮编，[美]皮尔斯：《皮尔斯文选》，涂纪亮、周兆平译，北京：社会科学文献出版社，2006年，第169页。

不如说是主体同客体构成的这种体系的形状，是不倦地在我们身上表示的并构成主体和客体的这种'与世界之关系'的形状。"①在此前提下，意义的产生过程，就成为意向行为向意向对象投射的关系结果。形式直观与符号的第二性相对应，这里是产生意义的起始点，对不同的时间、不同的人而言，赝品问题所产生的形式直观也是各自相异的。如果说，被确定的真迹都是由人工符号构成，意向行为从一开始就体现出符号性的话，赝品却并不全然如此，而是可以分为前后两个阶段，即识别的前后。在识别出来之前，赝品的形式直观与其他艺术作品一样，都属于符号对象的初级解读阶段，是艺术作品第二符号性的产生阶段，它本来就是作为意义的载体而被创造出来。所有的人都会将其作为真迹而进入第三个阶段——本质直观，也就是对它的审美价值进行判定。在被识别之后，对赝品的形式直观就会产生很多层次的意向行为，不同的意向对象会与主体产生不同的关系类型。以梅格伦的仿作为例，有明确指向性后，鉴赏者就会修正自己的经验类型，在观念中产生真伪鉴别不同的判断结果，争取在下一次见到类似的完美赝品而可以直接进行本质直观。但是，也有很多鉴赏者或者说鉴定者依然不肯相信这是伪作，依然认为这就是维米尔本人的真迹。在后一种情况中，形式直观成为一种固定的见解，他们恪守着自己的意向对象而不肯改变自己的意向行为，"形式就是审美对象的真实性，它具有真实性所专有的那种无时间性的特质"②。这一类鉴赏者剔除了对象鉴定中的时间要素，而仅以语义要素来确定其真伪。

最后是本质直观。它与符号的第三性相对应。对于所观对象，我们终究要走向第三个阶段，即形成判断。用皮尔斯的话说就是："我们在思想中具有三个要素：第一，表象的功能，它使思想成为表象；第二，纯粹指示性应用或者真实的联系，它使一种思想和另一种思想联系起来；第三，

---

① [法]杜夫海纳：《审美经验现象学》，韩树站译，北京：文化艺术出版社，1992年，第267页。

② [法]杜夫海纳：《审美经验现象学》，韩树站译，北京：文化艺术出版社，1992年，第200页。

物质的品质，或者它是如何感觉的，它把自己的品质赋予思想。"①就赝品问题而言，我们在第三个阶段要形成观者对事物最终的判断。本质直观是现象学的根本方法，它"不只是感性的、经验的看，而是作为任何一种原初给予的意识的一般看，是一切合理论断的最终合法根源"②。在胡塞尔看来，本质直观首先意味着直接把握对象的意识行为，并且不会受到客观对象的限制；也就是说，就赝品问题而言。我们在这个阶段的直观过程中，要达到是否具有艺术价值的判断结果，而不仅是真与伪的问题；这种判断必然是要以判断者背后所依据的艺术史知识和艺术鉴赏经验作为背书。胡塞尔说，本质直观是"一种原初给予的直观，这个直观在其'机体的'自性中把握着本质"。③这个过程不需要中介，它并不是肉眼之看，而是精神之"看"。对于完美的赝品而言，达到本质直观这一步其实是经过一个反复的、观审的过程的。最开始，即使是通过仪器检测得出这是赝品的结论，也依然有很多业内专家固执地认为，这些"作品"就是维米尔的真迹。显然，这些专家在这个阶段并没有达到胡塞尔所说的"本质直观"，他们还没有形成对这些作品的本质认识。进一步，两幅图像之间的差异会教会观看者努力寻找二者之间的不同，用古德曼的话来说："这种知识现在就指导我观看和分辨那两幅图像，即使我所看见的东西完全一样。除了确证我可以学会去看出差异来之外，它在某种程度上也指出了现在可以适用的那种审查、在想象中进行的比较和对照以及由此带来的相关联想。"④需要注意的是，古德曼在这里同样提到了想象，而想象正是本质直观最重要的方法："它（本质直观）需要通过知觉与想象尤其是想象的自由变更才能达到。"⑤由于想象的心理特征是在精神世界的自由展开，是知性和理性的和谐融合，所以，本质直观成为无需中介的活动，而恰恰是它的无所依傍

---

①　涂纪亮编，[美]皮尔斯：《皮尔斯文选》，涂纪亮、周兆平译，北京：社会科学文献出版社，2006年，第135页。

②　[德]胡塞尔：《纯粹现象学通论》，李幼蒸译，北京：商务印书馆，1997年，第77页。

③　[德]胡塞尔：《纯粹现象学通论》，李幼蒸译，北京：商务印书馆，1997年，第52页。

④　[美]纳尔逊·古德曼：《艺术的语言》，彭锋译，北京：北京大学出版社，2013年，第86页。

⑤　张永清：《现象学的本质直观理论对美学研究的方法论意义》，载《人文杂志》2003年第2期，第108—112页。

成就了这份"自由"。这是本质直观最终的理想状态。对于赝品的判断，本质直观具有最终的和最重要的意义。那么，这个过程需要符号参与吗？直接回答这个问题，答案当然是否定的，因为本质直观不需要中介；但是，问题并不止于此。观者首先需要"知识"，然后才是想象。所以，本质直观的前提是建立在知识之上的，这个阶段不能离开符号；只有知识基础足够牢固，才有能力超越符号这个桥梁和中介，进而对眼前的对象进行意向投射，通过自由想象得出本质结论。所以，本质直观的过程虽然不需要中介，但是意向行为的准确投射所建立的基础是离不开符号过程的。

可以说，对于赝品的价值判断经由感受直观、形式直观，再到本质直观，符号在整个过程中是基础，是桥梁，但也是认识飞跃的前提和必要条件。离开符号不能进入本质直观，也就是说，本质直观是不能凭空产生的。所以，"符号化的意向性"是阐释从感受直观到本质直观的必要过程。这一点，几乎是我们面对所有物品进行判断它究竟是不是艺术品，或者辨别一件艺术品真伪时所必须解决的问题。由于意向与视域融合性，我们对赝品问题的认知都要经历一个"借名"的过程，既然是"借"，意味着最终我们就要摆脱开它。这种摆脱存在两种情况：一是像古德曼所说，即使是技术手段不能识别的赝品，但经过长期的训练和实践，主体可以一眼就看出它是赝品；二是像艺术读本中的精细化学习过程中，我们在句法层面用符号完成了赝品对真迹的替换，那么，这两种情况都意味着主体的最终目的，是脱离开艺术文本的符号构成而进入本质直观，也就是一个从"器"入"道"的过程，从而产生由依据符号再到脱离符号的哲学向度。

三、借符与借名：从赝品问题通向艺术符号学哲学向度的可能途径

综上所述，赝品的命名与定义最终走向了认识论意义上的建构，在这个过程中，"形式"成为认识论转向的重要标志，对形式的反思构成了"形而上学"。我们通过对赝品问题的反思，认为一个首要的问题在于，"形式"在认识论的建构过程中的意义发生了重要的转变。自16世纪末起，西欧哲学研究的重点从本体论转向了认识论，随着自然科学的发展，18

世纪以培根为代表的经验论和以笛卡尔为代表的观念论标志着哲学认识论的第一次转向。在这个过程中，"形式"研究成为连接事物属性和认知真理的桥梁，经验论以研究事物形式为己任，而观念论则以逻辑推理从深层助力形式研究，共同构成了启蒙运动的哲学基础。在此前提下，19世纪末20世纪初的语言学转向，则以研究语言的内部结构和形式构成为主要目标。由于语言是符号的典型代表，语言学研究同时也成为符号学研究的重要基地，从深层学理联系来看，语言学、逻辑学成为绕不开的两个领域。在布隆菲尔德的《语言论》中，"形式（form）和意义（meaning）"属于符号的区别性特征（distinctive feature），"一种形式往往把它说成是表达意义的"①。但是，艺术的形式从来不单纯是一种物理结构，更重要的是一种心理建构，"形而上学"的必然结果是对形式的借用而非立足。在"以假乱真"的情形中，当属于梅格伦的审美类型确立之后，就不存在模仿维米尔的赝品了；在"以假代真"的情形中，赝品其实充当了真迹的替代品，在认识过程中，实际发挥的是真迹的认知作用。就语义学而言，如果每个形式元素被成功替换，也就不存在符号学意义上的赝品问题了，所以，"形式"研究可以构成符号学研究的重要组成部分，但并不能成为符号学的唯一理论基石。

就名称而言，对艺术作品的真伪的判断和命名，是认知主体对这一作品观念的符号呈现，是否存在一种普遍意义上的赝品，是值得商榷的。如果我们仅以欺骗性的外观来定义赝品，也只是定义了这一类作品在人们认知观念上的暂时的欺骗性，当独立的审美类型确立时，无论是"以假乱真"赝品的审美类型的确立，还是"以假代真"的美学知识的学习，赝品也就完成了它的认知使命。因此，无论在符号语义学层面的要素替换，还是在认知层面的观念建构，赝品的界定其实始终和时间密切联系在一起。而在这个过程中，由于审美主体鲜明的意向性过程，使得对赝品的鉴别和鉴赏充满了思辨的趣味。绘画视觉艺术如此，更何况像音乐、文学、舞蹈等艺术形式，是基本不关乎赝品问题的，我们不会因为一部乐谱由不同的

---

① [美]L.布隆菲尔德：《语言论》（英文版），北京：外语教学与研究出版社，2002年，第147页。

乐队演奏而称之为赝品。这也恰恰印证了索绪尔给符号的定义：符号联系的是概念和声音结构，在本质上它是一种二元的心理实体①。

　　既然符号是一种二元的心理实体，这就必然要求对赝品问题研究去探寻经验论与观念论之间的辩证张力，打破二者之间的二元对立分野，走向一种纵深的学问追求。二元对立的思维方式在西方哲学史上产生了重大的影响，但是在启蒙运动之后逐渐走向一种融合的思路。经验论重在分析心理体验过程，认为知识的来源是感性的经验，但并没有将经验的基础建立在物质的基础之上，而是认为经验属于主观世界，将事物本身和所见经验同一化；观念论重在探讨观念与判断，符号学关注意义问题，其实也就是观念中对事物的判断。分析哲学注重语言的真值问题，在这个过程中离不开逻辑推理。然而，审美判断的复杂性在于，艺术作品的意义从来都是不确定的，这个过程必然不能离开现象学对艺术意义的生成作用，也就是从经验到观念不断反复的过程。然而，现象学的本质直观并不是一个天然的结果，而是认识主体在符号认知过程不断积累经验的结果，"是根据意识所指经的抽象的内涵结构（语义的模拟）来说明意识的意向性"。②科学的归纳系统应该是一个规则的系统，它以不同层次的规则性对应于不同层次的论证方式，这个系统与科学实践非常一致。它必须在每个层次上进行预设，然后对未来进行判断。在实际的实践进行过程中，才能真正沟通经验论与观念论的二元对立，是主体走向审美认知自由的必然途径。实践真正确立了赝品鉴赏的认知依据。本质直观不是抽象的和先验的，而是在不断的符号认知实践过程中形成的。所以，对于赝品而言，最终所形成的本质直观判断，进而达到现象学所追求的"先验还原"，是对符号规则深谙于心的结果，进而指导意识形成新的审美范型，才能在下一次面对同样的情况作出迅速而准确的判断。符号同时包括了自然和文化这两个不同的领域，"在总体上向着人类经验世界敞开，其总体性则同等地包括了处于共

---

　　① [瑞士]索绪尔：《普通语言学教程》，高名凯译，北京：商务印书馆，1982年，第101页。

　　② [美]H. 霍尔：《胡塞尔意向性理论的哲学意义》，载《哲学译丛》1983年第6期，第46—49页。

识性知识核心的'常识'和具有现代发展特色的实践性知识"①。因此，在人这个主体的世界里，实践成为这种总体性实现的肯綮所在。

启蒙运动消解了彼岸世界的真理，历史的任务主要聚焦于此岸世界的真理，艺术成为救赎人类精神的有效途径。语言的意义问题是探讨赝品问题的逻辑起点，这是分析美学、符号学和现象学共同关注的领域，它们共同受到语言学转向的深层影响。然而，语言也由于能指与所指在社会交往中所形成的确定扭结而对人形成文化与规则的约束。超越语言的二元对立，对艺术本真性的关注，这一切的背后真正的关涉是人这个主体，是人的精神自由如何实现的哲学向度。所以，语言背后的主观才是真正的批判场域，"如果真有所谓的'语言学转向'，那也不是通过语言来否定主观，而应该是在语言的视差上发现主观。这才是批判的'场域'"。②对艺术品而言，是人的存在使艺术实现了意义的增殖；对赝品而言，其终究的价值指向也是人这个主观。符号学被戏称为"文科中的数学"，毫无疑问它是一种非常"有用"的方法，用符号学分析某种现象是天经地义的事情。那么，符号学是否能够解决形而上的问题，借此去思考人和世界的关系问题？答案是肯定的。然而，符号学并非完美无缺。符号学的两位创始人分别是索绪尔和皮尔斯，索绪尔的二元对立思路在解构主义哲学中遭到猛烈抨击，皮尔斯的三元符号学将符号降格为"中介"，当意义有效获得时，符号是可以不在场的。并且，皮尔斯将不能够同时在场的符号三元并置在同一个逻辑链条上，将历时问题作共时化处理，也是不恰当的。哲学符号学的建立，不能离开实践的维度，符号学研究应当超越方法论的层次。人不断面对赝品的过程，就是实践不断建立主客联系的过程，在一种关系思维的框架下不断修正自己认知与赋予对象价值的过程。实践不仅能够弥补符号学视野下艺术无真伪所带来的价值缺失，而且能够在交往的理论立场中深刻地阐释价值问题。艺术作品的价值是在一件艺术品与其他艺术的交往对话中产生价值，人的价值和意义也在于人是一切社会关系的总和。离

---

① [美]约翰·迪利：《符号学对哲学的冲击》，周劲松译，成都：四川出版集团、四川教育出版社，2011年，第83页。

② [日]柄古行人：《跨越性批判——康德与马克思》，赵京华译，北京：中央编译出版社，2011年，第43页。

开实践所产生的交往，艺术与人一样，都是"孤独的他自己"，这是判断艺术是否具有本真意义和审美价值的根本基点，也是人作为主体真正成为人的最终标尺。因此，在实践的基础上消解二元对立，更进一步整合人类的思想资源，才能真正走向哲学的境界，共同面对人类思想的终极追求。

（原载于《文艺理论研究》2022年第2期）

中国现代美学发生的内在线索与本土话语

杨宁

摘要： 中国现代美学的发生，往往被学界归结为受西方美学思想及学科体系影响的结果。这虽是一个不可否认的历史事实，但却忽略了中国美学思想层面的转型诉求。事实上，中国美学的现代转型应包含学科和思想两个层面：中国现代美学的学科体系是在引进西方学科体系的基础上建立起来的，而思想体系与中国古代哲学思想密切相关，有其一以贯之的内在线索。以往学界较为关注学科层面的"引进移植"问题，而忽视了思想层面的"继承转型"问题。导致这一现象的原因，在于当前中国美学研究过于局限于学科框架内，而忽略了背后所蕴含的哲学基础。中国美学的现代转型，本质上是在新的历史条件下大规模探索人性内部世界与外部世界的过程。在这一过程中，以戴震为代表的一批思想家，通过对个体情感欲望和认知能力的肯定，建构了以"人"为核心的本体论，提升个体的主体地位，为中国现代美学的发生奠定了理论基础。

关键词： 中国现代美学；本土话语；人性结构；认识论；存在论

一、关于中国美学现代发生问题的两个疑问

（一）中国美学的现代发生，是否仅仅是西方美学引进移植的结果？

一直以来，中国现代美学的发生往往被学界归结为受西方美学思想及学科体系影响的结果。许多学者在探讨这一问题时都不约而同地强调了西方学术话语的"植入"对中国美学产生的重要影响。例如，1988年邓牛顿在其著作《中国现代美学思想史》中就提出："中国现代美学的发展，

作者简介：杨宁，文学博士，中央民族大学文学院准聘副教授、硕士研究生导师，主要研究方向为文艺学、美学。

基金项目：国家社会科学基金青年项目"戴震思想与中国现代美学的发生"（20CZX062）。

首先是汲取了西方美学的滋养。"①随后聂振斌在其著作《中国近代美学思想史》中也明确指出："中国近代美学正是在'西学东渐'的过程中诞生的。"②后来黄兴涛在考察了"美学"一词在中国的译介与传播历程后指出："中国传统文化中有极为丰富的美学思想，但美学作为一门独立的学科却是从西方传播进来。"③这就直接将中国近代美学的创建过程视为西方美学本土化的过程。之后类似的观点反复被提及④，以至于似乎只要谈到中国

---

① 邓牛顿：《中国现代美学思想史》，上海：上海文艺出版社，1988年，第4页。

② 聂振斌：《中国近代美学思想史》，北京：中国社会科学出版社，1991年，第43页。

③ 黄兴涛：《"美学"一词及西方美学在中国的最早传播》，载《哲学动态》2000年7期。

④ 此处列出持类似观点代表性学术成果。黄兴涛：《"美学"一词及西方美学在中国的最早传播》，载《哲学动态》2000年7期；冯宪光：《美学从西方到中国的"理论旅行"》，载《西南师范大学学报》（人文社会科学版）2003年2期；刘悦笛：《美学的传入与本土创建的历史》，载《文艺研究》2006年2期；刘筵莉：《"美学"概念在中国近代的缘起与演变》，硕士学位论文，东北师范大学文艺学，2006年；陈望衡、周茂凤：《"美学"：从西方经日本到中国》，载《艺术百家》2009年5期；鄂霞：《晚清至五四时期"美学"汉语名称的译名流变》，载《东北师大学报》（哲学社会科学版）2009年5期；王宏超：《学科与思想：中国现代美学的起源》，博士学位论文，复旦大学文艺学，2009年；鄂霞：《中国近代美学关键词的生成流变》，博士学位论文，东北师范大学文艺学，2010年；王宏超：《中国现代辞书中的"美学"——"美学"术语的译介与传播》，载《学术月刊》2010年7期；王确：《不求远因，不能明近果——中国学科美学发生的考察与反思》，载《当代文坛》2011年1期；张俊：《美学：爱美之学——从辞源学角度为美学正名》，载《厦门大学学报》（哲学社会科学版）2012年第1期；王宏超：《中国现代美学学科的确立——晚清民初学制中的"美学"》，载《江西社会科学》2012年第10期；胡鹏林、韩文革：《中国现代美学的开创与古典美学的建构》，载《湖北社会科学》2014年第1期；陈伟、桂强：《论20世纪前期中国美学现代性的一维化特征》，载《社会科学辑刊》2014年第2期；王海涛：《萧公弼与中国现代美学的早期开拓》，载《理论月刊》2014年第5期；杨向荣：《现代中国美学的论争与建构——20世纪上半期中国美学史的理论建构》，载《社会科学战线》2015年第8期；朱志荣：《论中国美学话语体系的创新》，载《探索与争鸣》2015年第12期；祁志祥：《萧公弼的〈美学·概论〉：中国现代美学学科的奠基之作》，载《广东社会科学》2017年第2期；贺昌盛：《现代中国"美学"学科的确立——从"词章"到"美术/美学"》，载《中国文学批评》2018年第2期；鄂霞：《中国近代美学范畴体系的生成与现代学术精神的确立》，载《文艺争鸣》2018年第4期；鄂霞、王确：《西学东渐与中国现代美学范畴话语模式的生成》，载《社会科学战线》2018年第8期；杨春时：《中国早期现代美学思潮概说》，载《首都师范大学学报》（社会科学版）2019年第1期；赵强：《"中国美学"的现代出场及蝉蜕轨迹——一个问题史的考察》，载《文艺理论研究》2019年第4期；徐碧辉：《康德与中国现代美学的开端》，载《上海文化》2019年第6期；王德胜、杨国龙：《现代中国美学发生问题考略》，载《东岳论丛》2021年第3期。

现代美学就必谈西方美学，而中国现代美学是被西方美学话语体系直接"殖民"的结果。例如，朱志荣就指出："中国现代美学的本土话语及其系统是在西方话语的影响下，参照西方美学建立起来的，体现了中国美学话语的现代性和全球化。"[①]赵强也认为："我们不能忽略的是，美学本土化与'中国美学'的现代出场及蝉蜕历程，本身就是中国美学在西学东渐以来的历史中不断转型并重构自身的产物。"[②]徐碧辉更是明确指出："没有康德美学理论在中国的传播，就没有中国现代美学。"[③]由此可见，中国现代美学源于西方这一判断已成为学界的主流共识。

然而需要注意的是，对中国美学现代发生问题的考察，目前学界往往聚焦在美学的学科发生问题上，关注诸如"美学"这一术语的翻译经历了怎样的演变历程，现代美学的学科体系与西方有怎样的同构性，西方美学的术语概念在中国经历了怎样的"理论旅行"等问题。似乎现代美学的发生就等于美学的学科发生，进而等于美学学科命名和相关美学范畴的确立。在这样的一种思路下，中国美学的历史叙述呈现出某种"断裂性"特征：古代有美学思想但无学科自觉，现代有学科自觉却移植于西方。这导致中国现代美学只能跟在西方美学后面，无法建立自己独立的话语体系。

必须承认的是，中国美学的现代"出场"确实具有"西学东渐"性。受西方现代学术分科体制的影响，中国学术体制经历了从传统"四部之学"到分科制的演变。在这一背景下，以王国维为代表的美学家吸收西方美学思想并结合本土文化开创了中国现代美学，这是一个不可否认的历史事实。然而当这一历史叙述成为关于中国美学现代转型的主流叙述的时候，很容易遮蔽中国美学的内在转型诉求。中国美学的现代发生，难道仅仅是被动接受西方美学影响的结果？中国古代美学在现代转型过程中起到了什么作用？这些是关于中国美学现代发生问题的第一个疑问。

---

① 朱志荣：《论中国美学话语体系的创新》，载《探索与争鸣》2015年第12期。

② 赵强：《"中国美学"的现代出场及蝉蜕轨迹——一个问题史的考察》，载《文艺理论研究》2019年第4期。

③ 徐碧辉：《康德与中国现代美学的开端》，载《上海文化》2019年第6期。

（二）为何以王国维为代表的中国现代美学奠基者们不约而同地重视戴震思想的意义？

关于中国现代美学的发生问题，目前学界虽有不同观点，但王国维、梁启超、蔡元培是较为公认的中国现代美学奠基者。[①]仔细考察这三位美学家的学术思想脉络和美学理论建构背景，会发现他们不约而同地注意到了戴震思想的价值。

蔡元培在《中国伦理学说史》中把戴震作为中国伦理学近代转型的一位重要的代表人物，认为黄宗羲、戴震、俞正燮是清代伦理学的三位杰出代表，并且在时间顺序上将戴震列于比其早100多年的黄宗羲之前："阳明以后，惟戴东原，咨嗟于宋学流弊生心害政，而发挥孟子之说以纠之，不愧为一思想家。其他若黄梨洲，若俞理初，则于实践伦理方面，亦有取埋盖已久之古义而发明之者。"[②]可见蔡元培非常认可戴震的思想价值。不仅如此，蔡元培认为戴震的思想可以与西方近代功利派伦理学说媲美，尤其是戴震对于性所进行的欲、情、知的三分，已经与西方知、情、意分类

---

① 学界有关现代美学起源的几种模式的观点共有10余种，比较有代表性的有：1982年刘志一在《学术论坛》上发表《如何评价王国维和蔡元培的美学理论？》，提出"中国现代美学诞生于本世纪初。其代表人物，首推王国维，次举蔡元培，他们是奠基人"；1984年陈永标在《华南师范大学学报》上发表《试论梁启超的美学思想》，认为"王、梁都是我国近代资产阶级美学思想的代表人物"；1990年金大陆、黄志平在《中州学刊》上发表《王国维、蔡元培与中国现代美学的缘起》，提出"把王国维、蔡元培的研究组合起来看，它们正好是在总体上为中国现代美学营建着基础结构"；1993年吴中杰在《学术月刊》上发表《开拓期的中国现代美学》，提出"王国维、蔡元培、鲁迅都是跨越时代的人物，他们在晚清就开始了具有特色的学术文艺活动，'五四'以后，其成就和影响愈来愈大。他们沟通了中西文化，完成了古今嬗变；由于他们各自的贡献，共同为中国现代美学的建立奠定了坚实的基础"；1999年周纪文在《济南大学学报》上发表《中国现代美学在新文化运动期间的初步展开》，提出"王国维是近代中国美学史上的第一人，他总结了中国古典美，以崇高概念确立了近代美学，并给中国现代美学提供了一个理论起点。与王国维共同完成这一使命的是梁启超，他提出了对美的本质的认识和界定"；2006年张法在《天津社会科学》上发表《美学与中国现代性历程》，提出中国现代美学的"四种基本模式"；2007年李欣复、刘洪艳在《西北师大学报》上发表《中国现代美学发生论》，提出"梁启超、蔡元培、王国维、鲁迅及萧公弼等精英人物那里提出和建立的美学思想的内涵、特征统属现代范畴，并各有其不同个性作风特点表现"；等等。

② 蔡元培：《中国伦理学说史》，载《蔡元培全集》第2卷，北京：中华书局，1984年，第101页。

方式具有同构性，认为戴震思想的三大优点就在于"心理之分析""情欲之制限""至善之状态"。①《中国伦理学史》出版于1910年，而这一时期恰恰是蔡元培的美学思想的酝酿阶段。②

　　梁启超在《清代学术概论》中也高度肯定了戴震思想的启蒙意义，将其与欧洲近代的"文艺复兴"运动相提并论："综其内容，不外欲以'情感哲学'代'理性哲学'，就此点论之，乃与欧洲文艺复兴时代之思潮之本质绝相类。"③梁启超对戴震思想所展示出来的科学精神和理性态度很是推崇："其论尊卑顺逆一段，实以平等精神，作伦理学上一大革命。其斥宋儒之糅合儒佛，虽辞带含蓄，而意极严正，随处发挥科学家求真求是之精神，实三百年间最有价值之奇书也。"④梁启超肯定了戴震对宋儒禁欲思想的批判以及对个体情感的高扬。在《戴东原哲学》中，梁启超用"情欲主义"概括戴震思想中关于"欲"的讨论，认为"东原之所以重视情欲，不过对于宋儒之'非生活主义'而建设'生活主义'罢了"⑤。值得注意的是，梁启超的美学思想也恰恰是在介绍戴震思想的这一时期成熟的，其很多著名的美学论著都在这一时期写成。如果说梁启超的美学是建立在其"情感论"的基础之上的话，那么被梁启超评价为"情感哲学"的戴震对其美学理论的建构起到了重要影响。

　　王国维1904年撰文《国朝汉学派戴阮二家之哲学说》，提出："孟子以来所提出之人性论，复为争论之问题。其中之最有价值者，如戴东原之

---

　　①　蔡元培：《中国伦理学说史》，载《蔡元培全集》第2卷，北京：中华书局，1984年，第103页。

　　②　蔡元培曾说过，"我到三十余岁，始留意欧洲文化，始习德语，到四十岁，始专治美学"，而且钻研之深远甚于其他学科。1908年秋至1911年，蔡元培"在德国莱比锡大学听哲学课，进行研究工作。由于在课堂上常听美学、美术史、文学史课程，环境上有常受音乐、美术的熏习，对美学尤感兴趣"。直到1911年11月蔡元培才回国。可见，1910年前后蔡元培开始专治美学而且开始关注西方美学，而这一时期蔡元培已经开始注意到并高度肯定戴震思想的价值。

　　③　梁启超：《清代学术概论》，载《饮冰室合集》（专集第9册），北京：中华书局，2015年，第6796页。

　　④　梁启超：《清代学术概论》，载《饮冰室合集》（专集第9册），北京：中华书局，2015年，第6797页。

　　⑤　梁启超：《戴东原哲学》，载《饮冰室合集》（文集第14册），北京：中华书局，2015年，第3921页。

《原善》《孟子字义疏证》，阮文达之《性命》《古训》等，皆由三代、秦、汉之说，以建设其心理学及伦理学。其说之幽玄高妙，自不及宋人远甚。然一方复活先秦之古学，一方又加以新解释，此我国最近哲学上唯一有兴味之事，亦唯一可纪之事也。"①可见王国维对戴震哲学的高度肯定。

　　王国维、梁启超、蔡元培对于戴震思想的肯定，显示出戴震思想对中国美学现代转型的重要意义。同时，戴震哲学对于情欲的肯定，又与王国维等美学思想家们强调感性、情感的美学理论存在理论上的相关性。那么，这些中国现代美学初创期的代表性思想家，为什么都不约而同地对清代乾嘉考据大师戴震有十分强烈的兴趣？戴震思想与中国现代美学的发生之间有何关联？这些是关于中国美学现代发生问题的第二个疑问。

二、中国美学现代发生的内在线索

（一）学科与思想：中国美学史的两条线索

　　上述两个疑问均指向了一个当前中国美学史研究的关键问题：当前学界关于中国现代美学的叙述和判断，是否过于关注外在形式上的"断裂性"，而忽视了内在思想上的"连续性"？中国现代美学之"现代"到底是何种意义上的现代？中国美学是否还存在另外一条有别于西方学术话语的内在思想线索？虽然中国现代美学确有其极为特殊的诞生语境，但如果未能厘清诸多层面之间的关系（诸如"古今""中西""内外""表里"等），则容易导致某一历史叙述遮蔽了另一种叙述的现象。因而有必要重新反思中国美学史的叙述逻辑。

　　事实上，之所以会出现前述两个疑问，在于美学史研究中未能厘清学科与思想的区别。前述包括黄兴涛、朱志荣、徐碧辉等学者的论述无一不是从学科层面展开的，致使中国美学的现代发生被简单视为美学学科的现代发生，而学科发生问题又被视为西方美学的引进移植问题。这使得中国美学思想层面的现代转型问题被遮蔽，本土学术话语被西方学术话语替

---

　　①　王国维：《国朝汉学派戴阮二家之哲学说》，载《王国维文集》第3卷，北京：中国文史出版社，1997年，第234页。

代。虽然不可否认的是学科体制的建制和完善是现代美学建立的一个重要标志，但这只能是外在标志。中国美学的现代转型过程绝不只是被套上了一个学科体制的"外壳"，而是在新的历史条件下大规模探索人性内部世界与外部世界的过程，是中国古代美学发展演变的必然结果，有其内在诉求和历史必然性。

所以中国美学的现代发生，包含学科和思想两条线索。学科线索是现代美学发生的"外在"线索，而思想线索是"内在"线索。①从学科层面看，中国现代美学的学科体系，是在引进西方学科体系的基础上建立起来的。而从思想层面看，中国现代美学的思想体系，是中国传统文化发展演进的必然趋势，有其一以贯之的内在线索。以往学界较为关注学科层面的"引进移植"问题，而忽视了思想层面的"继承转型"问题。学科体系的发生问题之所以被学界所关注，原因在于：首先，中国美学的"古今之别"在学科层面体现得尤为明显，毕竟中国古代并无现代学科意义上的美学观念，中国美学史中所谓"老子美学""庄子美学"等，是用现代学科体系"套"古代思想的结果，有明显的"追认"特征。这就导致中国美学现代转型过程最为突出的外在特征，就是从无学科意识的古代美学走向有学科自觉的现代美学的过程。其次，较之于思想转型，学科的发生更具有标识性特征。从学科建制的角度看，学科确立的关键在于研究对象和研究方法的确立，这导致学科发生具有当下确定的特点，不需要"古代""现代"历史阶段的附庸。新的研究对象和新的研究方法往往就意味着新学科的诞生。正是这种当下确定性，导致从学科角度梳理美学现代发生的线索，更容易划清古代美学与现代美学的界限，更容易确立现代美学发生的标志。最后，从思想角度看，诸如王国维、梁启超、蔡元培等中国现代美学诞生之初的重要思想家，不仅在建立美学学科方面起到了重要作用，更在引进西方美学思想方面卓有建树。例如，王国维就曾运用叔本华的美学思想解读《红楼梦》和中国古代诗词；蔡元培的美学思想也深受康德、席勒的影响。从这个意义上看，中国现代美学的学科发生与思想发生都具有"引进

---

① 关于中国美学史发展的"内/外"关系问题，参见拙著《戴震思想与中国美学的现代转型》，载《上海文化》2017年第2期。

移植"性，中国美学的古今"断裂"似乎有了较为明确的事实依据。

　　然而必须要注意的是，美学的学科发生不等于思想发生。在西方，美学学科的诞生是以1735年鲍姆嘉通的博士论文《关于诗的哲学默想录》为标志的。"Aesthetics"一词的出现标志着美学正式作为一门学科得以建立。然而，鲍姆嘉通的主要贡献是创建了美学学科而非美学思想，西方现代美学思想的奠基人往往被归于康德、谢林、黑格尔的名下。这一事实至少说明了三个问题：第一，美学的学科史与思想史并不同步，学科与思想遵循的是两条不同的逻辑。尽管美学学科的产生不能脱离思想，而思想的产生往往与学科体系甚至学科意识无关。以鲍姆嘉通和康德为例，虽然鲍桑葵指出："康德在德国方面是直接从鲍姆嘉通那里继承了普通哲学之难题的。他最初总是习惯于根据鲍姆嘉通的纲要讲学。"①但是康德对鲍姆嘉通的美学基本上持否定态度。康德认为鲍姆嘉通把美的规则提到科学的地位的努力并没有成功，因为那些规则的来源是单纯经验性的，不能作为审美判断所必须借以得到指导的确定性的先验规律。可见，学科与思想之间存在一种紧张关系，这源于二者遵循的是不同的逻辑。第二，学科体系如果未能对应思想内容，那么所谓的学科体系就仅仅是个"空架子"，学科体系的创建有赖于思想理论的"填充"。作为"美学之父"的鲍姆嘉通虽然创立了美学学科，但西方学术界长期以来对他的评价并不高，原因在于他对于美学思想的建树并不多。黑格尔在《美学》中甚至从未提及鲍姆嘉通的名字，并且开篇就指出："'伊斯特惕克'（Äesthetik）这个名称实在是不完全恰当的，因为'伊斯特惕克'的比较精确的意义是研究感觉和情感的科学。…… 因此，我们姑且仍用'伊斯特惕克'这个名称，因为名称本身对我们并无关宏旨，而且这个名称既已为一般语言所采用，就无妨保留。"②这说明，在黑格尔看来，"美学"二字仅仅只是一个能指，其真正指向的对象是系统化的美学理论体系。学科是"名"，思想是"实"，学科体系的创新不能替代思想理论的创新。第三，正是这种学科与思想的分野，导致对中国现代美学发生问题的考察至少应该关注到一"内"一

---

　　① [英]鲍桑葵：《美学史》，张今译，北京：商务印书馆，1985年，第245页。

　　② [德]黑格尔：《美学》第1卷，朱光潜译，北京：商务印书馆，1979年，第3页。

"外"两条线索，"外"是学科体系的创立过程，"内"是思想理论的发展历程。正如有学者所说："如果把美学学科的诞生作为中国现代美学史的逻辑起点，它串起的这一系列美学论著能够代表中国现代美学的高度和广度吗？显然不能够。"①学科名称、学科范畴可通过翻译引进，而思想理论的现代发生必须坐落在本土思想文化之上，即便是对西方美学思想的引进也必须经历一个与本土思想的交融化合过程。正如鲍姆嘉通与康德背后所体现出的学科与思想的分野一样，较之于学科的创立，现代性的美学思想更具有标志性的意义和价值。

（二）美学与哲学：中国美学史的内在逻辑

探究中国现代美学理论的内在线索，关键在于从学科框架的束缚中解脱出来，挖掘属于中国美学发展的内在逻辑。中国美学思想源远流长，但美学的学科意识仅仅始于20世纪初，如果带着现代学科体系的框架去考察美学的古今演变历程，极可能造成"削足适履"的问题。这一问题已经在当前中国美学史的研究中有所显现：较强的理论预设性窄化了美学的研究对象，导致美学史书写中仅选择那些能纳入学科体系的思想，从而美学史只剩下概念、范畴、命题的推演，未能从更深广的层面揭示美学理论的内在生成机制。甚至有学者直接指出"中国美学是范畴美学"②，将范畴的发展演变作为了美学史的核心线索。在这样一种观念下，一旦古代美学范畴在现代语境中失去了效力，那么就会将其视为美学史发展"断裂性"的表现。事实上，"美学作为一种意识形态，与其发生特定关联的并不仅仅是美学学科框架之内的思想、范畴，更多时候，其他非美学的要素也对美学理论的形成提供了支撑。诸如王国维这样的美学家，其美学理论已经相当成熟，但在其思想成型之前，一定有一个相当长的历史酝酿过程"③。对这一酝酿过程的考察，有助于解释美学史发展的内在线索和内在逻辑，进而凸显出中国本土文化传统和理论话语在现代转型过程中的重要作用。所以，破除学科框架对美学史研究的桎梏，研究美学史的内在线索，是挖掘

---

① 陈伟：《重写中国现代美学史：逻辑起点、中心线索与内在动力》，载《江西社会科学》2019年第4期。

② 程琦琳：《中国美学是范畴美学》，载《学术月刊》1992年第3期。

③ 杨宁：《戴震思想与中国美学的现代转型》，载《上海文化》2017年第2期。

中国美学现代转型内在逻辑的关键。

　　研究美学史的内在逻辑，首先要解决的问题是：跳出了学科框架的美学研究在何种程度上构成了"美学"研究？应从何种角度切入对美学思想的历时考察？这就涉及美学与哲学、美学史与哲学史的关系问题。正如有学者所说，"美学研究不可能独立于文化研究，美学问题只能是某种特定文化结构的衍生"，"所谓审美主体和审美对象诸种范畴都只能作为某一特定文化发生、发展的历史后果看待"①。也就是说，现代美学体系所关注的审美概念、美学范畴、美学命题等诸多问题，仅仅是文化思想发展的结果，而美学史要揭示的，不仅仅是作为成型的美学理论有何特征和规律，更要对美学理论的产生过程加以分析和考察，对现代美学体系成型之前的理论基础进行分析和考察。这也就意味着美学研究要深入更为深广的文化领域，从哲学角度揭示审美关系产生的内在逻辑。

　　以西方现代美学思想的奠基人康德为例，康德对审美问题的分析（《判断力批判》）并未建立在概念、范畴之上，而是建立在认识论（《纯粹理性批判》）和伦理学（《实践理性批判》）的相互关系之上的。简言之，在"知""意""情"三方面中，"情"是连接"知"与"意"的桥梁。这就意味着只有把认识论（认识关系）和伦理学（实践关系）统一起来进行考察，才能够把握美学问题的核心。这一思路既是哲学与美学相联系的关键点，也是考察中国美学现代转型问题的切入点。在中国现代美学诞生之初，诸如王国维、梁启超、蔡元培等美学思想家，其成熟思想理论的背后有着非常漫长的历史酝酿过程。这一过程往往不遵循"从美学到美学"的继承发展关系，哲学、政治学、社会学等多方面的思想理论都有成为其美学理论来源的可能性。那种简单地以"时代＋思想"的方式梳理美学发展史很容易遮蔽美学发展的内在逻辑，从而导致美学史书写呈现的往往是孤立的美学家的理论思想（而且是在被现代学科体系所"切割"的思想）。所以，打通哲学与美学之间的学科壁垒，探究美学概念、范畴、命题背后的思想基础和理论逻辑是理解中国美学现代转型的关键。

---

　　①　王兴旺：《中国美学何以可能 —— 对中国美学合法性的一种理解》，载《江西社会科学》2005年第6期。

打通哲学与美学的关系，就要将审美关系与认识关系和实践关系结合起来，通过对认识关系和实践关系的分析，探究二者是以怎样的方式为审美关系的建构奠定基础。具体到对中国美学的历时性考察中，这一思路也同样关键。正如审美关系有其内在的生成机制（从认识论、伦理学到美学）一样，美学的现代发生也有一个从"前现代"到"现代"的过程。研究现代美学不仅要研究那些具有明确美学意识的思想家或者具有现代性的美学理论，也要研究现代美学产生之前的"前现代"形态是如何为"现代"奠定基础的。通过探究中国古代认识论与伦理学的发展历程并分析二者如何为中国美学的现代发生奠定基础，是探究中国美学现代转型内在逻辑的核心。只有从哲学角度挖掘美学问题的内在逻辑，从美学的哲学根基中去把握中国美学现代出场理论前提和理论准备，才有可能梳理出一条真正属于中国美学的发展脉络。目前这种研究思路已被个别学者所注意到，例如，杜卫曾指出："中国现代美学偏重审美和艺术的功能价值，重视美育，倡导人生艺术化，具有'国民性改造'的强烈本土问题意识。这种思想并不源自对欧洲美学的接受，而是来自对传统儒学特别是儒家心性之学的传承。"[①]这是少有的关注到中国现代美学与传统文化内在关联的文献，然而其论证思路是：王国维、蔡元培等美学家对于美育问题十分关注，其背后体现出鲜明的"审美功利主义"特征，这一特征是中国传统儒家心性之学的延续。这一思路依旧停留在对文化现象及其特征的描述上，缺乏对现象背后深层逻辑的分析。

必须指出的是，跳出学科框架的束缚并不意味着就能直面思想本身，严格意义上任何阐释都带有一定的理论预设性。无论是从哲学的角度考察美学理论，还是从思想史的脉络考察美学理论，其背后都存在一定的理论框架。那么，较之于学科框架内部的美学研究，从哲学中挖掘美学基础的有效性何在？这是需要进一步分析的问题。

---

① 杜卫：《论中国现代美学与儒家心性之学的内在联系》，载《文学评论》2015年第4期。

三、中国美学现代发生的本土话语

（一）人性结构与审美关系的两个维度

美学理论的根基之所以定位于哲学层面，是由审美活动的本质决定的。审美活动作为人类的精神活动，是建立在人与世界的诸多复杂关系之上的。无论是美学理论还是审美现象，归根到底都与"人"的特定生存状态相关，对美学问题的研究要始终围绕着"人"展开。人性的基本结构状态是美学理论建构的逻辑起点。这也就决定美学研究不能仅以成型的美学体系、范畴、命题为核心，而应着眼于人性本身及其内在逻辑结构。当然，从人性结构到审美意识，这中间还有很多逻辑环节需要打通，但从"人"本身出发、从人性结构出发去梳理中国美学的历史，更贴近审美活动的本质，同时也更具有阐释效力。正如邹华所说："审美意识是建筑在人性结构之上的，人性结构的两个基本层面的特殊合成形成了审美的状态。因此，要了解审美意识，应当先了解人性结构。"①而所谓人性结构，就是指人性的状态，"是由感性和理性两个基本层面合成的人性状态"②。为了个体的生存与发展，感性与理性这两个方面形成了不同的结构方式并表现出不同的倾向，从而形成了与客观世界的不同关系。

在人与客观世界的互动中，感性和理性的作用方式主要有两种：认识关系和实践关系。认识关系侧重感性对客观世界外在形式和基本规律的认知；实践关系侧重感性对自身内心和外部社会关系的体验感受。

在认识关系中，感性以感觉经验的形式呈现出来，它表现为对纷繁复杂的外在世界的感知，但它不能停留在感觉经验的纷杂感知中，它有着上升为理性的强烈冲动。从感性上升到理性并以理性的方式把握客观世界，是认识关系的基本过程。在这一过程中，超越感性的理性因其对象的不同又分为两类，一类是对自然事物的理性认知，另一类是对社会生活的理性认知。前者是知觉抽象，后者是认知思维。所谓知觉抽象，就是对具体多样的感觉经验理性化梳理后形成的抽象概念。所谓认知思维，就是对个体

---

① 邹华：《中国美学原点解析》，北京：中华书局，2004年，第11页。

② 邹华：《中国美学原点解析》，北京：中华书局，2004年，第9页。

所面对复杂社会生活本质规律的一种理解。知觉抽象与认知思维的根本区别在于，知觉抽象侧重客观自然，认知思维侧重客观社会。在认识关系中，两者是理性的两种不同状态，都是从感觉经验上升到理性的结果。

在实践关系中，感性表现为对个体生存状态的一种体验。实践关系中的感性表现为两个方面：一方面感性侧重的是对个体内心世界的体验和感受，称为情感体验；另一方面感性侧重的是对社会生活的体验和感受，称为实践意欲。如果说情感体验是偏重个体的话，那么实践意欲则侧重个体对社会生活所表达的一种态度，这种态度往往体现为一种实践冲动。情感体验与感性意欲构成了实践关系中感性状态的两个侧面。而实践关系的理性状态，则是以情感体验和实践意欲在实践过程中形成价值判断的方式呈现。

在现代美学理论体系中，认识关系与实践关系是审美关系形成的逻辑条件。审美关系的形成，在于感性和理性的两个侧面——认知性维度和存在论维度——以"同素异构"的方式结合。认识关系的最终目标是求"真"，即把握客观世界的法则。实践关系的最终目标是求"善"，即使人脱离动物性而呈现出人性的光辉。而"美"并不是独立于求"真"与求"善"的第三种关系，它也必须建立在求"真"与求"善"的基础之上，将认识关系与实践关系相互结合才得以实现。

在认识关系中，感觉经验原本是以上升到抽象思维为目的，但这一过程注入了实践关系中的情感体验，使理性抽象的侧面被情感化解，抽象思维不发生作用，于是就产生了审美直觉。此时审美直觉是在形象中的情感。而在实践关系中，感性（情感体验、实践意欲）有其现实追求。而认识关系中的理性提供形式，将实践关系阻断，使得情感体验回旋在认识关系提供的形式上而非直接作用于对象，就形成了审美观照。所以，审美关系有其生成的两个侧翼：一个是审美直觉，另一个是审美观照。审美直觉是指审美活动或艺术鉴赏活动中，对于审美对象或艺术形象具有一种不假思索而即刻把握与领悟的能力，使人刹那间暂时忘却一切，聚精会神地观赏它，全部身心沉浸在审美愉悦之中；审美观照是指超脱功利、凝神观照的态度。它不是被动的感知，而是主动积极的审美感受，是既有思维又有情感的反应和认识，并由这种认识产生情感上的满足和愉悦。而审美活动就是审美直觉和审美观照的统一。

早在20世纪，周来祥就已从认识关系与实践关系两个维度对审美关系的内在逻辑进行分析，并指出："审美关系是人类实践关系、认识关系发展到一定阶段产生的，是人与自然所建立的主要关系之一。"[1]"审美关系是理智和意志统一的产物。理智是客观的，意志是主观的，理智与意志的统一是普遍性与个别性、客观性与主观性的统一，审美关系就是这种对立统一的产物。……审美关系介于理智与意志之间，它的客观方面是美，主观方面是情感领域，是感性和理性、客观和主观、普遍性和个体性、理智和意志统一的产物。"[2]可见站在人性结构的角度看待美学问题不仅更为全面，也因其更接近人本身而更为深刻，这也是探究中国现代美学发生问题的理论内在逻辑。

（二）感性地位与现代美学的发生逻辑

从上述对人性结构与审美意识的生成关系的分析中可以看出，美学的诸多命题、范畴乃至美学史上的诸多思潮，都深刻地植根于人性结构之中。虽然人性结构只是一种逻辑结构并隐含在审美表象之下，但只要抓住了这一内在的隐含结构，就能够更为清晰地把握中国美学史的历史脉络和线索。将人性结构与中国美学的现代发生问题相联系，就会涉及一个关键问题：从人性结构的角度看，中国现代美学与古代美学的区别在哪里？中国现代美学的本质特征是什么？

中国美学的"古今之别"，关键在于审美主体能否充分地实现其审美理想，进言之在于人性结构中的感性维度处在何种地位上。正如邹华所说："古代审美关系的重心因主体能动性的不发展而着落于客体，现代审美关系则因主体能动性的空前强化而将重心转移到主体。"[3]其原因在于："古代人的主体性与狭小的古代实践活动和底下的生产力水平相关；历史的客观基础和社会条件，决定了古代人主体性的不发达状态，主要表现在主体意识的微弱、人与外部世界的原初合一以及人性结构的封闭这三个方

---

① 周来祥、周纪文：《美学概论》，北京：文津出版社，2002年，第12页。

② 周来祥、周纪文：《美学概论》，北京：文津出版社，2002年，第15—16页。

③ 邹华：《流变之美——美学理论的探索与重构》，北京：清华大学出版社，2004年，第56页。

面。"①由于古代的生产力水平还不够高，个体对客观事物尤其是自然物还不能够产生强大作用，个体对审美对象的把握程度相当有限。这种被动地去探索和顺应自然规律的生存方式，直接导致古代审美主体性的有限性，进而导致审美理想和审美诉求也难以得到充分实现。在经典马克思主义政治经济学理论中，生产力被认为是人类改造客观世界的能力。但从另一个角度看，生产力也体现为人类主体自身把握自身的能力，这种能力使得个体能够有效地通过对客体的认知乃至改造建构主体的自我意识。人的个体意识不单纯是自我意识的结果，还是自我意识与对象意识之间的相互印证和参照之下建构的结果。在这样的一种生产力背景和生产关系条件之下，古代人的主体意识较为薄弱，处在相对较低的层次上。

到了现代，这种关系开始发生变化。生产力的发展改变了中国古代主体对于客体的那种微弱的地位和顺应的方式，古代人对于自然和社会的那种被动的地位得以转换，个体意识的自觉和独立成为现代美学主体性诞生的标志之一。在这一过程中，主体从被动的、受抑制的状态中解放出来，成为一种有能力把握客观世界的主体，从而取得了掌握和改造客观世界的主动性。在这一主体性提升的历史背景中，人与自然之间、与社会之间的内在与外在关系发生了深刻的变动：一方面，在人与社会之间，主体不仅仅有着对社会认知的诉求和愿望，而且要求社会肯定个体的独立性和存在价值，从而使作为个体的人在历史上达到了与社会的空前统一；另一方面，在理性与感性之间的矛盾关系上，主体不仅仅要通过理性来认知把握世界，同时要求理性认同和接受感性的价值，于是感性与理性之间达到了高度统一。这些方面的新的统一，相对于传统社会关系而言，是一种异质性的结构方式。所以，在这一历史境遇下，现代美学的发展就表现为矛盾和冲突的两种关系，即感性与理性、个体性与普遍性之间对立统一的关系。更进一步，就表现为如何看待感性的地位问题。

提升感性地位，还人性以全面的自由，其背后针对的是前现代逻辑中理性对感性的绝对压制关系，正如有学者所说："审美现代性，既包含

---

① 邹华：《流变之美——美学理论的探索与重构》，北京：清华大学出版社，2004年，第63页。

着对主体性的捍卫，又包含着对理性化的反抗。"①事实上，在西方美学史上，无论是康德还是鲍姆嘉通，审美现代性的产生都与感性有着密切的联系。在现代性的审美活动中，挖掘感性的价值、提升感性在认识关系和实践关系中的地位，是现代美学得以成立的理论支撑点。中国现代美学的理论体系建构的核心，就在于如何能够将感性从前现代被理性压抑的桎梏中解放出来。中国现代美学的审美意识的发生，源自于感性直观代替古代客体理性和伦理道德的渴望。

回到本文开始提出的第二个疑问，为何中国现代美学思想家们不约而同地重视戴震思想的意义？这一问题的背后，是美学史研究思路的转变。考察中国现代美学的发生问题，不应仅仅聚焦于王国维、蔡元培等学者如何吸收西方美学理论，更应拓宽美学的研究范围，研究从明清到现代整个转型过程中的哲学家、思想家的理论体系如何为现代美学理论的生成提供了条件。这不仅仅是美学史研究中的一种知识性的梳理和分析，更是一次美学史研究范式的转换。它关涉到诸如戴震、顾炎武、王夫之一类较多关注形而上思辨的思想家能否纳入美学史视野中的问题。

以戴震为例，就现有的美学理论框架而言，戴震思想很难被纳入美学史中，但事实上戴震思想与中国现代美学初创者之间存在影响关系。原因在于，中国美学的现代转型本质上是人性结构的现代转型，它以提升感性地位的方式建构现代主体性原则，进而建立具有现代意义的美学理论体系。在这一过程中，戴震思想起到了至关重要的作用。戴震对人性本能欲望的肯定、对情感和理性关系的论证，在解构宋明理学天理世界观的同时，重建了以"人"为核心的人性结构。戴震站在前所未有的高度分析人性结构中的认识关系和实践关系，大规模开发人的内心世界和外部能力。因而在王国维关于人生美学的苦痛思索中，在蔡元培美育哲学的审美理想中，在梁启超情感美学的启蒙实践中，处处闪烁着戴震思想的影子。以戴震为代表的清代学人，改造了影响千年的学术体系，人性结构中的两个侧面得以展开，感觉经验、情感体验的重要意义被凸显，为现代美学的学科建立和思想启蒙起到了至关重要的作用。

---

① 张辉：《审美现代性批判》，北京：北京大学出版社，1999年，第5页。

　　必须指出的是，发掘中国美学转型过程中的本土性因素，并不意味着对西方美学采取对抗式态度。而是要让中国美学"自己说"，即通过对本土资源的挖掘，建构既具有文化特殊性又有普遍性的现代美学理论体系。中国现代美学的发生，是文化冲突和融合的必然过程。其中，既有西方美学的影响，也有中国传统美学的继承与创新。西方美学提供的是学科框架和概念范畴，而中国美学提供的是思想内容和哲学基础，在这一过程中，以戴震为代表的一批思想家，通过对个体情感欲望和认知能力的肯定，建构了以"人"为核心的本体论，提升个体的主体地位，为中国现代美学的发生奠定了理论条件。而对这一过程的发掘，为中国美学的本土话语的整理，为中国学术话语体系的重建，提供了较为有力的支撑。

（原载于《江汉论坛》2022年第7期）

国际中文教育研究

本土化、多元化、均衡化：人工智能
在国际中文教育中的应用探析

刘玉屏　欧志刚

摘要： 进入21世纪以来，国际中文教育在快速发展的同时，本土化、多元化、均衡化（"三化"）问题也日益凸显。研究基于SAMR模型对人工智能技术应用于国际中文教育进行理论分析，探讨应用人工智能化解"三化"难题的实施路径。本土化方面，利用人工智能技术推动教学模式变革、加强师资培训和提升教育体验，从而促进中文教学的本土融入、扩大本土师资力量、提升学习主动性；多元化方面，人工智能技术助推教育方式改革、拓宽学习方式、增强教育服务，从而支持多元化学习，满足多元人才培养需求；均衡化方面，应用人工智能技术构筑共享平台、开展双师教学和线上教育，化解教育资源不均衡问题、促进教育公平。研究还分析了人工智能应用于国际中文教育所面临的技术发展水平国别差异、参与者技术素养不足以及配套资源缺乏三个挑战并提出相应对策。

关键词： 国际中文教育；人工智能；本土化；多元化；均衡化；SAMR

作者简介：刘玉屏，语言学及应用语言学博士，中央民族大学国际教育学院教授、博士研究生导师，主要研究方向为汉语作为第二语言教学；欧志刚，中央民族大学国际教育学院在读博士研究生，主要研究方向为国际汉语教学、人工智能。

基金项目：国家社会科学基金重大项目"汉语国际传播动态数据库建设及发展监测研究"（17ZDA306）；教育部中外语言交流合作中心国际中文教育创新项目"国际中文教师自主实践AI磨课系统构建研究"（21YH029CX1）。

一、引言

人工智能（Artificial Intelligence，简称AI）正以超乎想象的速度推动各个行业向前发展，随着对教育教学产生深远影响，人工智能也被提升至国家战略高度，进一步推动教学方法改革、构建新型教育体系以及开展智能校园建设。[1]《北京共识 —— 人工智能与教育》[2]的发布将人工智能教育应用推向了更高的发展阶段。政策的推进和落实使得AI技术应用于教育成为现实，在教育变革、教育赋能方面发挥重要作用。人工智能是未来教育创新发展的重要推动力，[3]能够赋能教育、创新教育、重塑教育，引领教育创新发展，[4]使教育更有效率和质量，通过智化让教育变得更聪明。[5]

"十四五"期间，国际中文教育发展面临新的机遇和挑战，在整体发展形势向好的同时也存在不少急需解决的问题，例如，中文教育本土化问题尚未得到很好解决，学习者的多样化需求尚未得到满足，国家和区域之间存在发展不均衡现象。国际中文教育事业正在经历新冠疫情和国际环境巨变的挑战，本土化、多元化、均衡化（"三化"）问题日益凸显，迫切需要引入人工智能作为技术赋能手段，引发变革来破解当前的发展困境。

AI技术应用于国际中文教育的研究尚处于起步阶段，已有研究主要从信息技术与教育教学活动结合的角度进行探讨，涉及信息技术对汉语教学的推动作用[6]、智慧汉语国际教育的内涵[7]等。关于AI技术如何促进教学模式变革、推动教师发展、加强教育资源建设、增加学习机会等方面鲜有专门论述。本研究从现阶段国际中文教育发展所面临的"三化"问题入手，对AI技术在国际中文教育中的应用进行初步探讨，分析AI技术解决国际中文教育"三化"问题的理论方案和实施路径，希望为新形势下国际中文教育的转型发展探寻一条可行的技术路线。

二、国际中文教育"三化"问题

国际中文教育正处于追求高质量发展的阶段，不可避免地面临一些挑战。除了传统的"三教"（教师、教材和教法）[8]、"三基"（基本知识、基本能力和基本素养）[9]等问题尚未完全解决外，本土化、多元化的问题逐渐突出。随着国际中文教育向纵深发展，区域之间以及区域内部的发展差距日益扩大，这就导致一个新问题——均衡化。在本土化、多元化和均衡化这"三化"问题中：本土化问题虽很早就被提出并受到充分重视，但是随着时代发展，本土化问题出现了新的表现特征；多元化问题从简单走向复杂，有了更多值得思考的空间；而均衡化问题则在以往的研究中很少提及，急需获得重视。

（一）本土化问题

本土化也称为本地化、当地化，指中文教育融入他国的发展情况，主要涉及教师、教材和教学等方面。尽管有关方面作出了很多努力，但时至今日，本土化问题仍然没有得到根本性改变。教材本土化方面，中文教材的媒介语还不够丰富，不同国家地区的区域性、本土性教材数量、种类不够；[10]师资方面，本土汉语教师远远不能满足各层次汉语教学的需要；[11]教学方面，基于对外汉语教学的汉语国际教育在理念和实践上常有"水土不服"的情况。[12]虽然存在诸多问题，但国际中文教育要实现大发展，必须坚持走本土化道路，必须依靠各国自身的教育体系。只有充分发挥各国在汉语国际教育方面的主体作用，国际中文教育才能真正走出中国，走进各国，融入世界。[13]汉语国际教育要真正实现本土化，就必须要在教育对象、教育内容、教育资源和教学人员方面取得实质性的进展。[14]

改进本土化问题，一是要加强教学模式的本土化，改变当前依赖对外汉语时期形成的模式和经验的状况，教学的方式和内容要让当地学习者更容易接受；二是要进一步完善师资培训手段，加强对本土教师的培养，避免过度依赖中国外派教师的方式。三是要增强学习者的教育体验，提高学习主动性。

（二）多元化问题

随着世界各地汉语学习者数量越来越多，学习者的类型和学习需求逐渐形成差异化，国际中文教育的发展呈现多元化趋势。关于中文教育多元化的研究，学界已有一些论述，涉及教学活动[15]、教材资源[16]和社会需求[17]等。对于教学方式和学习方式的多样性以及教育服务需求的差异性等国际中文教育多元化问题中更为重要的方面，目前还缺乏深入研究。

　　要解决国际中文教育的多元化问题，首先，应加强和创新教学内容，拓宽教育渠道，为学习者提供更多选择。其次，应以学习者为中心，思考如何实现个性化学习方式。再次，教育服务形式要更加丰富，服务范围要进一步扩大，以满足学习者的多样化需求。

（三）均衡化问题

　　国际中文教育在全球发展不平衡。有的国家发展较快，如泰国、马来西亚等东南亚国家通过政策和法规形成了从学前教育、基础教育、职业教育到高等教育的完整汉语教学体系。[18]而拉丁美洲一些国家中文教育才刚刚起步。中文学习者主要集中于部分发达国家和与中国毗邻的国家和地区，东欧、西亚、非洲、拉美、大洋洲的一些国家和地区学中文人数不多。[19]中文教育进入国民教育体系的情况在国家之间差异较大，截至2020年底全球共有180多个国家和地区开展中文教育，有70多个国家将中文纳入国民教育体系，[20]将中文教学纳入本土教育体系的国家占比不到一半。孔子学院在世界各国的分布也不均衡，据统计，建立孔子学院最多的前18位的国家中，绝大多数为发达国家和中等发达国家，发展中国家数量十分有限。[21]在汉语教师需求层面上，国别之间表现出冷热不均的特点。[22]由此可见，教育资源、学习机会成为国际中文教育发展不均衡的两个突出问题。

　　要实现国际中文教育的高质量发展，解决均衡化问题刻不容缓。一方面，要从教育资源入手，加强教学资源共享和群体创造，利用技术赋能在不同国家和区域实现师资和课堂共享；另一方面，要扩大教育覆盖范围，打破物理疆域限制，实现教育教学活动下沉，创造更多的中文学习机会。

三、人工智能解决"三化"问题的理论分析

（一）人工智能发展及人工智能教育应用概述

　　回顾人工智能的发展历程，从算法发展和技术应用角度划分，大致经历了程序模型、概率模型和深度模型三个进化阶段（见图1）。程序模型阶段，以逻辑归纳和决策算法为基础，辅以知识库和专家系统，属于表层学习方法获得的智能；概率模型阶段，计算机使用概率理论进行推理，属于浅层学习方法获得的智能；在深度学习阶段，借助于海量数据以及强大的

计算能力，能够进行深度神经网络学习，属于深层学习方法获得的智能。

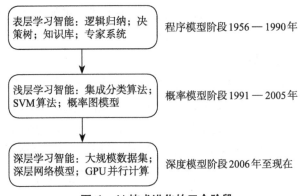

图 1　AI 技术进化的三个阶段

在表层学习智能和浅层学习智能阶段，人工智能以计算机辅助教学、计算机辅助学习等形式服务于教育行业，以程序化处理、结果反馈以及简单推理等为特征。进入深层学习智能阶段后，随着算法模型的改进和计算能力的突破，人工智能在系统化、智能化方面大大加强，能够胜任复杂推理任务，在教育行业的应用不断深化，以 AI 互动课程、个性化学习、人机互动和智慧教育等为典型应用，如表 1 所示。人工智能正在改变教育行业，为教育发展提供动力，减轻教师负担，提升学习效果，提高教育教学的质量和效率。

表 1　AI 技术在教育中的典型应用案例

案例	应用简述
猿辅导	用全新的动画 AI 互动课程模式，激发儿童的英语、语文学习兴趣
Duolingo	使用 AI 技术帮助用户学习语言，实现高效获取资源、个性化学习等
CTI	通过深度学习算法把复杂的教学内容转变成简单、易于掌握的教材和指南
Knewton	使用大数据分析和推荐系统，发展自适应学习系统帮助用户提高学习效果

续表

案例	应用简述
好未来	结合人脸识别、语音合成等一系列人工智能技术，以人机互动的形式为汉语学习者提供教学
科大讯飞	基于人工智能的智慧校园解决方案，引领人工智能技术走进校园和课堂

在中国，科技部牵头联合其他十几个政府部门成立新一代人工智能发展规划推进办公室，以此促进人工智能快速发展，涌现出一批高水平的实验室和研究院。与此同时，我国人工智能技术产出成果瞩目，在语音识别、视觉识别、机器翻译、中文信息处理等技术方面处于世界领先地位，人工智能领域论文和授权专利数量均获得了快速增长。[23]

国际中文教育"三化"问题，无论是师资本土化培训、学习者多元化需求还是教育资源不均衡等，都涉及教育者、学习者以及教育影响这三要素。国内围绕教育要素结合人工智能进行研究已取得不少进展。师资培训方面，借助人工智能建立教研和培训一体化联动智能研训体系；[24]学习者需求方面，人工智能支持个性化学习，使得任意时间、任意地点学习成为可能；[25]教育影响方面，人工智能主要有四大应用形态：智能导师系统、自动化测评系统、教育游戏、教育机器人。[26]从前述经典应用案例以及国内研究成果看，人工智能在为普通教育领域提供发展动力的同时，也为解决国际中文教育"三化"问题创造了有利条件。

（二）基于SAMR模型解决"三化"问题的人工智能应用方案

SAMR模型是鲁本（Ruben）博士针对如何在教学中选择、运用、评价信息技术的问题而创建的关于技术与教育教学进行融合的理论分析框架。[27]该模型包含四个不同层次的技术应用任务，其中，S为替代（Substitution），代表简单替换不做改变；A为增强（Augmentation），代表在原有基础上进行改良和提升；M为修改（Modification），代表对任务进行修改；R为重塑（Redefinition），代表技术带来创新和变革，对任务进行重新定义。随着信息技术与教育教学的不断融合，SAMR模型日益受到学界关注。国外学者在课堂技术整合应用情况[28]、教师使用技术改变教学[29]等方面进行探讨，国内学者认为智能技术通过SAMR模型定义的四个任务在不同等级上对教育施加影响。[30]

根据SAMR模型，AI技术在教育中的应用，通过替代任务，改变形式、保持功能，提高教育教学效率；通过增强任务，维持形式不变、加强功能，提升教育教学功效；通过修改任务，补充形式和完善功能，影响现有环境和系统，扩大现有教育教学内容；通过重塑任务，改变形式和功能，重构系统和模式，创造崭新的教育教学机会。在SAMR模型框架下，语音识别、计算机视觉、自然语言处理、知识图谱以及智能推理等AI技术和应用，以替换、增强、修改和重塑等任务作用于国际中文教育"三化"问题各要素，形成应用方案（见图2）。要加强本土融入，应重点关注教学模式、师资培训以及教育体验；要满足多元需求，应重点关注教育方式、学习方式和教育服务；要实现均衡发展，应重点关注教育资源和学习机会。

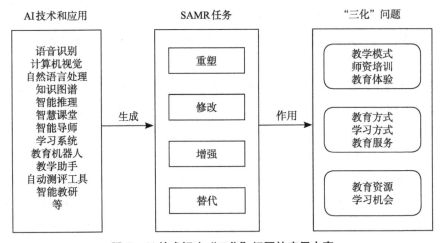

图2　AI技术解决"三化"问题的应用方案

四、人工智能解决"三化"问题的实施路径

（一）加强本土融入

人工智能解决国际中文教育本土化问题的路径主要有以下三方面（见图3）。

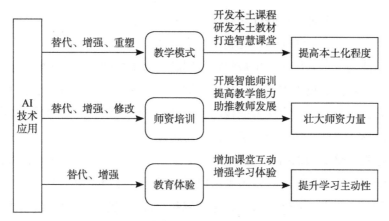

图 3　AI 技术解决本土化问题的应用路径

第一，变革教学模式，提高课程、教材和课堂的本土化程度。首先，利用智能技术开发本土化课程，以数字化形式呈现教学内容，在中文学科知识中融入当地人文、历史以及地理等本地元素，有利于减少学习过程中的文化分歧，提升知识接受度。其次，研发本土教材，构建智能教研系统，中国教师和本土教师共同参与，整合母语国和本土教学资源，实现跨区域联合编写教材，智能技术实现教材编写的自动或者半自动化，从而减少研发成本、提高研发效率。再次，打造智慧课堂，赋能教学活动，教师使用智能助手，有效管理课堂，拥有更多的时间与学生进行交流互动；通过自动翻译、自动模拟等实现知识的本土化呈现，加强理解和感知。

第二，加强本土师资培训，壮大师资力量。一是开展智能师训，改变传统师资培训方式。AI 技术从报名、授课、实践、评估、反馈等环节提供全流程支持，打破开班数量、授课方式等条件限制，增加教学实践机会，加强精准化培训，缩短培训周期、降低成本，有利于快速扩充本土师资数量。二是提高教师数字教学能力，利用人脸识别、情绪识别、自动批改等技术帮助教师进行教学管理、课堂分析、学情分析等，实时调整教学活动，提高课堂教学质量。三是助推教师发展，利用智能技术促进教师专业素养的提高。一方面，教师在科研活动中使用智能化软件工具进行数据分析、理论归纳，不断提高科研能力、更高效地服务教学实践。另一方面，在人工智能技术的支撑下，社交软件、线上会议平台等工具跨过物理疆域，帮助本土教师与域外优秀教师进行学习和合作，实现素质提升。

第三，增强教学体验，提高学习主动性。如何有效地提高汉语学习者的主动性是一个以往研究中被忽视的问题，人工智能的引入为解决这一问题提供了有力的技术支撑。一是要增加课堂互动、激发学习热情。为减少学习者畏难情绪，可应用智能技术，以动画、音视频、游戏等易于感知和理解的形式展现教学内容，学生使用答题器、智能终端进行互动交流，在这个过程中感受知识内涵，提高学习兴趣。二是增强学习体验，激发成就感。利用人工智能技术，学习者可以通过微博、微信、抖音等社会化学习平台和互联网学习App进行跨文化交流和语言知识学习，培养语言思维能力，即学即用，获得良好的教育体验，促进语言知识的习得。

（二）满足多元需求

人工智能解决国际中文教育多元化问题的路径主要有以下三方面（见图4）。

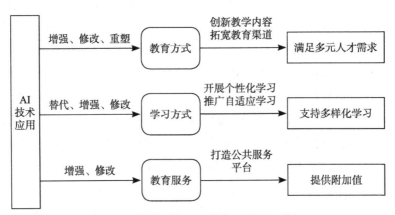

图4　AI技术解决多元化问题的应用路径

第一，改革教育方式，满足多元人才培养需求。随着中国与其他国家经济贸易等交往规模的日益扩大，"+中文"人才需求逐步增多，未来国际中文教育应着重培养"+中文"人才。一是打造云端智能课件平台，推动教学内容创新，实现资源组件化、标准化和共享化，融合传统PPT形式的多媒体课件、移动端新媒体课件以及动效网页课件形式；构建知识图谱，在内容上涵盖语言文化、专业学习、职业培训等知识，助力"+中文"教学，[31]满足多种职业类人才培养需求。二是拓宽教育渠道，积极吸纳企业机构以及社区组织等多方力量参与办学，利用企业和社区的资源优势，满足多元人才培养需求。通过打造智能教学平台，采用智能导师系统和模拟实践平台，为企业和社区的教学机构提供师资和教学资源支持，降低办学门槛、节约办学成本，实现国际中文教育在国民教育体系和民间培训体系内齐头并进。

第二，拓宽学习方式，满足学习多样化需求。一是应用人工智能赋能学习系统，开展个性化学习。整合直播课、录播课、面授课资源，挖掘慕课、微课、答疑课等辅助资源。学习者可自主选择学习方式、授课教师和授课内容，区别于以往课程不变、教师不变、时间不变的传统方式，满足学习者不同的兴趣爱好。二是推广自适应学习，实现因材施教。人工智能以学习者为中心，从学习兴趣、进度、效果、反馈等方面进行数据挖掘，实时规划学习路径、调整学习步骤，实现知识点、练习题、学习手册等资源的智能推送，加强知识掌握的精准度，提高学习效果。

第三，增强教育服务，满足市场差异性需求，提供附加值。打造国际中文教育公共服务平台，提供文化交流、学术活动、考试服务、能力测评、学习工具等增值服务，提供课堂之外的教育学习产品。人工智能技术可用于保障平台的服务质量，提高服务效率，加强服务形式创新。例如，智能组卷、阅卷技术可以促使各类汉语考试和测评服务更快地实现科学化和国际化。智慧学习工具可以扮演虚拟导师角色，以强大的信息存储和搜索能力，提供远超出人类教师所拥有的知识容量，为学习者提供附加值。

（三）实现均衡发展

人工智能解决国际中文教育均衡化问题的路径主要有以下两方面（见图5）。

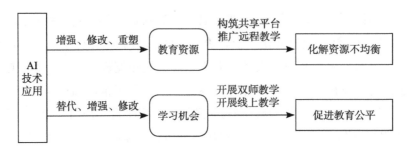

图5　AI技术解决均衡化问题的应用路径

第一，优化资源配置，化解教育资源不均衡。一是构筑资源共享平台，实现教学资源、学习资源和测评资源共享。通过AI技术融合互联网、大数据和云计算，实现资源快速传播、深度挖掘和海量存储。借助资源共享平台，不仅国内积累的优质教学资源（如电子课件、慕课资源）可以分享给世界各地的中文教师和学习者，而且海外各国的特色资源也可以通过该平台在全球范围内共享，通过群体创造实现资源在数量和质量上的提升。教学素材、数字化课件、在线课程、测评资源以及教学案例等资源的传播和分享，可以有效缓解中文教学资源在国与国之间、不同区域之间以及区域内部各个学校之间不均衡的矛盾。[32]二是推广远程教学，扩大教育覆盖范围，使不发达地区获得来自母语国和本地优秀师资提供的教学和辅导服务。AI技术可增强远程教学软件和系统，实现数据安全可靠传输，保障教学质量；通过文字处理和音画同步等技术加强互动效果，提升教学体验和教学质量。

第二，创造学习机会，促进教育公平。一是开展双师教学，扩大中文教育的受众范围，降低学习成本，让更多人拥有接受中文教育的机会，有助于教学资源下沉，化解不发达地区教育教学需求和供给之间的矛盾。人工智能技术可对双师教学中的语音、视频进行增强处理，实现教学内容无损分发，提高授课效果。二是开展线上教育，打造集教学、辅导和测试于一体的线上学习平台，开放教师、课程、教材和习题等各类教育资源，帮助更多的学习者低成本、高质量地接受中文教育。通过AI技术将录播视频与互动答题推送结合起来，帮助学习者自主检测知识掌握情况，并通过反复回放、多次练习达到完全掌握知识的目的。通过线上方式，不发达地区的中文学习者还可以获得远程辅导、远程测试等，实现"学练一体"，拥有更多的学习机会。此外，线上教育平台打破了时空限制，有助于培养持续学习、终身学习的教育理念。

五、人工智能应用于国际中文教育的挑战与对策

国际中文教育正从高速发展阶段迈入高质量发展阶段，在这个转型过程中，人工智能以技术驱动带来创新动力，对教育者、学习者和教育活动等诸要素产生重要影响。尽管人工智能为解决国际中文教育"三化"问题带来契机，但也面临一些挑战。

第一，AI技术发展水平存在国别差异。缘于社会、经济等综合实力的影响，不同国家的科技发展情况存在区别。在推动AI技术应用时，应发挥我国母语国语言资源优势和人工智能技术优势，引导国际中文教育智能化发展。采用整体规划、循序渐进策略，综合考虑国别差异因素，对于具备技术资源的国家采取合作方式，而对于技术资源缺少的国家则采取技术援助和平台共享方式。

第二，教育参与者技术素养不足。在国际中文教育应用人工智能技术的过程中，各方参与者都必须提高智能技术素养，学习有关知识，理解技术系统输出结果。对于教师和管理者而言，应加强理论基础培训以及操作实践，培养人工智能赋能意识，提高人工智能系统应用水平。对于学生素养的提高，可以采用公开课、知识竞赛以及展览展示等手段来普及相关知识。

第三，缺少配套资源支持。虽然我国已经出台人工智能教育应用相关政策，但是在国际中文教育这个细分领域缺少政策细则以及技术应用标准。因此，要加强顶层设计，主管部门在国家政策框架下制定人工智能技术应用的支持政策，引导社会各方机构积极参与、共同建设。同时，制定人工智能技术应用标准，为系统应用、平台建设、人才培养以及学科完善等提供参考依据。

六、结语

教育信息化已经成为时代主题，我国的人工智能技术也已处于世界领先地位，将快速发展的人工智能技术引入国际中文教育领域，必将推动事业更好、更快发展。本文在国际中文教育转型发展和提质增速的背景下，以本土化、多元化和均衡化这"三化"问题为切入点，对人工智能技术化解国际中文教育发展难题的理论分析和实施路径进行了初步探索。关于人工智能技术在国际中文教育中的应用，在教育本质、教学法改革、人才培养、教育环境等方面还有很多值得思考的问题。后续研究中，一方面应继续在技术如何影响教育的理论方面进行归纳总结，另一方面可就技术系统的开发进行深入研究，推进"三化"问题的解决，为国际中文教育创造新的发展空间。

参考文献：

[1] 国务院关于印发新一代人工智能发展规划的通知[J]. 中华人民共和国国务院公报，2017（22）：7–21.

[2] 教育部. 联合国教科文组织正式发布国际人工智能与教育大会成果文件《北京共识 —— 人工智能与教育》[EB/OL]. [2019–08–28]. http://www. moe. gov. cn/jyb_xwfb/gzdt_gzdt/s5987/201908/t20190828_396185. html.

[3] 祝智庭，韩中美，黄昌勤. 教育人工智能（eAI）：人本人工智能的新范式[J]. 电化教育研究，2021，42（1）：5–15.

[4] 曹培杰. 人工智能教育变革的三重境界[J]. 教育研究，2020，41（2）：143–150.

[5] 杨欣. 人工智能"智化"教育的内涵、途径和策略：人工智能何以让教育变得更聪明[J]. 中国电化教育，2020（3）：25–31.

[6] 郑艳群. 汉语教学70年：教育技术的影响及作用[J]. 国际汉语教学研究，2019（4）：69–76.

[7] 徐娟. 从计算机辅助汉语学习到智慧汉语国际教育[J]. 国际汉语教学研究，2019（4）：77–83.

[8]　崔希亮．汉语国际教育"三教"问题的核心与基础[J]．世界汉语教学，2010，24（1）：73–81．

[9]　李泉．国际汉语教师培养规格问题探讨[J]．华文教学与研究，2012（1）：51–59．

[10]　周小兵，张哲，孙荣，等．国际汉语教材四十年发展概述[J]．国际汉语教育（中英文），2018，3（4）：76–91．

[11]　吴勇毅．国际中文教育"十四五"展望[J]．国际汉语教学研究，2020（4）：9–15．

[12]　张新生，李明芳．汉语国际教育的终极目标与本土化[J]．语言战略研究，2018，3（6）：25–31．

[13]　吴应辉．汉语国际教育面临的若干理论与实践问题[J]．云南师范大学学报（哲学社会科学版），2016，48（1）：38–46．

[14]　王建军．汉语国际教育师资本土化的基本内涵、培养模式与未来走向[J]．云南师范大学学报（对外汉语教学与研究版），2015，13（3）：9–14．

[15]　陆丙甫，谢天蔚．对外汉语教学中的文本多元化[J]．世界汉语教学，2014，28（1）：113–127．

[16]　李泉，官雪．通用型、区域型、语别型、国别型：谈国际汉语教材的多元化[J]．汉语学习，2015（1）：76–84．

[17]　国际中文教育服务社会需求[J]．孔子学院，2020（1）：24–28．

[18]　光明网．国际中文教育，从热起来到实起来[EB/OL]．[2019–12–10]．https://m. gmw. cn/baijia/2019–12/10/33388058. html．

[19]　王海峰．复杂形势下的中文教育国际化之路[J]．海外华文教育，2020（5）：14–23．

[20]　教育部．70多个国家将中文纳入国民教育体系　外国正在学习中文的人数超2000万[EB/OL]．[2021–06–02]．http://www. moe. gov. cn/fbh/live/2021/53486/mtbd/202106/t20210602_535196. html．

[21]　郭晶，吴应辉．孔子学院发展量化研究（2015～2017）[J]．云南师范大学学报（哲学社会科学版），2018，50（5）：36–44．

[22]　周勇．国际中文教师供需矛盾分析与对策[J]．教师教育研究，2020，

32（2）：110–115.

[23] 人民网.人工智能　澎湃发展新优势[EB/OL].[2018–01–10].http://scitech. people. com. cn/n1/2018/0110/c1057–29756191. html.

[24] 钟绍春，钟卓，张琢.人工智能助推教师队伍建设途径与方法研究 [J].中国电化教育，2021（6）：60–68.

[25] 刘德建，杜静，姜男，等.人工智能融入学校教育的发展趋势[J].开 放教育研究，2018，24（4）：33–42.

[26] 梁迎丽，刘陈.人工智能教育应用的现状分析、典型特征与发展趋 势[J].中国电化教育，2018（3）：24–30.

[27] PUENTEDURA R R. SAMR, learning, and assessment [EB/OL]. [2014– 11–28]. http://www. hippasus. com/rrpweblog/archives/2014/11/28/ SAMRLearningAssessment. pdf.

[28] HILTON J T. A case study of the application of SAMR and TPACK for reflection on technology integration into two social studies classrooms[J]. Social sstudies, 2016, 107(2): 68–73.

[29] KIHOZA P, ZLOTNIKOVA I, BADA J, et al. Classroom ICT integration in Tanzania opportunities and challenges from the perspectives of TPACK and SAMR models[J]. International journal of education and development using information and communication technology, 2016(12): 107–128.

[30] 刘邦奇.智能教育的发展形态与实践路径：兼谈智能教育与智慧教 育的关系[J].现代教育技术，2019，29（10）：20–27.

[31] 王春辉.历史大变局下的国际中文教育：语言与国家治理的视角[J]. 云南师范大学学报（哲学社会科学版），2021，53（2）：50–63.

[32] 马箭飞，梁宇，吴应辉，等.国际中文教育教学资源建设70年： 成就与展望[J].天津师范大学学报（社会科学版），2021（6）： 15–22.

（原载于《民族教育研究》2022年第1期）

美国新任中小学中文教师的六大教学挑战及应对策略[①]

江傲霜

摘要： 新任教师处于教师职业生涯的开端。面对国外中文学习者低龄化态势，探讨新任国际中文教师在国外中小学教育体系的教学适应难题，有助于完善国际中文教育师资培养体系、提高师资培养质量、精准服务国外中文教学需求。主要采用访谈法，对中央民族大学与美国6所高校联合培养的30位中小学中文教师进行了调查。研究发现，新任国际中文教师在美国中小学面临着课堂管理、差异化教学、选择教学方法、选择课程材料、激发学生学习兴趣以及与家长交往六大教学挑战，产生根源是学科教学知识（PCK）的缺乏。研究提出建立以"三位一体""一个学习"为理念的中外联合培养机制，即"中外课程一体、实践反思一体、职前职后一体"和"终身学习"。将学科教学知识作为人才培养内核，推动新任教师专业知识转型升级，提升国外中文教学品质，加快中文教育的国际化进程。

关键词： 新任中文教师；美国；中文教育

作者简介：江傲霜，文学博士，中央民族大学国际教育学院副教授、硕士研究生导师，主要研究方向为国际中文教育。

基金项目：国家社会科学基金重大招标项目"汉语国际传播动态数据库建设及发展监测研究"（17ZDA306）；教育部中外语言交流合作中心2021年国际中文教育研究课题（21YH66C）。

① 本文在写作过程中，吴应辉教授、宋晖教授和匿名评审人提供了修改建议。特此致谢！

一、引言

海外中小学中文教育的发展催生了学习者低龄化态势，中小学生以庞大的群体数量成为中文学习者主体，将国际中文教育发展推向一个新时代。国际中文教育的转型对中文师资规格也提出了新要求。海外中文师资需求受各国经济发展状况及中文发展阶段影响，呈现显著的国别差异性和动态发展性[①]，一些国家中小学缺乏大批受过良好训练且具备资质的中文教师。"受过良好训练"指中文专业素养好，教学能力和跨文化交际能力强，熟练使用所在国语言，了解当地文化，熟悉教育体系和中小学教育方法；"具备资质"指具备在当地从事第二语言教学的合法身份资格，即持有允许工作的合法签证、永久居民身份或所在国公民身份，有些国家规定在公立学校任职还需持有政府颁发的中文教师资格证。

针对海外学习群体的变化以及对高质量中文教师的需求，学者们提出尽快建立起国别化中外联合培养机制，以实现国内外师资供需精准对接。中央民族大学国际教育学院在国内率先进行了探索，与美国六所高校[②]联合培养"三双一证"美国中小学中文教师。"三双"指学生具有双语、双文化能力，获得双学位；"一证"是持有中小学中文教师资格证。参与项目的汉语国际教育硕士在中央民族大学接受一年专业培养，学分修满后赴美国合作高校套读第二个中文教育学位，同时申请所在州中小学教师资格证。截至2021年底，该项目共培养10届毕业生88人。

本文以入职美国中小学的30位毕业生为研究对象（见表1），他们分布于美国18个州和首都华盛顿的公立、私立和特许学校。其中，小学14人，初中5人，高中11人。主要通过访谈法获取数据。先以邮件和语音消息的方式调查新任教师的教学挑战及原因，后选取6所院校毕业生各1人，使用微信电话进行深度访谈，访谈时间在60～120分钟之间，录音转写文本14万字。

---

① 吴应辉：《国际汉语师资需求的动态发展与国别差异》，载《教育研究》2016年第11期，第144—149页。

② 美国六所高校分别为布兰戴斯大学（B）、西东大学（X）、罗德岛大学（L）、波特兰州立大学（P）、马里兰大学（M）和南佛罗里达大学（N）。

表 1　受访教师基本情况

教师	毕业院校	任职学校
T1	M大学	公立学校（初中和高中）
T2	B大学	公立学校（同上）
T3	P大学	公立学校（小学）
T4	L大学	公立学校（小学中文沉浸式项目）
T5	N大学	特许学校（同上）
T6	X大学	私立学校（同上）

二、美国新任中小学中文教师六大教学挑战

新任教师又被称为新教师，一般指完成所有职前培养课程和训练，经过教学实习，获得教师资格证书，受聘于某学区，正处于从事该职业或服务第一年的教师。新教师处于教师职业生涯开端，要尽快完成从学习到职业的"环境转换"和从受教育者到教育者的"身份转化"。美国州际教师评估与支持联合会（InterstateTeacher Assessment and Support Consortium，简称InTASC①）制定了示范核心教学标准，从"学习者和学习""知识内容""教学实践""专业责任"四个维度，对新任教师应持有的教学观及相应的教学实践进行了明确阐述。调查显示，新任中文教师在美国中小学主要面临六大教学挑战，即课堂管理、差异化教学、选择教学方法、选择课程材料、激发学习兴趣和与家长交往，涉及"学习者和学习""教学实践""专业责任"三个方面。

（一）课堂管理

课堂管理是美国中小学有效教学的重要组成部分，也是一个永恒的难

①　INTASC原为州际新教师评估与支持联合会（INTASC），主要负责初任教师专业标准的制定，1992年首次推出新教师评价十大标准。2011年更名为"州际教师评估与支持联合会"（InTASC），2013年推出新文件《InTASC示范核心教学标准与教师学习进阶1.0》。为行文方便，后文简称为InTASC教学标准。

题。课堂教学具有即时性、公开性、多维性和不可预测性等特点，需要教师具有较强的应变处理能力、行之有效的管理方法和长期教学实践。27位受访教师认为课堂管理是跨文化教学的最大挑战。

1.教师对学习者年龄特征认知不足

不同阶段儿童①的年龄特征明显。InTASC教学标准指出新任教师应了解学习者成长和发展规律，能够认识到学习者及其发展模式在认知、语言、社会、情感和身心等领域中存在的差异。新任中文教师对K–12年级学生的年龄特点、思维方式、发展规律和兴趣爱好等缺乏系统深入的了解甚至认知错位，使课堂管理问题更加突出。T3职前在高中实习，入职第一年教幼儿园孩子，她坦言："完全手足无措。以前认为只要耐心给她们讲一本书就好了，结果发现他们根本不理我，满教室跑，不听我说话。"

2.学习者的成长环境影响课堂秩序

在美国，中低收入家庭或贫困家庭多居住在城市中心。市区学区、多元化学区和高度贫困学区学生的家庭结构复杂，家长社会地位较低，经济状况窘迫。学生受家庭环境、居住区域环境和聚居人群意识特征等因素影响较大，普遍存在学习动机弱、自控能力差、学习习惯不佳甚至是行为过度等问题。T1在华盛顿一所市区学校任教，第一年上课时"80%时间在课堂管理，如同灭火一样，这边压下去，那边又起来了"。

3.教师的课堂权威未能及时树立

美国中小学师生地位平等，彼此更像一种合作关系，即学生是教育产品的消费者，教师是生产者和服务者，学生没有"尊师"的意识。教师的课堂权威需要通过自身的专业知识、教学能力、人格魅力和一系列有效的管理措施来树立。赢得学生的信任和尊重是营造良性学习环境，顺利开展教学的前提。T4表示："学生喜欢你才会尊重你、认可你，跟你一起学习，你说什么他才会听。如果不喜欢你，就会不停试探你的底线，甚至故意出难题看你笑话。"

---

① 儿童的界定采用广义概念，指18岁以前。

（二）差异化教学

美国中小学实施全纳教育，学校融合了特殊教育对象①和普通教育对象。IDEA法案②要求主流学校为不同种族、文化、地区、阶层，包括残障学生，提供均等受教育的机会。InTASC教学标准强调新任教师要能根据学生的差异构建有包容性的学习氛围，设计和实施适合学习者发展的学习体验，使每个学习者都能达到高标准。教学对象多样化使班级学生的差异性更为显著，学生的学习动机、学习习惯、学习风格、学习能力、文化背景和中文水平有所区别，对待问题的看法和角度也各异；504、IEP、ADHD③等特殊教育学生需要教师或教育支持团队（EST）在课堂上给予更多关注。新任中文教师处于教学"求生存"阶段，难以充分考虑每个学生的个体特点从而实施多层次多需求的差异化教学。T5认为："差异化教学是对课程熟练和课堂管理的升级要求，在职业开始阶段很困难。"

（三）选择教学方法

美国中小学强调"以人为本"的教育理念，注重培养学生的独立性、创造性和社会参与性，使之具备解决问题的能力，学会与人沟通合作。美国学生喜欢具有自主性、体现合作性、富有挑战性、充满趣味性、能获得成就感的课堂。InTASC教学标准要求教师了解并能运用各种教学策略，帮助学生掌握和应用知识、提高技能。教师要"以学生为中心"，善于运用各种教学方法和手段，提高学生的课堂参与度，实现有意义的学习。教学方法往往植根于教师的信念中，由于新任中文教师受"教师中心论"影响较深，尚未建立起针对美国中小学生的个人教学系统，无法提取相应教学策略。T6表示："我不太了解美国学生喜欢的教学方法，也不擅长设计

---

①　特殊教育对象是指有身体缺陷、有文化语言障碍、沟通障碍、情感和行为障碍或发育滞后有特殊教育需求的儿童。

②　IDEA法案是对1975年美国颁布的《所有残疾儿童教育法》（*Individuals with Disabilities Education Act*）及后续若干次修订的美国特殊教育法案的统称。

③　504是美国1973年通过的残疾人康复法案中的第504条款，该条款为有残疾的儿童和成人提供保护，保护他们在学校、工作地点和社区不受排挤，不受不平等待遇；IEP（The Individualized Educational Plan）即个别化教育计划，指为每一个在中小学学习的残疾儿童制定的特别教育计划及与此相关的其他服务工作；ADHD（Attention deficit and hyperactivity disorder），一般指注意缺陷与多动障碍。

游戏和任务，刚入职时上课就是我讲学生听，他们一会儿就开小差、聊天了。"

（四）选择课程材料

美国各州中文发展水平不均衡，各校中文教学缺乏系统性、参照性和规范性。有些学校提供中文教材或由教师自行选择，但固定教材往往存在真实性不足、趣味性不够、滞后于教学需求等问题。新任中文教师须对其进行复杂的"二次改造"，设计有效的教学活动，选择丰富的教学资源，补充相应的教学材料，制作新颖的教具等。有些学校不提供甚至不允许使用固定教材，新任中文教师主要依据《共同核心州立英语标准》（CCSS① for ELA）确定教学内容，但如何选择课程材料仍是难题。T3在中文沉浸式项目中教授中文课、数学课和戏剧课，她表示："刚开始不知道选择哪些课程材料，每天花费大量时间备课，有时候效果也不好。"

（五）激发学习兴趣

美国中小学中文学习者体量较大，但对中文保持恒久动力且持续学习的比例不高。儿童学习中文或为父母要求，或为学校安排，或凭一时兴起等。学习动机多元化决定了学习动力差异化。由于中文考核成绩对学生的约束力小，激发学生的学习兴趣，增强学习动力成为中文可持续发展的重要推力。然而，中美文化的差异性、美国教育的多元性和教学对象的动态性等因素，使得新任教师难以在短期内快速掌握激发学生学习兴趣的方法。T2表示："刚开始上课，我不知道怎么激发学生的兴趣。学生不喜欢我，也不喜欢我的课。"

（六）与家长交往

与成人外语教育不同，美国中小学外语教师还肩负学生的成长教育责任，他们是联结学生、家长和学校的枢纽，在协调、促进家校合作中发挥重要作用。InTASC教学标准规定新任教师应与学习者、家庭、同事、其他学校专业人员和社区成员合作，促进学习者成长及自身专业发展。新任中文教师与家长沟通的有效性不足，不知如何以书面或口头方式，将学生

---

① CCSS（common core state standards）共同核心州立标准。英语标准对K–12年级学生在阅读、听说、语言和写作四个领域应学习并掌握的内容作出明确规定。

的在校表现恰当、得体地告知家长并得到支持与配合；面对家长的质疑和误解，不能有理有据、不卑不亢地解决。T2第一次见学生家长时，开门见山指出孩子存在的问题，结果家长不悦，拒绝配合。她认为："我们应该学会跟家长交往的一些语言策略和沟通技巧。"

三、美国新任中小学中文教师六大教学挑战归因

教师的专业性不仅体现在知道"教什么"，更重要的是能以易于学生理解和接受的方式，实现"怎么教"和"有效教"，这种"教会学生"的知识就是学科教学知识（Pedagogical Content Knowledge，简称PCK）。"拥有较好PCK的教师能将学科知识转化为学生可以学、能够理解的东西。"[①]新任中文教师在美国中小学面临六大教学挑战，主要原因是学科教学知识缺乏。在不同教学情境下，促进学习者有效学习的教学能力有待提高。

（一）学科教学知识的定义

1986年，美国学者李·舒尔曼（Lee Shulman）首次提出学科教学知识的概念。学科教学知识指在特定教学情境下，根据特定教学内容，"针对学生的不同兴趣与能力，将学科知识组织、调整与呈现，以进行有效教学的知识"[②]，它是"教师个人教学经验、教师学科内容知识和教育学的特殊整合"[③]，处于教师知识[④]的核心位置。学科教学知识并非不同类型知识

---

① S.P. Steve Oliver, "Revisiting the Conceptualisation of Pedagogical Content Knowledge（PCK）: PCK as a Conceptual Tool to Understand Teachers as Professionals", *Research Scinece Education*, no.38（2008）, pp.261 — 284.

② L.S. Shulman, "Knowledge and Teaching: Foundations of the New Reform", *Harvard Educational Review*, vol.57, no.1（1987）, pp.1 — 22.

③ L.S. Shulman, "Those Who Understand: Knowledge Growth in Teaching", *Educational Researcher*, vol.15, no.2（1986）, pp.4 — 14.

④ 舒尔曼的教师知识包括：学科内容知识（content knowledge）、学科教学知识（pedagogical content knowledge）、一般教育学知识（general pedagogical knowledge）、课程知识（curriculum knowledge）、学习者及其特征的知识（knowledge of learners and their characteristics）、教育情境知识（educational contexts）以及关于教学目标、目的和价值的知识（knowledge of educational aims, purposes, values and their philosophical and historical grounds）。

的拼合，而是学科内容知识①和教育学知识交互作用（Intersection），经过教师个体加工后生成的一种复合新知识。它是教师特有的专业知识，是"能够在教师的实践情境中支持具体选择与判断"②，使学科内容知识以一种"可教授"的形式作用于学生的知识。学科教学知识强调教学实践的有效性，对教师教育具有重要意义。

（二）学科教学知识的特征

1.情境性与个体性

学科教学知识是学科内容知识在不同课堂中的有效阐释和应用，直接反映教师所处教学现场的特点。学科教学知识具有明显的情境性。教学情境不同，学情、教情不同，产生的教学和学习也不同。教师要通过与情境的互动，了解学生"理解什么"和"无法理解什么"，以一种符合学生思维、能够被其理解和接受的方式传授知识。在这个过程中，教师的个体加工起到决定性作用，体现了教师的个体实践智慧。

2.实践性与经验性

学科教学知识是教师的不同类型知识在真实教学中交互生成的知识复合体，是教师基于对学科内容知识的理解和思考，在与教学实践和教学经验的"对话"中不断反思、总结、提炼、整合，重构已有知识体系转化生成的新知识。这种新知识是"教师真正理解的，能指导教师实践、教学决策、教学行为的知识，是实践形态的知识，具有实践性"③，它"是在实践中建构的（in practice），又是关于实践的（on practice），还是指向实践的（for practice）"。

3.整合性与建构性

学科教学知识不是各类知识的简单叠加，也非理论与实践的线性组合。教师掌握的学科内容知识不能自然迁移至教学实践，需要教师在了解学习者的文化背景、年龄特点和学习特点等基础上，将学科内容知识分

---

① 为方便研究，本文的学科内容知识指教师在学科教学时应具备的学科知识体系，包括课程知识、教学法知识、学习者知识、教学情境知识和教育目的知识等。

② 钟启泉：《教师研修的模式与体制》，载《全球教育展望》2001年第7期，第4—11页。

③ 杨彩霞：《教师学科教学知识：本质、特征与结构》，载《教育科学》2006年第1期，第60—63页。

解、整合、建构成符合学生认知水平的情景化知识，使学科内容知识具有教学性。学科教学知识是教师在真实的教学情境中自主构建的，它是一个循环往复、螺旋上升的过程，教师在这个过程中不断发展和成长。

（三）新任中文教师学科教学知识缺失表征

国际中文教育是一门综合性、交叉性学科，学科内容知识广泛①。中美联合培养的新任中文教师学科教学知识缺失的表征体现在三方面：

1.应对复杂教学情境的实践智慧不足

教育是一种高度情境化且不可复制的实践活动，每个课堂都独一无二，无法"克隆"。美国中小学中文教学环境复杂，教学对象层次化、教学需求多样化、教学内容多元化。新任中文教师缺乏对不同情境下教学的预判经验。在真实的教学场景中，很难迅速整合已有知识，采取有针对性的教学措施。T6表示："国内和美国大学的课程学习中，我们设计的活动都是在理想状况下能顺利进行的。但实际教学中，每个班学生的情况都不一样，同样的活动，即使同一个年级，两个班也会呈现完全相反的效果，要不停调整，这对新老师来说很难。"

2.理论知识在教学实践面前"失灵"

学科理论知识具有抽象化和高度概括化特点。因无法还原至具体情境，失去对实践的直接指导作用。当新任中文教师将职前教育所获得的专业知识、教育理念和教育知识运用于美国中小学教学情境时，发现学科理论知识很难支持其作出符合专业要求的判断和决策，实施合乎个性化场景的教学行动。T2表示："在校学习的知识和经验没有办法直接转移到工作中，我觉得中间有一个屏障，你得慢慢把屏障打开，学的东西才能穿过去。虽然我们的头脑中有一个个框架性的理论知识体系，但在实操过程中，以前学的东西用起来没有那么顺手，要重新从实际教学中得出一些新东西。"

3."零散"知识短期内系统重组困难

职前教师的学科内容知识多以陈述性知识的形式"零散"地储存于记

---

① 国际中文教育的学科内容知识包括语言学知识、中文本体知识、中文教学法知识、跨文化交际学知识、教育学知识、心理学知识等。本文不单独论述一般教育学知识对学科教学知识形成的重要作用，将其作为学科内容知识的重要组成部分。

忆中。进入美国中小学教学场景，"散点"知识需要被激活、整合、重新表征才能将教师的"学术形态知识"转化为"教学形态知识"，学科内容知识与学生间有效交互，是学习效果最优化的条件之一。学科教学知识的获得需要经验积累、实践反思和时间沉淀，在这个过程中，教师的实践智慧不断丰富。T4表示："刚开始遇到课堂管理问题时，我不知道怎么办。课后仔细查阅读研时的课堂笔记，找出关键词与课堂教学情况勾连，再有针对性地运用到课堂中。从第二年起，课堂管理就没有那么难了。"

四、美国新任中小学中文教师六大教学挑战的应对策略

中美联合培养的国际中文教师兼具中文母语教师和本土教师的优势，同时弥补了二者的不足，具有"双语双文化"特质，深受美国学校、学生和家长欢迎。新任中文教师在美国中小学面临的六大教学挑战，暴露出目前中文师资培养的弱项和短板。建立以"三位一体""一个学习"为理念的中外联合培养机制，即"中外课程一体、实践反思一体、职前职后一体"和"终身学习"，充分发挥中美院校优势，将学科教学知识作为人才培养内核，促进新任中文教师专业知识的转型升级，提高人才培养质量，更好地服务于美国中文教育发展。

（一）中外课程一体

学科内容知识是学科教学知识产生的"第一重要基础和首要来源"[①]，也是教师教学实践的重要支撑。目前，中美联合培养课程实行一体化统筹设置，突出了中方院校的中文专业课程优势和美方院校本土教育课程[②]的融入优势。但是，美国中小学中文教学相关课程宽度不够、深度不足，甚至有缺失，导致新任中文教师出现知识盲点。应加强课程内容的指向性，拓展新任教师的教学前景知识，补齐培养短板。

1.教学情境知识

美国教学情境知识主要涉及：（1）教育制度和教育政策。包括学制、

---

① 梁永平：《论化学教师的PCK结构及其建构》，载《课程·教材·教法》2012年第6期，第113—119页。

② 美国合作院校9个项目中，有7个设在教育学院，课程设置中包含大量教育学课程。

教育目标、教育法律法规、外语教育政策等。（2）教学环境。包括美国教学环境概况、教师所在州和学区的教学环境、学校的工作环境、规章制度、工作流程和人员分工等。（3）教学对象。包括美国中小学生的年龄特征、身心发展特点、学习动机与态度、认知水平、学习风格、所适应的教学方式、家庭情况、文化背景、居住区域情况以及特殊教育学生类型等。（4）教学文化。包括美国的教师文化、学生文化、教学资源文化和教学环境文化等。与显性直观的教学资源文化和教学环境文化不同，教师文化和学生文化主要指支配教师和学生个体行为方式的深层因素，如个人信仰、思维方式、价值观念等。职前教师需加强中美跨文化交际的学习，培养良好的文化理解力。

2.教学法知识

主要包括差异化教学知识和跨学科教学知识。职前教师应学习儿童心理学和认知发展相关理论知识，了解不同年龄儿童的行为特点、思维方式和学习规律等，掌握特殊教育儿童的类型特点及需求。学会在教学中观察儿童、敏锐地感知儿童的变化，从专业视角去理解、接纳和鼓励儿童。广泛涉猎不同领域的知识，如自然、地理、天文、历史、文化等，以促进不同儿童的能力发展。学习平衡注意分配，关注每个学生的需求。学生在包容、和谐、平等的学习环境下，可以更好地发挥自身的创造力和潜能。

近年来，美国中小学中文沉浸式项目发展迅速，已覆盖全美32个州，覆盖率超过60%[①]。沉浸式项目要求中文教师能够运用中文教授科学、数学、社会等其他学科，本研究有三分之一受访对象（10人）在该项目中任教。由于职前教育阶段未接受过系统专业的、基于学科的语言教学训练，如何使用中文准确有效地讲解学科内容，促进学生学科水平的发展和中英双语能力的提高成为新任中文教师的最大挑战。建议职前教育阶段独立设置《中文沉浸式教学》课程，提升中文教师多学科整合教学的能力。

3.美国文化知识

中美文化的基础价值观不同，美国文化以个人主义为基础，是低语

---

① 吴应辉、刘丹丹：《美国中小学汉语沉浸式教学面临的问题与解决方案》，载《民族教育研究》2020年第6期，第113—118页。

境、低权利距离文化；中国文化则以集体主义为基础，是高语境、高权利距离文化。中美文化的差异投射在教育上就出现教育理念、教育体制、教学方法以及对学生期待等的巨大不同，如中国人崇尚"尊师"，强调纠错教育；美国教育则以学生为中心，强调鼓励教育。美国的表层文化易被认知和接受，中层文化特别是深层文化则需要专门学习或长期接触才能逐渐理解或认同。职前教育设置《中美文化对比》课程，提高对文化差异的敏感度，是新任教师在美国教育情境下平稳"着陆"的有效途径。

（二）实践反思一体

反思是教师不断丰富和完善教学实践的内在动力，是学科教学知识形成的重要手段。美国学者科克伦等人认为，学科教学知识在"实践 — 反思 — 再实践 — 再反思"的循环往复中生成。海外教学情境复杂，国际中文教师要根据教学环境、教学对象特点等不断调整教学内容和教学方式，通过反思吸取经验教训，扬长避短，提升教学效果。中美院校应为职前教师提供更多感知和接触美国中小学的契机，促使其在实践中理解和思考"所知"，采取合乎情境的"所行"，不断反思改进，形成教师实践智慧。

1.采用案例教学

受时空所限，职前教师难以设身处地感受美国中小学课堂教学实际情况。案例教学通过真实事件或场景再现，将准教师带入具体教学情境，置身于个性化教学现场，根据"彼时彼地"产生的教学问题展开讨论，引发对该情境下"我如何教学"的思考。案例教学增加了现实感和情景感，大大缩短职前教师与美国真实教学情境间的距离感，将"所提倡的理论"知识与教学实践有机结合，培养了学生解决问题的能力，提升了反思意识。教学视频是最佳的案例教学资源，具有较强的情境体验感。

2.进入教学现场

教学现场是职前教师获得直接教学经验的第一场所。参加中美联合培养的学生，入职前均在美国中小学实习1 — 4个月不等。由于教学浸润期短，实习生"客位"身份的心理依赖较强，独自决策和处理教学中"非预设事件"的能力不足。建议延长职前教师进入教学现场的时长，增加"经验实在"（experienced reality）①的机会，将集中见习和实习改为多次、分散见习和实习，促使其在做中学，在学中反思，将显性理论知识内化为隐性教学知识，再转化生成能够指导教学实践的新知识。

3.强化专家引领

新任中文教师理论"实践化"和实践"理论化"是一个较长的过程，需要专家引领和指导。专家能够准确诊断教学"病因"，分析和挖掘问题根源，揭示现象背后的理论，选择最佳解决方案，有效促进新任教师知识的内化和再生。"在缺乏外部引领的情况下，他们往往无法突破既有的认识框架，反思的结果只能是原地打转，无法提升。"②T3表示："我每天都在写教学反思，其实我不知道要反思什么。只能把问题写出来，以后要怎么做，但我不会去想问题产生的原因。"

（三）职前职后一体

职前教育为新任教师提供了丰富的理论知识，而将理论知识转变为情境化教学能力则更多依赖于职后的教学实践。职后培养是促进新教师学科教学知识形成，加快成长为有经验教师的关键环节。实现职前职后一体化培养，有助于新任教师提升专业发展水平。

1.安排中文教学导师

由经验丰富的导师（mentor）引领被认为是新教师成长的有效途径。教学导师参与新任教师的教学过程，指导备课、观摩教学、讨论问题、帮助改进等。这种带徒式的精细化指导，在促进新教师教学能力快速提升的同时，也培养了学习能力和反思能力。受访对象中19位有教学导师，但导师的专业背景为中文且能达到预期指导效果的只有2位。尽管教学具有互通性，不过"PCK并不能在不同学科教师之间实现潜在性或现实性的教学能力转化，在某种意义上，某学科教师的PCK更多的只是表征着相

---

① 王添淼：《国际中文教师教学能力再探 —— 成为"学的专家"》，载《东北师大学报》（哲学社会科学版）2021年第6期，第150 — 155页。

② L. Fendler, "Teacher Reflection in a Hall of Mirrors: Historical Influences and Political Reverberations", *Educational Researcher*, vol.32, no.3（2003）, pp.16 — 25.

应学科内的教师教学知识"①。为新任教师安排指导经验丰富的中文教学导师，是职后学校支持教师教学成长的重要方式，应引起高度重视。

2.建立教师档案袋

档案袋是教师个体教学成长的记录，包括教师的教案、学生的作业、课堂教学视频、教师反思日志、学生的评价等。这些材料来源于教师的真实教学，是教学经验的外化形式，能够体现教师的教学过程。档案袋是新任中文教师学科教学知识形成的重要依据，使评价者"能够检测出教师将知识和理论转化成实践的过程"②。中文教师档案袋应从职前实习开始建立，实习过程就是在特定情境下向特定学生呈现特定学科内容知识的过程。档案袋中外显的教学经验，有助于教学导师全面了解新任教师的教学理念和教学起点，进行有针对性的指导。

3.形成学习共同体

新任中文教师的成长离不开职后的学习共同体，学科教学知识在群体互动、交流、协作中生成和发展。学习共同体主要包括专家、资深教师和同事。专家是新教师教学实践的理论指导；资深教师是教学示范，通过观摩和研讨，加深新教师的教学体悟；同事是新教师的成长资源，同伴互助，资源共享，共同成长。

4.强化"三位一体"的教学支持模式

"学会教学应该是持续进行的过程，必须延伸到大学后和进入教学的最初几年。"③大学应成为新任中文教师专业发展的孵化器，在其"学会教学"的过程中起到帮扶和推动作用，如成立专业发展学校，定期组织新老教师分享教学经验，举办各类教学研讨会，聘请专家现场指导；创建在线学习社区，为新教师搭建专业发展的交流学习平台。强化"职前院校—职后学校—学区"三位一体联动的教学支持模式，组成校际联盟，大学

---

① 潘小明：《学科教学知识（PCK）的理论及其发展》，载《教育探索》2015年第1期，第20—28页。

② 高旭阳：《英语教师培训档案袋的设计》，载《上海教育科研》2006年第2期，第67—69页。

③ S. Feiman-Nemser, "From Preparation to Practice: Designing a Continuum to Strengthen and Sustain Teaching", *Teachers College Record*, vol.103, no.6（2001）, pp.1013—1055.

和学区专家进入教学现场，指导新教师设计课程、选择教学材料、使用有效的教学方法。

（四）终身学习

海外教学情境复杂，教学对象和教学场景的多变性和不确定性，需要国际中文教师具备"以不变应万变"的教学能力。"不变"的是扎实的国际中文教育学科专业知识，"万变"是不同国别具体教学情境下的个性化应用。职前教育无法涵盖不可预知的教学现场和教学事件，新任中文教师要树立"终身学习"的理念，具备终身学习的能力，夯实专业知识，不断接受、更新、拓展和深化自身的知识体系，主动学习新技能，根据教学需求不断创新教学方法，改进教学手段，才能化解面临的各种"新问题"，提升教学品质。本文受访者一致认为，不断学习、与时俱进是顺利融入海外中小学教育体系，成长为有经验教师的唯一路径。

五、余论

国际中文教育的核心和基础是人才培养，未来要以需求和应用为导向，坚持面向中小学、面向区域国别深化改革人才培养模式，创新发展人才培养理念[①]。中外联合培养国际中文教师是中文教育国际化的有效路径。"双语双文化"中文教师专业素养好，教学质量高，文化融入快，国别针对性强。不仅能用他者适应的教育文化讲好中国故事，影响公共外交和人文外交形象，而且是中外文化的友好使者和海外民众全面深入了解中国的桥梁。在后疫情时代，要着力推进国际中文师资的中外合作培养模式，强化师资的"本土化"培养，打造新的国际教育人才培养生态链。

（原载于《民族教育研究》2022 年第 3 期）

---

① 马箭飞：《首届汉语国际教育专业学位研究生人才培养校长论坛成功举办》，2021 年 12 月 13 日，中外语言交流与合作中心公众号。

语素意识、语音解码及听力理解对成人英语学习者阅读理解的作用

陈天序　　李晓萌

摘要： 本文以140名成人英语学习者为研究对象，以简单阅读观的扩展模型为基础，通过五项基于计算机化的测试（工作记忆、语素意识、语音解码、听力理解和阅读理解测试），运用相关分析、路径分析等统计方法，考察受试的语素意识如何通过语音解码及听力理解共同促进阅读理解。结果显示：（1）语音解码、听力理解与阅读理解之间存在显著的相关性，但语音解码与听力理解之间的效应量较小；（2）语音解码与听力理解都直接且显著作用于阅读理解，但听力理解的解释度更大；（3）语素意识虽也直接影响阅读理解，但其通过语音解码和听力理解，对阅读理解有显著的直接贡献。本文建议英语学习者在重视语音解码和语言理解的前提下加强语素意识的培养。

关键词： 简单阅读观；语素意识；语音解码；听力理解；阅读理解；英语学习者

作者简介：陈天序，第二语言习得博士，中央民族大学国际教育学院副教授、博士研究生导师，主要研究方向为第二语言阅读与词汇学习、国际中文教育、学习者个体差异；李晓萌，卡内基梅隆大学第二语言习得博士，现任美国西华盛顿大学助理教授，主要研究方向为第二语言词汇习得与阅读。

基金项目：国家社会科学基金一般项目"面向国际中文教育的二语阅读能力发展阶梯与应用研究"（22BYY162）；国际中文教育研究课题一般项目"数字化游戏辅助国际中文词汇习得的应用研究"（23YH84C）。

一、引言

阅读理解能力是一种学习者从书面提取意义信息的能力。这种能力的发展对第二语言（二语）或者外语学习者是一个充满挑战的过程。在过去二三十年间，随着阅读成分理论逐步被人们所接受，简单阅读观（Simple View of Reading，见 Gough & Tunmer，1986）在英语学习中越来越受到重视（Quinn & Wagner，2018）。不少母语为英语的国家和地区均将其作为阅读教学的理论框架之一广泛应用于英语教育体系之中。简单阅读观主张，可以把阅读理解看作是语音解码（decoding）和语言理解（linguistic comprehension）乘积的产物，以此强调其中任何一种能力的缺失都会导致阅读理解的失败（闫梦格 等，2020）。简单阅读观认为，成功的阅读理解既离不开学习者自下而上地对书面词语的识别，又离不开自上而下地依赖其语言水平的理解。在实际操作中，研究者通常以语音解码能力代表前者，以听力理解能力代表后者。

但需要承认，对英语二语学习者简单阅读观的研究相对较少（Zhang & Ke，2020），其中关注成人英语学习者的研究更为有限（Xue，2021）。更重要的是，有关简单阅读观的很多问题目前尚未有统一的答案。其中饱受争议的问题是：简单阅读观是否真的如此简单？是否只需要学习者的语音解码和听力理解能力就足够预测其阅读理解的发展水平（Quinn & Wagner，2018）？因此，近年来学者们开始深入讨论简单阅读模型具体包括哪些技能（Garcia & Cain，2014），以及其他语言技能、学习者个体认知因素（如工作记忆等）如何与已有的两个基本要素共同影响阅读理解（Peng et al.，2020）。

鉴于此，本研究主要针对 140 名中国大学的英语学习者，以简单阅读观的扩展模型为理论基础，运用路径分析的方式，探究学习者工作记忆、语素意识、语音解码、听力理解等分技能与阅读理解之间的关系。我们假设，在控制了英语二语学习者工作记忆的情况下，语素意识将作为一个独立的预测变量，通过语音解码和听力理解的中介作用，间接影响阅读理解。本研究的结果将为二语阅读研究与英语教学在理论与教学方面提供实验证据。

二、文献综述

（一）简单阅读观在英语二语阅读中的应用

总的来看，前人关于简单阅读观有一个重要的共识，即：对于英语母语儿童的阅读发展，语音解码和语言理解虽然是两个主要要素，但随着学习者年龄/语言水平的增加，语音解码的重要性（或解释度）逐渐被语言理解所超越（Zhang & Ke，2020）。而对于二语学习者而言：语言水平相对较低时，学习者更依赖于语音解码能力；随着语言水平的提高，学习者的语音解码能力趋于自动化，因而重要性开始下降，语言理解的作用则不断增强。

同时，对于简单阅读观的一个误解是只有语音解码和语言理解能力才对阅读理解有所帮助。事实上，随着研究的深入，越来越多的研究者认为这一模型正日渐变得复杂（Peng *et al.*，2020）。研究者们在强调语音解码与语言理解这两个重要变量的同时，并不否认其他分技能（如语素意识和词汇知识等）与认知因素（如工作记忆和逻辑思维能力等）的作用（Farnia & Geva，2013）。人们开始意识到某些重要的能力，如元语言意识，虽然不一定直接影响阅读理解，但可能通过不同路径间接作用于阅读理解（Peng *et al.*，2020；Quinn & Wagner，2018）。

（二）语素意识对英语二语阅读理解的影响

语素意识是元语言意识的重要组成，指学习者对词语内部结构的敏感程度（sensitivity），在本研究中操作性定义为学习者对于词内语素结构的切分能力（Chen，2018）。考虑到语素意识可以在阅读中帮助学习者猜测复杂的陌生词，分析句法结构，以及通过语音解码进而对阅读理解产生独立的贡献（Nagy *et al.*，2014），近十年来对于语素意识在英语二语学习者阅读理解中的重要性受到人们格外关注（Ke *et al.*，2021），且针对成人英语二语学习者语素意识与阅读理解关系的研究越来越多（Zhang & Koda，2012）。由于前期大量英语母语的研究已经基本证实了语素意识对于学习者阅读理解的积极作用（Jeon，2011），近期针对英语二语学习者的一个研究倾向已转为语素意识是否直接影响阅读理解，抑或是需要通过某些上层（higher-level）分技能间接影响阅读理解。

由于研究方法和测量方式的差异，有关英语二语语素意识如何影响阅读理解目前尚未有统一的结论。一些研究认为二语语素意识直接影响阅读理解。例如，Jeon（2011）对188名韩国十年级学生，以及Xue和Jiang（2017）对139名中国大学生的调查，都得到类似英语二语学习者语素意识直接影响阅读理解的结果。然而另一些研究却并未发现语素意识对阅读理解的直接贡献（Zhang & Koda，2012）。例如，Zhang和Koda（2012）的研究证实了语素意识对阅读理解可能存在的间接影响。他们以结构方程模型为基础，通过对130名中国大学英语学习者的调查发现，当控制词汇知识的时候，语素意识不直接对二语阅读理解有所贡献，但通过词汇知识与词义猜测能力，间接显著影响阅读理解。

考虑到语素意识在二语阅读中的重要性以及其他阅读与认知要素在阅读理解中可能存在的中介作用，近期的元分析研究开始建议将元语言意识，特别是语素意识，引入简单阅读模型（Peng *et al.*，2020）。

（三）本研究的研究问题

综合前文的论述我们推测，简单阅读模型应当也适用于成人英语二语学习者，且在语言课堂中具有理论指导性与教学可操作性。但目前成人二语学习者的语音解码与语言理解能力在该模型中的解释力度如何我们尚不清楚。更重要的是，以语素意识为代表的元语言意识是否适合加入该模型，目前仍缺少实验证据。为了弥补以上研究空白，本研究主要回答以下两方面的研究问题：

（1）在控制工作记忆的情况下，成人英语二语学习者的语音解码与听力理解能力分别在多大程度上影响阅读理解？

（2）成人英语二语学习者的语素意识在简单阅读模型中是否通过语音解码和/或听力理解间接影响阅读理解？如果是，语素意识在多大程度上影响阅读理解？

三、研究方法

本研究通过在线实验，对受试进行五项与阅读相关的测试，各测试顺序随机出现，共耗时约50分钟。实验平台为Gorilla Experimenter Builder （http://gorilla.sc）。我们使用SPSS 25.0和Amos 25.0，对获取的数据进行描述性统计、相关性分析及路径分析（简单中介和连续中介）等统计研究，从而考察英语二语学习者语素意识、语音解码、听力理解及阅读理解能力之间的关系及各变量对阅读理解能力直接与间接的影响。

（一）受试

本研究以我国某大学非英语专业的一至三年级本科生及一年级研究生作为研究对象。共有140位学生（年龄在18～24岁）完成了全部五项测试，其中女生131人，男生9人。所有受试的母语均为汉语，且在中国学习英语多年，但都没有出国留学的经历。方差分析显示，三个年级本科生与一年级研究生在本研究的五项测试中组间均没有显著差异（$p > 0.05$），因此本研究将这些受试作为一个整体进行讨论。

（二）测量工具

本研究包含的五项测试全部要求受试在计算机界面完成。其中，前三项测试改编目前人研究中的常用测试，听力理解和阅读理解测试选自大学英语四、六级标准化考试的测试题。每个正确的答案计"1"分，答错或不答计"0"分。下面我们对这五个测试分别做简要介绍：

1. 工作记忆测试

工作记忆测试使用数位跨度（digital span）任务，形式改编自Chen *et al.*（2020）的测试，目的在于考察学习者基本的认知能力，在本研究中用作协变量。每个数字串均为随机出现，答题时间为7秒，满分为14分。本测试耗时约2分钟。内部一致性信度 α = 0.673，测试信度可以接受。

2. 语素意识测试

英语语素意识测试采用语素切分测试（morphological segmentation task）。在本测试中，受试需以尽可能快且准确的方式判断屏幕中央出现的英文单词是否能被切分成更小的语素。如可以，则在应分割之处输入一竖线（|）表示将该单词按照语素划分为了两个部分。例如，受试在看到单词blackboard时，如果他们认为该单词可被划分两个更小的语素部分black和board，则可在字母 k和字母b之间输入"|"，反之，受试则不需分割单词。该测试共有23个目标词，每个词的出现顺序均为随机分布。受试需在7秒之内完成每词作答，满分为23分。整个测试耗时约5分钟。

内部一致性信度 α = 0.816，测试信度很好。

3.语音解码测试

语音解码测试使用了广为接受的语音解码实验 The Test of Word Reading Efficiency（Torgesen *et al.*，1999）。在本测试中，受试在看到实验目标词后需以尽可能快且准确的方式读出电脑屏幕中的英文词。每个实验目标词的答题时间为7秒。本测试的目标词包括33个英文假词和60个英文真词，均随机选取自 Torgesen *et al.*（1999）的词表。受试的语音回答被录音，我们以英语母语者的读音为标准判断其正确性，以读音的准确性代表学习者的语音解码能力，满分为93分。整个测试耗时约5分钟。内部一致性信度 α = 0.976，测试信度极好。

4.听力理解

英语听力理解测试取自标准化考试（全国大学英语四、六级考试）的听力理解部分。共有30道单项选择题，满分为30分。其中包含16道涉及日常生活话题的英文对话以及4篇英文短文。受试需在每段听力内容播放完成之后根据题目的指示在30秒内选出符合听力内容的选项。听力理解测试耗时约20分钟。内部一致性信度 α = 0.823，测试信度很好。

5.阅读理解

英语阅读理解测试同样取自标准化考试（全国大学英语四、六级考试）的阅读理解部分。测试包含一篇完形填空（四级）及两篇英语阅读理解（四、六级各一篇）。三篇文章均选取受试较为熟悉的话题以避免因缺乏背景知识带来的阅读理解困难。完形填空和篇章阅读各包括15道小题。受试需在规定时间内，从每题的四个选项中选择出最适合的一项，满分为30分。阅读理解测试采用固定时间的方式，每个受试的答题时间限定为20分钟。内部一致性信度 α = 0.684，测试信度可以接受。

四、结果与分析

（一）描述性统计和相关性分析

对140名受试测试结果的描述性统计和相关性分析结果，见表1和表2。

表 1　描述性统计（N = 140）

测试项	题目数	内部一致性信度	平均值	标准差	95%置信区间 下限　上限	
工作记忆	14	0.673	0.73	0.14	0.70	0.75
语素意识	23	0.816	0.76	0.18	0.73	0.79
语音解码	93	0.976	0.87	0.14	0.85	0.90
听力理解	30	0.823	0.60	0.19	0.56	0.63
阅读理解	30	0.684	0.57	0.13	0.55	0.59

注：平均值、标准差、95%置信区间均为该测试中受试得分与总分的比值

表 2　各项测试的相关性统计（N = 140）

测试项	工作记忆	语素意识	语音解码	听力理解	阅读理解
工作记忆	—	0.25**	0.10	0.02	0.02
语素意识		—	0.25**	0.20*	0.18*
语音解码			—	0.19*	0.23**
听力理解				—	0.47***
阅读理解					—

注：$*p < 0.05$，$**p < 0.01$，$***p < 0.001$。下同

表2相关性统计的结果表明，受试工作记忆只与语素意识呈现显著正相关，与其他阅读要素的相关性都不显著；而语素意识、语音解码、听力理解和阅读理解相互之间都存在显著相关（$p < 0.05$）。在此基础上，我们通过简单中介和连续中介路径分析进一步探讨简单阅读模型对成人英语学习者的适用性，以及语素意识在该模型基础上的作用。

（二）简单中介路径分析

在前人简单阅读观研究的基础上（Quinn & Wagner, 2018），简单中介（simple mediation）路径的理论模型假设：（1）语音解码能力和听力理解能力都直接影响阅读理解能力；（2）语音解码能力通过听力理解

能力间接影响阅读理解能力；（3）工作记忆作为协变量可能影响阅读理解。我们通过卡方拟合优度测试（chi-square goodness-of-fit test）探究理论模型与观察模型之间的一致性。结果显示，模型拟合度良好，X^2（2, 140）= 1.49, p = 0.48（GFI = 0.995；NFI = 0.967；CFI = 1.00；RMSEA = 0.00；X^2/dF = 0.74）。简单中介路径模型（图1）显示：

（1）语音解码能力和听力理解能力分别直接且显著影响阅读理解能力（β = 0.152, p < 0.05；β = 0.442, p < 0.001）；（2）语音解码能力直接且显著影响听力理解（β = 0.185, p < 0.05），并通过听力理解间接且显著影响阅读理解（β = 0.077, p < 0.05）；（3）工作记忆作为协变量不显著影响阅读理解（p = 0.92）。

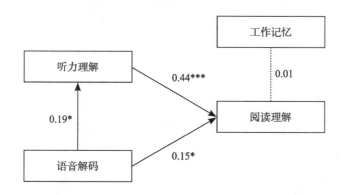

图 1　简单中介路径：语音解码与听力理解对阅读理解的影响

（三）连续中介路径分析

在相关性分析和前人研究（如：Peng *et al.*, 2020；Zhang & Koda, 2012）的基础上，我们提出了两个连续中介（serial mediation）路径的理论模型。理论模型1假设：（1）在简单中介路径模型的基础上，语素意识直接影响语音解码和听力理解；（2）语素意识通过语音解码和听力理解间接影响阅读理解。理论模型2与模型1的唯一区别在于，模型2假设语素意识会直接影响阅读理解。随后我们通过卡方拟合优度测试探究两个理论模型与观察模型之间的一致性。结果显示，模型1拟合度极好，X^2（4, 140）= 1.44, p = 0.84（GFI = 0.996；NFI = 0.979；CFI = 1.00；RMSEA =

0.00；$X^2/\mathrm{d}F = 0.36$）。模型2拟合度也极好，$X^2（3, 140）= 0.95$，$p = 0.81$（GFI = 0.997；NFI = 0.986；CFI = 1.00；RMSEA = 0.00；$X^2/\mathrm{d}F = 0.32$），但在模型2中没有观察到语素意识对阅读理解的直接、显著作用（$p = 0.48$）。也就是说，理论模型1和模型2的观察结果本质是一样的，即都不存在语素意识对阅读理解的直接影响。

因此，基于实验数据观察到的连续中介路径模型（图2）显示：（1）语音解码能力和听力理解能力分别直接、显著影响阅读理解能力；（2）语音解码能力直接但边缘（marginally）显著影响听力理解，且通过听力理解间接影响阅读理解；（3）语素意识直接且显著影响语音解码，边缘显著影响听力理解，但不直接影响阅读理解；（4）工作记忆不显著影响阅读理解，但直接影响语素意识。各变量的标准化回归权重（Standardized regression weights）及对阅读理解的直接、间接与总效应情况，见表3和表4。

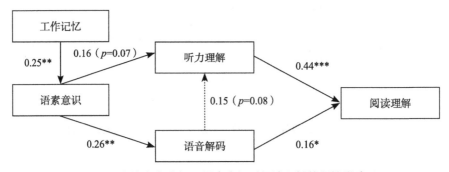

图2　连续中介路径：语素意识对阅读理解的间接影响

表3　各变量的标准化回归权重

路径	$\hat{\beta}$	S.E.	C.R.（z）	p
语素意识 ← 工作记忆	0.253	0.100	3.071	0.002
语音解码 ← 语素意识	0.264	0.064	3.095	0.001
听力理解 ← 语素意识	0.157	0.118	1.697	0.066
听力理解 ← 语音解码	0.149	0.092	1.883	0.081

路径	$\hat{\beta}$	S.E.	C.R.（z）	p
阅读理解 ← 语音解码	0.156	0.072	1.824	0.038
阅读理解 ← 听力理解	0.440	0.051	5.712	0.000

表 4　各变量对阅读理解的直接、间接与总效应

阅读理解	直接效应	间接效应	总效应
工作记忆	—	0.032**	0.032**
语素意识	—	0.128**	0.128**
语音解码	0.156*	0.066*	0.222*
听力理解	0.433**	—	0.440**

注：效应显著度为偏差校正法估计的效应标准化双尾显著性结果

五、讨论

本文在简单阅读观的指导下主要讨论了成人英语二语学习者工作记忆、语素意识、语音解码、听力理解和阅读理解之间的关系，以及在控制学习者工作记忆的情况下，各变量在多大程度上直接或间接影响阅读理解。下面我们将分别针对两个研究问题逐一讨论。

（一）语音解码和听力理解在简单阅读模型中的变异度（variations）

本文关于问题（1）的研究结果与前人对英语母语与二语儿童的相关研究在很大程度上是一致的（Florit & Cain，2011）。这一结果显示，简单阅读观对成人英语二语学习者的阅读理解具有足够的解释力。本研究发现受试语音解码能力和听力理解对阅读理解的显著贡献占比分别为15%和44%。两个变量共同解释了超过50%阅读理解的变异度，说明简单阅读观同样适用于预测成人英语二语学习者的阅读理解能力。

首先，如图1所示，听力理解对阅读理解的直接影响要显著高于语音解码的影响。如果我们将本研究的对象视为中级以上水平英语学习者的话（根据受试的自我报告显示，受试的英语水平大致在托福75～85分或雅思6～7分这一区间），这一结果似乎显示前人关于儿童英语学习者的研究结果也同样适用于成人二语学习者（Geva & Farnia，2012），即：对于达到一定语言水平的学习者而言，听力理解的重要性高于解码能力。当然，对于这一结果我们需要保持足够的谨慎。毕竟，阅读理解的测试形式在一定程度上会影响学习者语音解码和听力理解的作用：对于相对简短的文章及客观选择题，语音解码的作用似乎更强一些；而对于比较长且抽象的文章则更依赖学习者的语言理解。

其次，语音解码能力通过听力理解间接、显著影响阅读理解。这一结果可以帮助我们更加客观地理解语音解码对阅读理解逐渐减弱的直接贡献。在语言学习初期，语音解码对于阅读理解有着更为重要的直接作用。这是因为学习者需要逐渐熟悉如何用特定的书面形式来代表他们的口语——语音解码。毕竟，在阅读中对于字母与单词的识别效率越高，所占用的认知资源越少，就越有利于学习者将更多的认知资源投入更高层次的文本理解加工中（Garcia & Cain，2014）。反之，熟练的阅读者文本阅读的经历更丰富，词汇量更大，遇到陌生词汇的概率更低，词语识别、解码的速度越来越趋向于自动化。这也解释了为何语言理解能力对本研究的受试解释力更强。同时，作为词汇理解的基础，解码能力仍然直接帮助学习者理解口语中的词汇信息，进而间接地影响阅读理解。

再次，虽然工作记忆在阅读理解中的作用目前尚未有一致的结果，但本研究与桂敏（2018）、吴建设等（2013）等的结果比较一致，即工作记忆对于英语二语学习者的阅读理解没有直接、显著的贡献。需说明的是，我们不应该将这个结果简单地判定为工作记忆在阅读过程中不起作用，因为学习者的认知能力可能通过其他阅读技能发挥间接影响（Quinn & Wagner，2018）。

（二）语素意识与工作记忆对二语阅读理解的间接作用

问题（2）的研究进一步讨论了英语二语学习者语素意识对阅读理解的影响。基于Peng *et al.*（2020）的理论假设，本研究发现，语素意识不直接影响阅读理解，但通过语音解码和听力理解间接、显著影响英语二语学习者的阅读理解；工作记忆直接、显著影响语素意识，对阅读理解也有较小但显著的间接影响（见表4）。下面我们逐一对上述发现进行讨论。

第一，语素意识对语音解码存在直接贡献，这一结果与前人的研究是一致的。例如，Xue（2021）对我国大学一、二年级学生的调查发现，受试英语的语素意识对语音解码（词汇识别／词汇朗读）有直接、显著的影响。Ke *et al.*（2021）的元分析也显示，二语语素意识与语音解码之间存在中等程度的相关，这比我们发现的两者相关系数（$r = 0.25$）略强，但总体结果比较一致。事实上，相对高速且准确的词内语素识别和切分过程能够帮助学习者减少工作记忆的消耗，有利于从陌生词语中提取已知信息，从而完成书面形式的语音信息提取，达到流利阅读（Jeon，2011）的水平。

　　第二，语素意识通过语音解码对阅读理解产生间接贡献。如文献综述所述，关于语素意识是否直接影响阅读理解，前人的研究尚无定论。我们认为这与语素意识的多维度性及各研究对语素意识不同的操作性定义有关[有关语素意识的多维度性，可以参看Nagy *et al.*（2014）的讨论]。就本研究而言，语素意识的操作性定义更强调学习者抽象的词内结构切分能力，即一种更接近结构意识（structural awareness）的元语言能力。这使得本研究的语素意识，相比于那些依靠功能分析（functional analysis）的语素意识，与上层的阅读理解之间的距离更远，因此相关性较低，且需要通过中介变量间接影响阅读理解。这就解释了为何本研究中语素意识与阅读理解的相关性，以及与语音解码的相关性都要弱于Ke *et al.*（2021）的元分析结果。同时，语素意识通过语音解码、听力理解、前人研究中的词汇推测等多通道间接影响阅读理解，也再次强调了这一基础的底层元语言意识在二语阅读中的重要性。路径分析与前人多元回归分析的区别在于展现了语素意识如何通过中介变量以及不同路径最终影响阅读理解。

　　第三，工作记忆直接影响语素意识，从而间接影响阅读理解。这一结果与Quinn和Wagner（2018）近期的元分析比较相似，即：学习者工作记忆并不直接作用于阅读理解，但可以通过其他阅读技能（如语言解码能力）间接影响阅读理解。本文虽然没有发现工作记忆直接通过语音解码影响阅读理解的短途中介效应，但却发现工作记忆会影响语素意识，而语素意识又通过语音解码影响阅读理解这一长途中介效应。对于这一结果，我们认为需要保持足够的谨慎，因为这可能与工作记忆的测量方式有关。相比于某些与意义关联较多的工作记忆测试，本文中的数字跨位测试基本不涉及意义的提取，这也是为何它与语素意识存在中度相关，但与阅读理解之间不存在相关性的一种可能。

第四，语素意识和语音解码对听力理解可能存在直接贡献，但在本研究中统计上显示为边缘性显著（marginally significant）（如图2所示，p值分别为0.07和0.08）。理论上讲，语音解码与听力理解之间由于都需要进行语音加工，存在一定相关性是合理的，如同上文中简单阅读观所展示的。而作为词内切分能力的语素意识能够帮助学习者分析陌生词汇内部的语素信息及其关系，对听力理解（特别是在那些需要词语识别、分析的句子或短对话中）有所帮助也是可以接受的。但本研究中的边缘性显著结果使得我们不得不谨慎对待这些变量之间的关系。未来需要更多实证性的证据对此做进一步证实。

总的来说，当简单阅读模型加入代表学习者认知能力的工作记忆与代表学习者元语言意识的语素意识之后，其总体解释度明显增强：在本样本中，各变量直接效应与间接效应一起超过阅读理解70%的变异度（见表4）。

六、结语

从语言教学的角度来看，简单阅读观最大的优点是为语言课堂教学提供了一个可操作的基础理论框架，即将阅读理解能力分解为以语音解码和听力理解为核心的语言技能，这一分解对于教材编写者、语言教师、学习者甚至低年级学生的家长都是十分友好的（Savage，2001）。一方面，对于语音解码能力的训练应该始终贯彻于我们的英语教学之中。当英语学习者达到相对较高水平后，我们在课堂教学中更应该重视不符合拼写规则的新词朗读以及学习者对规则词语朗读的流利度（Florit & Cain，2011）。另一方面，在重视语音解码练习的同时，简单阅读观提示我们语言理解能力也可通过人为有意识地讲授、训练而提高。

同时，本研究在前人的基础上，进一步强调了语素意识在阅读理解中的作用。如桂敏（2018）所言，语言教师不仅需要重视对阅读理解有直接影响的技能，也应该从理论上明确那些影响相对较小，但不可缺少的阅读技能要素。因此，我们建议在英语二语教学中重视、增强针对语素意识的训练，例如语素切分、语素识别分类、语素能产性训练等。使得教师在理论指导下，在有限的课堂时间内能够对各阅读分技能进行有目的性的训练。

当然，有关简单阅读观还有很多问题值得我们进一步思考。首先，英语语音解码的流利度是否在正确率之上对阅读理解具有独立的贡献？其次，不同的测量形式是否会影响语音解码与语言理解在解释阅读理解时的变异度？更重要的是，其他更多认知、心理和生态（ecological）等领域内与阅读理解相关的变量的加入是否会改变简单阅读模型？我们将在今后的研究中进一步讨论这些问题。

参考文献：

CHEN T X, 2018. The contribution of morphological awareness to lexical inferencing in L2 Chinese: comparing more–skilled and less–skilled learners [J]. Foreign language Annals, 51: 816–830.

CHEN T X, KODA K, WIENER S, 2020. Word–meaning inference in L2 Chinese: an interactive effect of learners' linguistic knowledge and words' semantic transparency[J]. Reading and Writing, 33: 2639–2660.

FLORIT E CAIN K, 2011. The simple view of reading: is it valid for different types of alphabetic orthographies? [J]. Educational psychology Review, 23: 553–576.

GARCIA J R, CAIN K, 2014. Decoding and reading comprehension: a meta–analysis to identify which reader and assessment characteristics influence the strength of the relationship in English[J]. Review of educational research, 84: 74–111.

GEVA E, FARNIA F, 2012. Developmental changes in the nature of language proficiency and reading fluency paint a more complex view of reading comprehension in ELL and EL1[J]. Reading and writing, 25: 1819–1845.

GOUGH P B, TUNMER W E, 1986. Decoding, reading, and reading disability [J]. Remedial and special education, 7: 6–10.

GUI M, The impact of component skills on Chinese foreign language learners' reading comprehension under component skills analysis [J]. Journal of PLA

University of foreign languages, 41(1): 99–107.

JEON E H, 2011. Contribution of morphological awareness to second‐language reading comprehension[J]. The modern language journal, 95: 217–235.

KE S, MILLER R, ZHANG D D, et al., 2021. Crosslinguistic sharing of morphological awareness in biliteracy development: a systematic review and meta‐analysis of correlation coefficients[J]. Language learning, 71: 8–54.

NNGY W E, CARLISLE J F, GOODWIN A P, 2014. Morphological knowledge and literacy acquisition[J]. Journal of learning disability, 47: 3–12.

PENG P, LEE K, JIE L, et al., 2020. Simple view of reading in Chinese: a one-stage meta-analytic structural equation modeling[J]. Review of educational research, 91: 3–33.

PRESSLEY M, 2006. Reading instruction that works: thecase for balanced teaching(3rd ed.)[M]. New York: Guilford.

QUINN J M, WAGNER R K, 2018. Using meta-analytic structural equation modeling to study developmental change in relations between language and literacy[J]. Child development, 89: 1956–1969.

SABATINI J P, SAWAKI Y, SHORE J R, et al., 2010. Relationships among reading skills of adults with low literacy[J]. Journal of learning disabilities, 43: 122–138.

SAVAGE R, 2001. The simple view of reading: some evidence and possible implications[J]. Educational psychology in practice, 17: 17–33.

TORGESEN J K, RASHOTTE C A, WAGNER R K, 1999. TOWRE: Test of Word Reading Efficiency[M]. Austin, TX: Pro-ed.

WU J S, LANG J G, HE X J, et al., 2013. A comparative study of L1 and L2 reading comprehension models from the perspective of "component skill analysis" [J]. Journal of PLA University of Foreign Languages, 36(6): 68–74.

XUE J, 2021. The developmental trajectory of biliteracy for Chinese–English adult EFL learners: a longitudinal study[J]. Reading and writing, 34: 1089–1114.

XUE J, JIANG X M, 2017. The development relationship between bilingual morphological awareness and reading for Chinese EFL adult learners: a longitudinal study[J]. Reading and writing, 30: 417–438.

YAN M G, LI H, LI Y X, et al., 2020. The importance of decoding skills and vocabulary to reading comprehension in Chinese reading development[J]. Psychological development and education, 36(3): 311–317.

ZHANG D B, KE S H, 2020. The Simple view of reading made complex by morphological decoding fluency in bilingual fourth–grade readers of English [J]. Reading research quarterly, 55: 311–329.

ZHANG D B, KODA K, 2012. Contribution of morphological awareness and lexical inferencing ability to L2 vocabulary knowledge and reading comprehension: testing direct and indirect effects [J]. Reading and writing, 25: 1195–1215.

（原载于《外语教学与研究》2022 年第 2 期）

新时代外派国际中文教师身份认同状况调查研究

—— 以外派至英国的国际中文教师为例

冯凌宇　　王萍丽　　胡梦怡

摘要： 加强国际中文教师队伍建设是大力提升中文国际地位和影响力的重要路径之一。教师是教育教学的核心要素。如果教师的自我发展包括其内在身份认同状况良好，就能促使其在工作中发挥主观能动性，进而获得更好的教育教学效果。外派至英国的国际中文教师包括公派教师和志愿者教师两类。本文应用问卷调查法和访谈法，从"五维度/十因子"对外派至英国的国际中文教师职业发展状况进行调查。调查发现：总体上，外派至英国的国际中文教师职业身份认同感不够高，而公派教师个人职业身份认同感强于志愿者教师；各影响因子中，职业行为倾向、组织支持感和本地文化与教师总体身份认同高度相关。基于此，从加强外部保障支持、构建良好的外在身份认同环境和提高职业关键素养、促进主体内在身份认同修为两个方面提出促进外派国际中文教师职业身份认同感的具体建议。

作者简介：冯凌宇，中央民族大学国际教育学院副教授、硕士研究生导师，主要研究方向为国际中文教育；王萍丽，中央民族大学国际教育学院讲师，硕士研究生导师，主要研究方向为国际中文教育；胡梦怡，中央民族大学国际教育学院硕士研究生，主要研究方向为国际中文教育。

基金项目：国家社会科学基金重大项目"汉语国际传播动态数据库建设及发展监测研究"（17ZDA306）；国际中文教育研究课题重点项目"基于《国际中文教育中文水平等级标准》的汉语词汇认知及其教学策略研究"（21YH13B）。

关键词： 新时代；外派国际中文教师；身份认同

一、引言

根据 2021 年《国务院办公厅关于全面加强新时代语言文字工作的意见》（以下简称《意见》），大力提升中文国际地位和影响力是全面加强新时代语言文字工作七个意见中的一个重要方面。[1]《意见》明确提出要加强国际中文教育，其中特别指出要"加强国际中文教师队伍建设"。随着中国综合国力的不断增强，中文的国际地位和影响力也在大幅提升，国际中文教育成为中文国际化的重要路径，国际中文教师肩负着中文教学和中华文化传播的重任。2022 年 4 月 20 日是第 13 个"联合国中文日"，也是第 3 个"国际中文日"，中文在世界范围内依旧"很热"。截至 2021 年年底，已有 159 个国家通过中外合作方式设立了 1500 多所孔子学院和孔子课堂，180 多个国家开展了中文教育项目；76 个国家通过颁布法令政令等方式将中文列入国民教育体系，4000 多所大学设立了中文院系、专业、课程，7.5 万多所主流中小学校、华文学校、培训机构开设中文课程。据不完全统计，目前海外正在学习中文的人数超过 2500 万，累计学习使用人数接近 2 亿。[2]2020 年，新冠肺炎疫情发生以来，除了北美以外，各大洲的孔子学院数量仍在增加。欧洲虽然关闭了一些孔子学院，但又新增 15 所。[3]教育部《孔子学院发展规划（2012—2020 年）》[4]提出设立的孔子学院、孔子课堂数量目标早已实现，其提出的专兼职合格教师数量目标 5 万人（包括中方派出 2 万人、各国本土聘用 3 万人）。虽未见官方统计报道结果，但与教学机构规模相适应，其教师数量预计已超出 5 万人，即海外的国际中文教师群体数量已经非常庞大。

一直以来，教师都是海内外教学机构的核心要素，师资也被视为中文国际教育事业成败的"瓶颈"之一。[5]国际中文教师尤其是外派教师（中国派出的志愿者教师和公派教师，我们统称为外派教师）在跨文化的环境下普遍存在身份认同问题。这一问题不仅关涉教师的成长和发展，也直接影响其教学效果。加强新时代国际中文教师队伍建设，提高国际中文教师教学水平和跨文化沟通能力、增强其对国际中文教育事业的认同感和胜任力就显得尤为重要。而人在任何时候都应该有一个社会定位、有比较清晰的身份认同，教师身份认同感的提升也会激发人的能动性从而促进其专业成长[6]。要将教师首先看作一个"人"，教师唯有得到内在的身份认同，其个体的主体性、创造性和能动性才能实现。[7]因此，国际中文教师的身份认同状况关系到中文国际化推进的成效。

从社会文化角度看，身份认同不只是个人问题，也是整个社会生态系统的一部分。作为一个范畴，外语教师的身份认同是指外语教师持有的教学信念及其对所承担的社会和文化角色的确定和认同。[8]国际上关于教师身份认同的研究，始于20世纪80年代至90年代，在教师研究从技术理性转向人文主义的趋势之下，近年来教师身份认同研究成为热点。[9]国内教师身份认同的研究主要是针对英语教师，而汉语作为外语教师的身份认同研究还较为少见。通过对中国知网及万方数据资源的系统检索发现，目前国内学者对国际中文教师的研究多集中于教师培训，即多从外部规范视角去研究"国际中文教师应当如何"，而对其任职后的研究甚少。不过，基于人文主义对教师作为"主体人"的职业认同或身份认同的研究开始得到学界关注，陈诗琦、王添淼研究了国内专职对外汉语教师的职业认同问题[10]，余波对斯里兰卡本土汉语教师的身份认同做了考察[11]。外派中文教师是中国语言文化的使者，其身份特殊，也需要专门研究，鉴于此，本文对外派至英国的国际中文教师进行个案研究，以期为提升国际中文外派教师的身份认同从而更好地促进中文教育的国际化提供一些参考。

二、研究问题及设计实施

据统计，英国设有孔子学院30所，居欧洲各国之首，[12]因此，英国孔子学院国际中文教师的身份认同情况在外派国际中文教师中具有一定的代表性。本文通过问卷，对2019—2020年在英国孔子学院任教的国际中文教师进行了调查，并辅以访谈，旨在探讨英国国际中文教师的身份认同情况及其影响因素，在此基础上提出一些对策建议。本文具体研究的问题有两方面：（1）英国国际中文教师职业身份认同的现状如何，不同类型的国际中文教师是否存在身份认同差异？（2）英国国际中文教师的职业身份认同受哪些因素影响。本文主要使用问卷调查法对上述第一个问题进行了描述报告，然后结合访谈法探求了第二个问题。

基于国外研究文献并结合我国外语教学的实际，寻阳等人形成了比较具有操作意义的外语教师身份认同理论结构模型，编制并检验了一份效度和信度都很高的外语教师身份认同量表，该量表由四个维度构成，即职业认同（career identity）、专业认同（major identity）、个人认同（personal identity）和处境认同（situated identity）。[13]此表应是当前国内比较成熟的外语教师职业身份认同量表。本文在该量表的基础上设计调查问卷。

首先，本文参考该量表将其"四维度/八因子"扩展为"五维度/十因子"，确立了外派国际中文教师职业身份认同的分析框架，将文化认同和处境认同分开来，具体如表1所示。

表 1　海外国际中文教师职业身份认同的"五维度/十因子"

五维度	十因子	内涵
职业认同	职业价值观	具有传播汉语言文化的责任感和对在英国做国际中文教师的意义、价值有积极认识
	职业归属感	视自己为国际中文教师群体中的一员，并将其作为自己的终身职业
专业认同	汉语教学信念	教学目标清晰；认为汉语二语的教学目标和教学方法会影响学生的学习；认为语言与文化的关系紧密
	汉语语言水平	对汉语本体知识、中华才艺掌握以及跨文化知识掌握的自我评价
个人认同	工作投入	教师对"我是谁"以及"国际中文教师角色"有统一的认识和实践投入
	职业行为倾向	在教学实践过程中，作出有利于提高工作效能的行为、意愿、倾向或投入
处境认同	组织支持感	教学机构的教学资源和经验能在自己工作和生活面临困难时提供有力的帮助和支持，有专人经常联系和关心自己
	教学处境	与教学机构的领导、同事和学生在沟通和相处中关系融洽，能给予自己信心

五维度	十因子	内涵
文化认同	自身文化	为自己祖国的历史文化感到骄傲，并能纠正英国当地民众对中国文化的误解
	本地文化	能较快适应、融入和利用英国当地文化

其次，我们以"五维度/十因子"为基础设计调查问卷。调查问卷包括调查对象基本信息表和李克特量表。量表中每个因子设计的题目数量为4个左右，5种回答情况分别对应1—5的分值，代表被调查者的态度。最后，我们于2020年8月25日至2020年10月25日进行了调查问卷的发放和回收。问卷的发放采用任意抽样的形式，通过电子问卷的方式，向英国在岗的国际中文教师以及任期刚结束的国际中文教师发放。英国教学机构中的本土国际中文教师极少，本次调查回收有效问卷对象主要为102名外派教师。在问卷的基础上，我们又通过网上视频、语音通话等方式对其中的8位外派至英国的国际中文教师进行了访谈。

三、研究结果及分析

我们用SPSS软件对102份有效问卷进行了统计分析。经检验，本次研究的信度克隆巴赫系数均高于0.7，10个维度因子分析KMO值均大于0.7，且巴特利特球形度检验P值小于0.05，说明此次问卷数据结构信效度良好。

（一）所调查外派国际中文教师的身份认同情况

首先，为了观察被调查的外派国际中文教师身份认同的总体情况，我们将所有调查对象总分值以及五个维度/十个因子的分值与高分值4进行了单样本t-检验，结果如表2所示。

表2　所有调查对象身份认同总分值及五维度/十因子分值的单样本t-检验结果

对比项	均值（标准差）	t值	dF值	P值
总分值	3.91（0.47）	-2.016	101	0.046

对比项	均值（标准差）	t值	dF值	P值
职业认同	3.54（0.87）	−5.286	101	0.000
职业价值观	3.48（1.13）	−4.679	101	0.000
职业归属感	3.61（0.71）	−5.493	101	0.000
专业认同	3.97（0.46）	−0.737	101	0.463
汉语教学信念	4.02（0.53）	0.329	101	0.743
汉语语言水平	3.93（0.48）	−1.576	101	0.118
个人认同	4.07（0.53）	1.361	101	0.176
工作投入	4.07（0.59）	1.173	101	0.244
职业行为倾向	4.07（0.52）	1.415	101	0.160
处境认同	3.89（0.62）	−1.857	101	0.066
组织支持感	3.88（0.69）	−1.789	101	0.077
教学处境	3.89（0.64）	−1.657	101	0.101
文化认同	4.06（0.53）	1.064	101	0.290
自身文化	4.10（0.65）	1.559	101	0.122
本地文化	4.01（0.63）	0.197	101	0.845

　　由表2可以看到，这102名外派国际中文教师身份认同总分值与高分值4有显著差异（$P = 0.046 < 0.05$），且显著低于高分值4（均值差 = −0.09）。这说明他们的总体身份认同感还不够高。具体从各维度看，专业认同、个人认同、处境认同、文化认同与高分值4没有显著差异（P值均大于0.05），说明在这四个维度/八个因子上，这些国际中文教师的认同感较强。但职业认同分值与高分值4有显著差异（$P = 0.000 < 0.05$），且显著低于高分值4（均值差 = −0.46）。相应的，其职业价值观分值显著低于高分值4（$P = 0.000 < 0.05$，均值差 = −0.52），职业归属感分值也显著低于高分值4（$P = 0.000 < 0.05$，均值差 = −0.39）。这说明，外派至英国的国际中文教师的职业认同（职业价值观和职业归属感）还不强。

　　其次，为了观察不同类型的调查对象的身份认同是否有差异，我们将外派教师分为公派教师和志愿者教师两类。前者共有41名，其中男性11人，女性30人；后者共有61名，其中男性12人，女性49人；前者35岁以上约占59%，后者25岁以下约占64%。我们对两类国际中文教师五个维度/十个因子的分值进行了独立样本t-检验，结果如表3所示。

表3　两类国际中文教师身份认同总分值及五维度/十因子分值的

独立样本t-检验结果

对比项	公派教师均值（标准差）	志愿者教师均值（标准差）	t值	dF值	P值
总分值	3.98（0.41）	3.86（0.50）	−1.343	100	0.182
职业认同	3.58（0.88）	3.52（0.87）	−0.362	100	0.718
职业价值观	3.48（1.14）	3.48（1.14）	0.000	100	0.999
职业归属感	3.69（0.73）	3.56（0.70）	−0.886	100	0.378
专业认同	4.03（0.42）	3.93（0.49）	−1.090	100	0.279
汉语教学信念	4.03（0.43）	4.00（0.59）	−0.209	100	0.835
汉语语言水平	4.02（0.46）	3.86（0.48）	−1.732	100	0.086
个人认同	4.23（0.45）	3.97（0.55）	−2.333	100	0.022
工作投入	4.21（0.57）	3.97（0.59）	−2.061	100	0.042
职业行为倾向	4.22（0.42）	3.98（0.57）	−2.354	100	0.021
处境认同	4.00（0.51）	3.81（0.68）	−1.490	100	0.139
组织支持感	4.01（0.57）	3.79（0.75）	−1.626	100	0.107
教学处境	3.98（0.53）	3.84（0.71）	−1.124	100	0.264
文化认同	4.08（0.47）	4.04（0.58）	−0.400	100	0.690
自身文化	4.24（0.65）	4.00（0.64）	−1.846	100	0.068
本地文化	3.92（0.61）	4.07（0.64）	1.206	100	0.231

由表3可以看到，两类国际中文教师的身份认同总分值没有显著差异（$P = 0.182 > 0.05$）。这说明两类国际中文教师的总体身份认同感没有显

著差异。具体从各维度看，两类外派国际中文教师的职业认同、专业认同、处境认同、文化认同的分值没有显著差异（P值均大于0.05），说明两类国际中文教师在这四个维度上的认同感没有显著差异。不过，两类外派国际中文教师的个人认同维度有显著差异（$P = 0.022 < 0.05$），且公派教师显著高于志愿者教师，其中，公派教师工作投入显著高于志愿者教师（$P = 0.042 < 0.05$），职业行为倾向分值也显著高于志愿者教师（$P = 0.021 < 0.05$）。

（二）影响因素分析

基于上文统计分析结果，笔者得出以下结论：（1）外派至英国的国际中文教师的总体身份认同感不够高，特别是职业身份认同感有待加强；（2）两类外派国际中文教师的总体身份认同感没有显著差异，但公派教师的个人身份认同感要强于志愿者教师。那么，各个维度和因素中，哪些因素对外派教师总体身份认同影响较大呢？通过相关分析，我们可以得出以下结果（见表4、表5）。

表4　总体身份认同与五维度认同之间的双变量相关性

		专业认同总分	职业认同总分	个人认同总分	处境认同总分	文化认同总分
身份认同总分	Pearson相关性	0.521**	0.692**	0.793**	0.691**	0.871**

表4显示，外派国际中文教师的总体身份认同与文化身份认同的相关系数最高（$r = 0.871 > 0.8$），属于高度相关，与其他四个维度的相关系数也均大于0.5，属于显著相关。

表5　总体身份认同与十因素之间的双变量相关性

		汉语教学信念总分	汉语语言水平总分	工作投入总分	职业行为倾向总分	组织支持感总分	教学处境总分	自身文化总分	本地文化总分	职业价值观总分	职业归属感总分
身份认同总分	Pearson相关性	0.133	0.732**	0.713**	0.815**	0.813**	0.598**	0.757**	0.829**	0.668**	0.616**

表5显示，外派国际中文教师的总体身份认同与职业行为倾向、组织支持感、本地文化的总分相关系数分别为 $r=0.815$、$r=0.813$ 和 $r=0.829$，均大于0.8，说明这三个因素与其高度相关。除了与"汉语教学信念总分"的相关系数 $r=0.13<1$ 呈现微弱相关外，外派国际中文教师总体身份认同与其他六个因素的相关系数 r 值均大于0.5小于0.8，说明汉语水平、工作投入、教学处境、自身文化、职业价值感、职业归属感与其均显著相关。

可见，对外派国际中文教师总体身份认同影响最大的因素是学校组织、本地文化以及个人职业行为倾向。结合上述高度相关因素，我们又访谈了8位外派至英国的国际中文教师（3位公派教师、5位志愿者教师），鉴于访谈调查，我们将影响因素总结为两个方面。

1.外部因素

首先，中英社会对"教师"职业声望的差异，包括学生对待教师职业态度的不同。在中国"尊师重道""一日为师终身为父"的文化传统下，教师有较高的职业声望，受到社会的尊重，而在英国，师生相对是平等的，教师的威严建立在平等、相互尊重的文化背景上。国际中文教师最重要的社会认同影响来自所在机构的学生态度，即学生如何看待"教师"会直接影响外派中文教师的身份认同。志愿者教师C（24岁，女，汉语国际教育专业）说："学生清楚我教他们的时间不久，会把我当作朋友而不是老师。"因此，如果仅从中国社会和学生对"教师"的态度惯性上去期望自我的身份，只会削弱国际中文教师的身份认知。

其次，"中文热"与"中文课冷"的反差。一位职业教师的身份确立需要在教学机构的认可中不断巩固从而得到确立。当一门课程处于学校边缘地位时，会对教师职业身份认同产生负面影响。在英国大学的教学机构中，中文课一般是不受重视的，因而得到的支持力度也明显不足。如志愿者教师B（26岁，女，本科英语、硕士翻译学专业）说："有时候不知道哪里没有做好，课程就没了，只说汉语不作为长期目标，重心在其他语言上。"志愿者教师A（25岁，女，汉语国际教育专业）则提道："教学机构对所反映的教学资源不足问题没能给予及时的回应，使得我对所从事的教学工作感到有些迷茫。"在谈及"感觉任教学校及机构支持怎么样"时，多位国际中文教师认为任教机构对汉语教学支持偏少，教师难以寻求支持（包括在教材和教学计划上），从而让自己对组织支持产生疑问。

再次，身份认同构建时间较长与任教时间较短的矛盾。教师身份认同需要在相对长的时间和实践中动态构建，而外派中文教师一般任教时间为1~2年，尤其是外派志愿者教师因为担心工作的时间不长久而不能将身份认同和职业规划相统一，从而降低身份认同感。志愿者教师普遍任期1学年，虽然连续任教2年便有机会转为公派教师，但是归国后找到的工作不一定是教师岗位。因此，任教时间长、国内有教师岗的外派教师在身份认同方面会更强一些，如外派5年的公派教师A（30岁，女，汉语国际教育专业）认为"公派教师实现了我的职业理想，同时也实现了自我价值"，而外派1年的志愿者教师D（23岁，男，制药工程专业）则表示"暂不想在这一领域发展。因为任期有限，未来自己有一些其他规划"。此外，良好师生关系的建立也需要一定的时间，外派1年的公派教师C（40岁，女，语言学专业）说："（相对中文教师）英国学生对英国老师更当回事，因为他们之间更熟悉、更了解，或者说老师对学生的了解更全面，学生也了解老师的规则，相处时间也长，所以自然会更亲切或者更敬重。"可见，如果国际中文教师任职时间较短的话，一定程度上也会降低教师的职业身份认同感。

最后，特定社会公共事件（如疫情）及相关文化差异会给国际中文教师自我身份构建产生负面影响。访谈时，在问及"在英工作或生活中有没有让你受挫或失望的事情"时，公派教师A（40岁，女，语言学专业）说受疫情影响，开始上网课后，教学资源只能在网上找，教具只能自己手工制作，面授课时要顶着本地教师不戴口罩的压力，出于保护本人和学生的目的，自己戴口罩进行授课。志愿者教师D则表示在疫情期间进行中文医药教学时有压力："疫情期间不停歇地持续接诊患者，存在被感染的风险和担心。"而在谈及对待疫情的中英文化差异时，志愿者教师A说自己虽然尊重英国的文化，但对于当地人不愿戴口罩、不隔离的行为表示不理解。

2.内部因素

从总体看，英国的外派国际中文教师职业身份认同感有待加强，而从调查和访谈结果看，公派教师的个人身份认同感强于志愿者教师，这主要是由教师的个人内部因素导致的。

首先，对待教学和职业的专业态度、阅历和教学经验会影响职业行为倾向。在访谈时，三位公派教师均表示在英国任教结束以后还会在这一领域发展，但志愿者教师多数则表示不会。公派教师普遍具有一定的国内教学经验和人际关系处理能力。受访时，两类教师多认为"年龄、阅历、教学经验"是公派和志愿者外派中文教师的主要差异。因此，在个人认同维度上，外派志愿者教师就比公派教师弱。

其次，自身语言水平和对当地文化生活的态度，会影响其教学处境认同。对外派至英国的中文教师而言，英语是其生活沟通的主要语言、进行教学的辅助语言，汉语是教授的对象和内容，教学时需要扎实的汉语相关知识基础。两类受访者均表示，英汉两种语言能力在生活和教学中都很重要。当访谈问及"在英工作或生活中让你受挫的事情"时，两类教师的回答都有文化差异导致的文化不适应或文化冲突，如具体课堂教学设计、教学流程、课堂管理问题均存在中外差异，导致沟通不畅或出现文化冲突。

四、促进国际中文外派教师身份认同的建议

教师的身份认同是"作为'教师'的'人'和作为'人'的'教师'的整合，它同时具备了个体性和社会性两种属性，是个性与共性的统一体"[14]。教师身份认同也是一个动态的建构过程，即社会与个人、外部环境（包括机构组织）与教师内在情感认知之间是相互作用、相互影响的，"身份是自我认同和他人认可的统一。身份必须由互动所产生的结构建构起来，单方面的努力是不可能实现建构的，它必须依赖自我和他者在互动中的共同作用"[15]。结合前文研究，本文提出以下加强外派国际中文教师身份认同的建议。

（一）加强外部支持，构建良好的外在身份认同环境

1. 政府部门出台相关利好政策

相关派出教师的政府管理部门可优化持续性的外派政策，从任期和未来就业发展两个方面制定有利于外派中文教师迅速完成基础身份构建的政

策，使其有相对稳定和长久的职业认知，进而促使其提升其国际中文教师的身份认同。

2. 加强对教师身份认同内容的培训

具体培训机构应从使命担当和文化传播者的双重"标签"上强化培训外派汉语教师的身份认同。在出国前的培训中，应加强在国外进行中文教育实际就是从事"国家与民族的事业""国际语言文化交流的友好事业"等思想观念的教育，以增强外派中文教师的使命感和身份认同感。

3. 健全完善国内外机构的协作机制

国外中文教学机构应完善与国内派出单位的沟通机制，增强"在岗"中文教师的"在地"组织支持感。特别是针对教学工作，由于中外教育体制不同，国内外机构应协调帮助外派国际中文教师与国外中文教学机构内其他教师建立良好的合作关系，针对跨文化生活适应和重大公共事件（如疫情期间），国内外合作机构应及时给予国际中文教师心理支持和生活关怀。

（二）提高国际中文教师的职业关键素养，促进主体内在身份认同的修为

国际中文教师的职业关键素养也是其核心素养。李泉、丁安琪认为"性格禀赋、职业情感、职业认知"是教师教育的核心素养[16]。"性格禀赋"具有先天性，而"职业情感"和"职业认知"是后天可以改变的。此外，作为外派国际中文教师，外语能力和跨文化交际能力也是其关键素养。

1. 提升对国际中文教育事业的认识高度

外派国际中文教师应将中文教学视为一项传播中文的重要使命和高尚事业，要有强烈的敬业和奉献精神，充满热情和激情，全身心地投入国际中文教学工作，愿意花时间想办法解决自己和学生的问题，愿意改进和尝试新的教学方法，而不是敷衍了事，更不能有以观光旅游为主、以完成课时任务为辅等想法。外派国际中文教师应端正情感态度，将外派前的培训学习化作脚踏实地的敬业精神，积极获取外部环境的正面评价，由此提高外派中文教师的教学获得感和成就感，从而提高其身份认同感。

2. 树立长久的职业追求目标

首先，外派教师应将"高素质/优秀中文教师"作为自己职业身份的追求目标。崔希亮认为，"一个高素质的汉语教师"应具备一定的知识结构（如汉语知识、外语知识、教学法知识等）和能力结构（如语言表达能力、理解能力、文化敏感性、课堂控制能力、人际交往能力等），还要把汉语教学作为一生的事业。[17]其次，外派教师要具备教学信念和专业发展信念。教学信念是知识体系中的核心知识，并决定了专业发展信念的取向。[18]外派中文教师不能抱着"走一步看一步"的心态，而应该将国际中文教学当作一门学科来看待，并能用更长远的教师职业目标来规划和要求自己，唯有如此，才能稳固提高其身份认同感。

3. 提高综合素养，特别是跨文化交际素养

作为外派教师，首先要面对跨文化的教学和生活环境，因此熟练掌握当地语言、系统了解当地文化是顺利开展工作的必备语言文化素养。此外，要特别注意在复杂的文化环境中提升自己的跨文化交际能力。赵金铭将"良好的人际关系"列为中文教师素质的一个重要方面。[19]外派中文教师身处海外社会文化环境中，更需要注意提高人际交往能力，处理好与周围师生的关系，以帮助自己身份认同的构建和改善。此外，还要注重提升外派教师的在线教学能力，主动适应教师角色的变化。[20]

外派国际中文教师的个人努力，能改善和提升其在海外环境下的身份认同感，而身份认同感的提高，反过来又会促进其专业发展和职业成长，二者可形成一种良性循环互动关系。

五、结语

随着中文世界地位的提升，国际中文教师已然成为一个具有广阔发展前景的职业。从总体上看，国际汉语师资问题既表现为"量"的短缺，也表现为"质"的不足，而且在整体上"量"的短缺掩盖了对"质"的需求。[21]促进国际中文教师的身份认同是从内部加强国际中文教师"质"的一个方面，尤其是在新时代国家语言文字工作的统一规划下，国际中文教师的身份认同是教师教育与发展领域的重大"课题"，不仅关乎每位教师的心理

问题、情感问题，也关乎师生关系、同事关系，更直接关乎教学的状态和效果，在一定程度上也影响着汉语国际传播事业的发展和质量提升。

　　本文通过对外派至英国的国际中文教师案例分析，探讨了国际中文外派教师的总体职业身份认同情况及其影响因素，从教师外部认同支持和个人内部修为两个方面给出了一定的建议。身份认同是一个相对动态的过程，国际中文教师身份认同状况的跟踪调查也是一个值得继续深入探讨的课题。

参考文献：

[1]　国务院办公厅关于全面加强新时代语言文字工作的意见[EB/OL].（2020–09–14）[2021–05–01]. http: // www. moe. gov. cn / jyb_xxgk / moe_1777 / moe_1778 /202111 / t20211130_583564. html.

[2]　中文走向世界，共筑美好未来[EB/OL].（2022–04–20）[2022–05–01]. http: // www. chinese. cn / page /#/ pcpage / article? id = 1043 & page = 2.

[3]　全世界孔子学院数量在增加 孔子学院代表中国软实力强大[EB / OL].（2021–03–10）[2021–05–01]. https: //news. iresearch. cn / yx /2021 /03 /363834. shtml? from = singlemessage.

[4]　中华人民共和国教育部. 孔子学院发展规划（2012 — 2020年）[EB / OL].（2013–02–28）[2022–04–01]. http://www. moe. gov. cn/jyb_ xwfb / gzdt _ gzdt /s5987/201302/t20130228_148061. html.

[5]　崔希亮. 汉语国际教育"三教"问题的核心与基础[J]. 世界汉语教学，2010（1）：73–80.

[6]　黄景. 教师身份·教师能动·教师自主：二十年从教经历的反思[J]. 教育学术月刊，2010（8）：27–31.

[7]　李茂森. 教师的身份认同研究及其启示[J]. 全球教育展望，2009（3）：86–90.

[8]　裴丽，李琼，张素蕙. 教师身份认同研究的国际前沿与知识基础：基于2000 — 2016年国际核心期刊的文献计量分析[J]. 比较教育研究，2017（8）：86–94.

[9]　RICHARD J C. Second language teacher education today[J].

RELCJournal, 2008(39): 158–177.

[10]　陈诗琦，王添淼. 对外汉语教师职业认同现状调查与分析[J]. 华文教学与研究，2019（4）：44–53.

[11]　余波. "他者镜像"视角下的非本族语汉语教师职业身份认同构建[J]. 广东技术师范学院学报，2018，39（1）：55–60.

[12]　李今，刁小卫. 孔子学院时空分布初议[J]. 中国民族博览，2021（3）：84–86.

[13]　寻阳，孙丽，彭芳. 我国外语教师身份认同量表的编制与检验[J]. 山东外语教学，2014（5）：61–67.

[14]　李茂森. 教师身份认同的影响因素分析[J]. 教育发展研究，2009（6）：44–47.

[15]　曲正伟. 教师的"身份"与"身份认同"[J]. 教育发展研究，2007（7）：34–38.

[16]　李泉，丁安琪. 专业素养：汉语教师教育的起点与常态："素养—能力—知识"新模式[J]. 云南师范大学学报（对外汉语教学与研究版），2020，18（5）：1–9.

[17]　崔希亮. 汉语教师的知识结构、能力结构和文化修养[J]. 国际汉语，2012（0）：86–90.

[18]　李泉. 汉语国际教育硕士的教学信念和专业发展信念[J]. 云南师范大学学报（对外汉语教学与研究版）. 2015（3）：1–8.

[19]　赵金铭. 汉语作为外语教学能力标准试说[J]. 语言教学与研究，2007（2）：1–10.

[20]　赵杨. 汉语国际教育的"变"与"不变"[J]. 天津师范大学学报（社会科学版），2021（1）：7–14.

[21]　吴应辉. 国际汉语师资需求的动态发展与国别差异[J]. 教育研究，2016（11）：144–149.

（原载于《民族教育研究》2022年第3期）

民间文化研究

裕固族驼户歌传唱研究

—— 兼谈文化的传播与生成机制

钟进文

摘要： 中国西北地区流传着一种用汉语西北方言演唱的反映骆驼队运输生活的系列歌谣，俗称驼户歌。裕固族驼户人在传唱这些歌谣的过程中，逐渐将其转化成裕固族民歌。裕固族民歌已被列入第一批国家级非物质文化遗产名录。这一现象不仅是语言媒介的转变，而且是关涉民族文化传播与生成机制的深层问题。

关键词： 裕固族；驼户歌；传唱；文化传播；生成机制

中国西北地区的巴丹吉林沙漠边缘生活着一支裕固族驮队，他们口中流传着一种反映骆驼放牧、骆驼运输以及驼队生活的歌谣。其中，既有当年拉骆驼的人——"驼把式"——在途中学唱的其他地域或民族的歌谣，也有其自编自唱的小曲，还有后人学唱、改编的新歌，本文统称为驼户歌。

三十多年前，笔者刚参加工作，在第一次田野调查时，就将这支裕固族的驼队文化作为调查对象。经过两个多月的调查，笔者撰写了一篇调查

作者简介：钟进文，文学博士，中央民族大学中国少数民族语言文学学院教授、博士研究生导师，主要研究方向为中国少数民族文学。

基金项目：国家社会科学基金重大项目"中国当代少数民族作家资料库建设及其研究"（15ZDB082）。

报告《近现代丝绸路上的裕固族驼队文化》①，发表后很快被《高等学校文科学报文摘》转载②。此后，这篇调查报告先后以《明花地区的裕固族驼队》③、《裕固族驼队走四方》④、《裕固族驼队的发展演变》⑤等三种文本形式收录于不同时期的文献资料中。裕固族驼队文化已成为裕固族文化的重要组成部分。

时过境迁，拉骆驼的老人走了，但是他们留下了故事和歌声。昔日拉骆驼的裕固族老人的驼户歌，经过一代代后人传唱，又衍生出许多新的民歌，有些还走向舞台，成为展演裕固族文化的窗口；也有部分歌谣在民间流传，形成新的变体，成为裕固族喜闻乐见的艺术形式，并承载了裕固族新的文化内容。下文主要呈现在中国西北地区广为流传、并且用汉语方言演唱的驼户歌逐渐演变成裕固族民歌的过程，以此探讨文化的传播与生成机制问题。

一、裕固族驼队概述

据文献记载和田野调查访谈，裕固族驼队大致兴起于清光绪十年（1884）前后⑥。此前，裕固族养殖骆驼的数量不多，而且骆驼大多用于在四季轮牧中搬运帐篷。裕固族主要驻牧于祁连山内，只有一部分居住在山口或山外的裕固族才饲养骆驼。但是，在裕固族周边地区从事农业生产的

---

① 钟进文：《近现代丝绸路上的裕固族驼队文化》，载《西北民族大学学报》（哲学社会科学版）1991年第1期。

② 钟进文：《近现代丝绸路上的裕固族驼队文化》，载《高等学校文科学报文摘》1991年第4期。

③ 钟进文：《明花地区的裕固族驼队》，载中国人民政治协商会议肃南裕固族自治县委员会编：《肃南文史资料》第一辑，内部资料，1994年，第98—108页。

④ 钟进文：《裕固族驼队走四方》，载张志纯、安永香主编：《肃南史话》，兰州：甘肃文化出版社，2007年，第78—85页。

⑤ 钟进文：《裕固族驼队的发展演变》，载中国人民政治协商会议肃南裕固族自治县委员会编：《肃南文史》第八辑，内部资料，2016年，第143—154页。

⑥ 被访谈人：安立寿（男，65岁，肃南县明花乡深井子村村民）；访谈人：钟进文；访谈地点：肃南县明花乡深井子村；访谈时间：1990年8月3日。

汉族却很早就饲养了成百上千的骆驼，他们于每年秋收后开始组织驼队从事运输活动。约1880年前后，天津的外国商人派人到西北各大牧区收购羊毛，羊毛最初主要由农区的汉族驼队涉入牧区进行驮运，后来裕固族才逐渐加入。

　　裕固族驼队的运输路线主要是从甘肃酒泉到包头、呼和浩特，或从甘肃张掖到宁夏石嘴山一带；向西从星星峡到新疆的哈密、巴里坤、迪化（今乌鲁木齐）等。驼队通常先到酒泉、张掖、敦煌等地，将小商贩从牧区收购的皮毛等货物捆装成驮子，然后长途跋涉，过居延海，穿越腾格里沙漠，在茫茫戈壁中行走约一个多月，才能将货物送到目的地包头等地。

　　在中华人民共和国成立初期，裕固族驼队还承担了一些其他职责。例如裕固族驼队为参加剿匪斗争的解放军运送粮草、武器弹药等支援物资，保障了解放军在前线的作战需要。①

　　1956年，裕固族地区成立了第一个初级牧业合作社。合作社为了增加劳动力，将零散牲畜集中起来发展畜牧业。仅以骆驼一项为例，1949年明花乡只有一千余峰骆驼，1957年则多达一千九百余峰，这充分显示了牧业合作社的优越性。②石油地质勘探工作在全国范围开展之后，裕固族驼队又担当起了运送地质勘探人员的重任。驼队成员不畏艰险，和地质工作者一起跋山涉水，风餐露宿，既是向导，又是助手。并且，驼队中还有成员成长为裕固族的第一代石油工人。

　　人民公社成立后，裕固族驼队以生产队为单位，开始了新的驮运活动。1964年，明花一带组织了680峰骆驼的驼队，向西至玉门一带从事运输，从毛化拉山出发，为玉门的向阳砖瓦厂运送干土。这时的驼队组织形式和生活习俗仍沿袭之前的惯例，但劳动所得归集体所有，按日结算，驼队每日可收入七千元左右。1972年，玉门毛化拉山公路建成通车，驼队全部撤回，之后便在肃南县境内为工农业生产服务。驼队主要从额济纳向肃南县商业局运碱，或从高台县盐池向肃南县皮毛厂驮运工业用盐，此

────────────

① 《肃南裕固族自治县明花区志》编委会编：《肃南裕固族自治县明花区志》，兰州：甘肃人民出版社，2006年，第322页。

② 田惟均：《肃南建县前后的民族贸易简况》，载中国人民政治协商会议肃南裕固族自治县委员会编：《肃南文史》第八辑，内部资料，2019年，第120—122页。

外也从高台盐池向石泉子火车站驮运工业用芒硝。随着交通运输业的发展，1981年春，裕固族最后一支驼队解散，从此结束了裕固族驼队运输的历史。

目前，肃南县明花乡及山区周边的乡村牧民仍饲养着两千峰左右的骆驼，但已不再用作运输工具，而是作为观光游客的骑乘工具，以及生产驼绒和作为肉食牲畜出售等。据报道，2020年，在政府引导、合作社和企业带动下，明花乡利用骆驼的资源优势，以合作社和驼户为基础，引进驼奶加工企业，逐步建立集驼奶生产和加工销售为一体的骆驼奶产业链，形成特色产品，打造驼奶富民之路。①

二、传唱 —— 诉说驼户人苦难生活

从内蒙古到新疆，从陕西到甘肃，西北广袤的土地上一直流传着关于驼队运输、生产生活的各种歌谣，例如内蒙古二人台《拉骆驼》系列及新编歌曲《拉骆驼的黑小伙》《拉骆驼送军粮》等。其中，大众耳熟能详的《沙里洪巴（哪里来的骆驼队）》是王洛宾改编的一首哈密民歌。民间流传的歌词如下：

> 哪里来的骆驼客，沙里洪巴嘿
> 新疆来的骆驼客呀，沙里洪巴嘿
> 骆驼驮的啥东西呀，沙里洪巴嘿
> 辣椒，胡椒，姜皮子，沙里洪巴嘿
> 姜皮子，胡椒，啥价钱，沙里洪巴嘿
> 三两三钱三分三呀，沙里洪巴嘿
> 门前挂的破皮靴呀，沙里洪巴嘿
> 有钱没钱请进来的，沙里洪巴嘿
> 有钱的老爷炕上坐呀，沙里洪巴嘿

---

① 佚名：《肃南县明花乡：骆驼产业敲开牧民增收致富"幸福门"》，张掖市农业农村局，http://www.zhangye.gov.cn/nyj/dzdt/xqdt/202007/t20200701_452108.html，2020-07-01/2021-02-01。

没钱的老爷地下坐呀，沙里洪巴嘿①

近年来，甘肃音乐人张尕怂致力于收集各种民间歌谣，改编、再创作西北社火小调、地方戏曲、花儿等，也曾演唱《拉骆驼》，并获得"2020中国年度新锐榜"音乐人奖，其演唱的《拉骆驼》歌词如下：

拉骆驼上了个工，喊了个第一声
骆驼多，链子长，时时步步要小心
这就是我们拉骆驼也不是个好营生
拉骆驼上了个工，喊了个第二声
张家口，驼垛子，丢掉了一根绳
这就是我们拉骆驼也不是个好营生
拉骆驼上了个工，喊了个第三声
走口外，去驮盐，两眼泪涟涟
这就是我们拉骆驼也不是个好营生
拉骆驼上了个工，喊了个第四声
丢父母，撇妻子，大坏了良心
这就是我们拉骆驼也不是个好营生
拉骆驼上了个工，喊了个第五声
翻过梁，爬过了山，丢掉了一只鞋
这就是我们拉骆驼也不是个好营生
拉骆驼上了个工，喊了个第六声
端起碗，想起了，八十岁的老母亲
这就是我们拉骆驼也不是个好营生
拉骆驼上了个工，喊了个第七声
年轻人，撇下了，家中的小情人
这就是我们拉骆驼也不是个好营生

① 王洛宾：《沙里洪巴（哪里来的骆驼队）》，载董克钧制作：《王洛宾歌曲精选集·演唱篇》，台北：风潮音乐唱片公司，1993年。

　　拉骆驼上了个工，喊了个第八声

　　刮大风，下大雨，冻坏了一双脚

　　这就是我们拉骆驼也不是个好营生①

　　从上述歌谣可知，驼队的运输充满艰难，拉骆驼"不是个好营生"，但是为了发展经济，为了养家糊口，人们又不得不走上这条路。拉骆驼搞运输，对一直以从事畜牧业生产为主的裕固族而言，更是一种全新的挑战。可以说，裕固族在驼队生活中付出的辛苦努力和经受的各种磨难，给每位听众都留下了深刻的印象。

　　在裕固族中最初传唱的驼户歌只有一个主题——诉说苦难。传唱的歌谣能够反映驼队在运输中各个环节经受的苦难；而且，歌谣全部用汉语西北方言演唱，也可能是从其他民族传入的。如《驼户难》：

　　　　（一）

　　驼户人儿嘛难，

　　毛盖儿锈成了毡片儿。

　　驼户人儿嘛难，

　　赶早嘛立了秋，

　　后晌嘛冷飕飕，

　　驼户人儿嘛难。

　　　　（二）

　　驼户人儿嘛难，

　　自做自吃自个儿缝，

　　若要是鞋儿烂，

　　还要自己缝。

　　驼户人儿嘛难，

　　头发嘛千条线，

　　毛盖儿锈成个毡片片儿，

---

　　①　张尕怂：《拉骆驼》，载《山头村，人家》，独立发行，2014年。

还得自个儿梳。①

这首歌有多种变体，非常形象地描绘了驼户人在拉骆驼过程中风餐露宿、风尘仆仆、无人照料、日夜兼程的心酸生活。驼队运输一般由饲养了大批骆驼的人家进行组织。驼队有一套严密的组织方式，以一顶帐篷为一个联合体，十至十一峰骆驼为一链子，由一个人掌管。十个人住一顶帐篷，同住一顶帐篷的驼户人吃、住、行要统一行动。拉骆驼的人被称为把式。

> 驼户人儿嘛难，
> 若要是走哪里，
> 链链儿编起来，
> 站大了四更天，
> 站小了二更天。
> 吃的是那人饭，
> 学的是那鬼叫。②

驼队一年运输的起始时间俗称"起场"，一般在农历八月十五日左右。"起场"前要选出驼队的打头（领头）链子和梢尾链子，这一前一后是驼队的灵魂。打头链子必须由经验丰富的把式掌管，其职责是识别道路方向，观察水草的情况，掌握歇站和骆驼小便的时间（骆驼每行走十里停下来小便一次，把式们也可休息一下）。梢尾链子的把式要有威信，全驼队的把式都要听从他的指挥，他主要掌控驼队行走的速度，以及关注是否有掉落驮子、骆驼脱链等情况发生。有些驼队还有管家骑马随行。例如：

---

① 被访谈人：贺西平（男，75岁，甘肃省肃南裕固族自治县明花乡贺家墩村村民）；访谈人：钟进文；访谈地点：甘肃省肃南裕固族自治县明花乡贺家墩村；访谈时间：1990年6月22日。

② 被访谈人：贺西勇（男，68岁，甘肃省肃南裕固族自治县明花乡贺家墩村村民）；访谈人：钟进文；访谈地点：甘肃省肃南裕固族自治县明花乡贺家墩村；访谈时间：1990年6月22日。

　　走到那有水的地儿，

　　骑马的那个踩场子，

　　驼户人儿嘛难

　　驼户人儿嘛难

　　场子嘛踩好了，

　　各把各的行行儿刮，

　　各把各的骆驼卸，

　　哎吆吆，

　　…………①

　　驼队起场前要定好二链手，即两个链子的把式互为搭档，在整个路途中要相互协作，即使有矛盾也要忍让，不得更换人选。驼队的把式以年轻人为主，入选驼队、成为把式是当时裕固族小伙子长大成人的标志。驼队组编骆驼链子时，每个链子要搭配一峰或两峰生驼（没有使役过的骆驼羔），把式在途中还有驯驼的任务。

　　驼队有严格的值班制度。值班人又称抓锅人，由抓锅（做饭掌勺人）和帮锅两人组成。从歇站到第二天起站的这段时间为值班时间。帐篷扎起后，闲班人（前一天下班的人）去抬水，抓锅人和面做饭。歌中这样唱道：

　　帐篷嘛拉起来。

　　饭锅在八柱前，

　　抓锅的去和面，

　　收拾着啥面吃，

　　哥儿弟兄们面条儿嚼，

　　…………②

---

① 被访谈人：贺西平（男，75岁，甘肃省肃南裕固族自治县明花乡贺家墩村村民）；访谈人：钟进文；访谈地点：甘肃省肃南裕固族自治县明花乡贺家墩村；访谈时间：1990年6月22日。

② 被访谈人：贺西平（男，75岁，甘肃省肃南裕固族自治县明花乡贺家墩村村民）；访谈人：钟进文；访谈地点：甘肃省肃南裕固族自治县明花乡贺家墩村；访谈时间：1990年6月22日。

驼队有严格的作息制度，起场前掌柜子把骆驼交给把式，把式们要记住自己链子的每一峰骆驼，而且要编排好前后顺序。把式不能骑骆驼，而是一直拉着骆驼徒步行走。驼队一般中午十二点起站，到次日凌晨一二点才能歇站，这样一是因为白天可以放牧，骆驼能吃草恢复体力；二是晚间凉爽，骆驼行路劲健。值班人做完饭还要"下夜"，即到卸骆驼驮子的地方巡逻，防止盗匪袭击。

> 下夜的嘟噜噜转，
> 火也那不得烤，
> 觉也那不得睡，
> 忽听那狗娃儿叫，
> 忙把那行行转，
> …………①

歇站后吃过早饭，抓锅人开始交班，起站时锅具由接班人收拾包装。骆驼轮流放牧，放骆驼的人天一亮就要去收骆驼，中午前必须将骆驼收回。《牧驼歌》这样唱道：

> 好一个夏叶子天，
> 赶早的太阳照西边，
> 跑得怎么样？
> 跑得腿儿酸，
> 晒得怎么样？
> 头儿里流汗珠，
> 渴得怎样？

---

① 被访谈人：贺西平（男，75岁，甘肃省肃南裕固族自治县明花乡贺家墩村村民）；访谈人：钟进文；访谈地点：甘肃省肃南裕固族自治县明花乡贺家墩村；访谈时间：1990年6月22日。

渴得口儿里干。①

关于放牧骆驼的人，另一首歌谣描述得更加生动形象：

穿的是八斤半的鞋，
背的是丈八长的鞭，
吃的是麻雀儿的粮食。②

每一次起站搭驮子，把式之间必须相互配合，只有两人配合才能把驮子搭起来；而且速度要快，如果生手的动作不够利索，他随时都有挨打挨骂的可能。起站、歇站是驼队活动的关键环节，要求动作麻利、速度快，无论掌柜子还是把式们都不容马虎，否则，驼队若在途中遇到劫匪，将会陷入险境。

（一）
旦要说来上个毛日鬼，
丢我一个不体的面，
掌柜子又花钱，
把式们又受怕，
丢了一个不体的面，
丢了一个不体的面，
…………

（二）
土匪拦路吓死人，

---

① 被访谈人：妥九义（男，63岁，甘肃省肃南裕固族自治县明花乡深井子村村民）；访谈人：钟进文；访谈地点：甘肃省肃南裕固族自治县明花乡深井子村；访谈时间：1990年7月10日。

② 被访谈人：妥九义（男，63岁，甘肃省肃南裕固族自治县明花乡深井子村村民）；访谈人：钟进文；访谈地点：甘肃省肃南裕固族自治县明花乡深井子村；访谈时间：1990年7月10日。

抢走骆驼打伤人，

讨饭到家门，

身无半分文。①

驼队的旅途生活寂寞单调，如果遇上雨雪天气，或行至水草丰茂之地，驼队便要休息几日，驼户们可以摔跤、打牌。

"打搅儿"是流行于甘肃、青海农业区的一种曲艺形式。它擅长讽刺、逗趣，是说书人在演唱长篇故事时起垫场作用的一种插曲，或为招徕听众，或调节故事的凄凉悲哀情绪，或在演唱休息时活跃场内气氛，与正式的演唱内容无关。这种曲艺形式在河湟方言中被称为"打搅儿"。裕固族驼队在旅途生活中为了消除寂寞、抒发情感，也学会了"打搅儿"。早年在裕固族驼户中比较流行的"搅儿"有如下几种：

（一）

十三，十三，二十三，

老鼠衔了个天鹅蛋，

大娃子衔，二娃子衔，

一衔衔了个嘉峪关，

…………

（二）

提留席子破红帐，

街上来了个老搭档，

打一鞭上青天，

青天赢了一盘蛇，

孙娃子吓得叫太爷，

太爷活了九十九，

一把弓箭不离手，

———————————

① 被访谈人：贺西平（男，75岁，甘肃省肃南裕固族自治县明花乡贺家墩村村民）；访谈人：钟进文；访谈地点：甘肃省肃南裕固族自治县明花乡贺家墩村；访谈时间：1990年6月23日。

…………

（三）

兔子兔子往南走，

你姓啥？

我是天上的白鸽子。

白鸽子不系红头绳，

我是天上的孙悟空。

孙悟空不拿金箍棒，

我是天上的蜘蛛王。

蜘蛛王满天里打着吃枣儿，

将木（刚刚）打了二十四个大枣儿，

将木吃一个，

官老爷喊着备马呢，

鞍子辔头哪里呢？

鞍子辔头树上挂着呢，

散子花儿香，

井架梅花落，

…………

（四）

特尔哟哟，打一搅

南山五坡割麦子，

挣了一对白银子，

背到大街大什字，

碰到我的乡党王麻子。

拉拉扯扯下馆子，

跑趟的三娃子，

端着来了四个菜碟子，

吃饱了盒叶子，

过来了张家白胡子，

一拉拉到对门子，

一拉拉到她院子。

揭开门帘子，

炕上睡的玉莲子，

端着来的五楼四的烟盘子，

将木滋遛滋遛抽球子，

来了两个衙役的，

铁绳打到脖子里，

后头呢跟着那个下把子，

散子花儿香，

井架梅花落，

那些些落了，

拾上一点点唱啊！　①

　　从上述片段可见，"打搅儿"的特点是轻松活泼、风趣幽默，语言诙谐、夸张，以七字句为主，以西北方言押韵，可一韵到底，也可转韵。它的曲调基本为"越弦""大莲花"的变调，每段结尾以"大莲花"调最后两句终结。"打搅儿"在正式场合的伴奏乐器以三弦为主，板胡为辅；演唱正词时用三弦，过门与结尾时两种乐器同奏。但是，在裕固族驼户人中，"打搅儿"仅以徒歌形式传唱。

　　裕固族驼户为大户人家挣来白银，自己却吃尽了苦头。掌柜子和商人的运输生意一旦成交，每峰骆驼所驮物资值一百两白银，每个把式却只能得到三斗（一斗为四十斤）麦子。这些麦子只能养家糊口，至于自己的吃穿则要另找出路。所谓找出路，指的是把式在驼队运输途中趁掌柜子不注意，收拾几斤骆驼身上脱落下来的驼毛，拿到集市换成衣服和少许零食。把式最痛苦的是拉着骆驼无止境地徒步行走，脚起血泡，腿麻腰酸，却不能骑骆驼。如当地民谣所说："富车户、穷驴户，跑不死的骆驼户。"

　　驼户人不仅经济地位低下，人身安全也得不到保障。当地传说，驼队

---

　　①　被访谈人：郭进成（男，63岁，甘肃省肃南裕固族自治县明花乡湖边子村村民）；访谈人：钟进文；访谈地点：甘肃省肃南裕固族自治县明花乡湖边子村；访谈时间：1990年6月25日。

每次走出嘉峪关城楼时，几乎所有的母驼都会回头昂首长啸，和家乡告别。驼户们目睹此景，这样唱道："一出嘉峪关，两眼泪不干，往前看，戈壁滩，回后看，鬼门关。"有的驼户有去无回，甚至尸骨不能还乡，家人得到的补偿仅仅是几十两白银或一峰骆驼。

三、裕固族驼户歌的生成

拉骆驼的老人现已不在世，时过境迁，当驼户的生活成为历史，驼户歌传至下一代，它从内容到形式都发生了变化。一是传承者为驼户人风餐露宿、跋山涉水、衣食无着的艰辛生活赋予了新的意义，故意用欢畅愉悦的形式表现，即将"创伤经历"转化为"幻想记忆"；二是在传唱老一辈的"打搅儿"过程中，赋予其新的内容；三是用汉语演唱的驼户歌，经过下一代改编后，转而以裕固语演唱，由此形成了真正意义上的裕固族驼户歌。

（一）为裕固族驼户歌赋予时代意义，形成新创歌谣

如《裕固族驼户人心里乐》：

> 得儿嗯，驼户人儿乐！
> 驼户人哟爱唱歌，
> 歌声好比海子水，
> 流在心头起旋涡，
> 驼户人儿心里乐，
> 千里跋涉情趣多，
> 走时汗热住时冷，
> 冬夏一天过。
> 驼户人儿乐，
> 一捧雪水解饥渴，
> 三块青石支大锅，

请听驼队一路歌。①

这是裕固族老一辈驼户人的后代根据父辈传唱的《驼户难》改编的新驼户歌。据这些后辈介绍，他们认为从前父辈传唱的驼户歌过于悲情、凄凉，为适应新时代，应该赋予其积极向上的内容和情调，于是重新创作。类似的歌谣经过驼户人的下一代不断传唱，逐渐走向舞台。

（二）将"打搅儿"改编为顺口溜，并赋予其新的内容

前文已述，"打搅儿"是流行于甘肃、青海农业区的一种曲艺形式，过去基本全用西北方言说唱。但是，驼户人的后辈已不满足于那些陈旧的内容，他们利用"打搅儿"轻松活泼、风趣幽默，语言诙谐、夸张的特点，在其中植入新的内容，并用"汉语加裕固语"的混合形式演唱。例如，2018年9月17日，笔者在明花双海子村一旅游景点做客时，驼户人的后代用新编"打搅儿"为客人敬酒，其内容大致如下：

三九三的锁阳赛人参，
娃娃吃了不尿炕，
大人吃了滋阴壮阳，
明花有那三件宝，
锁阳、tekeqik（火烧饼）、khizirmaq（黑枸杞），
呀呀，啦啦啦②

（三）出现用裕固语演唱的驼户歌

转用裕固语演唱驼户歌，这不是一个简单的语言符码转换问题，而是有更深层的意义。"对于过去的时代，不只是老人，而是所有人（当然这要取决于他们的年龄、性情等因素），都本能地采取一种希腊哲学家的态

---

① 贺继新作词：《裕固族驼户人心里乐》，载肃南裕固族自治县《裕固文艺作品选》编委会编：《裕固文艺作品选·歌曲卷》，兰州：甘肃文化出版社，2007年，第45—46页。

② 被访谈人：郭志军（男，50岁，甘肃省肃南裕固族自治县明花乡双海子村村民）；访谈人：钟进文；访谈地点：甘肃省肃南裕固族自治县明花乡双海子村牙什拉酒店；访谈时间：2018年9月17日。

度"，"拥有一种基于记忆的幻想，就是通过这种幻想，我们中的许多人都使自己相信：今天的世界与过去的世界，特别是与我们童年和青年时代相比，有些色彩单调，兴味寡然……另一方面，当谈到我们生活中最为暗淡的方面时，似乎它们半遮半掩地笼罩在阴霾之中。在遥远的世界里，我们遭受了令我们无法忘怀的苦难，然而，对某些人来说，这个遥远的世界却仍然散发着一种不可思议的魅力，这些人历经磨难，幸存下来了，他们似乎认为，他们自己最美好岁月都驻留在了那个艰难时世里，他们希望重温这段逝去的时光"。[①]因此，这不仅是一种语言媒介的转换，更是一种历史的重构和对过去的认可。例如，非遗传承人贺俊山（裕固语名为苏尔旦达吉）用裕固语编唱的《拉骆驼人的歌》，歌词大意可翻译如下：

> 拉咾——
> 拉着骆驼我唱一唱，
> 裕固人的日子我唱一唱，
> 一步一回头，
> 牵挂着向前走哎，
> 大口梆子响四方，
> 走过了长满红柳的河滩。
> 骆驼驮着沉重的物品，
> 今天的日子我心酸哎，
> 一眼望不到边，
> 走呀走不到头，
> 站在高处望一望，
> 路呀看不到头，
> 又起风了，
> 往低处走吧。[②]

---

① [法]莫里斯·哈布瓦赫：《论集体记忆》，毕然、郭金华译，上海：上海人民出版社，2002年，第85—86页。

② 贺俊山演唱：《拉骆驼人的歌》，载姚辉杰制片：《中国裕固族民歌》（二），兰州：甘肃省音像出版社有限责任公司，出版年不详。

同样，非遗传承人钟玉梅（裕固语名为瑙尔吉斯）2020年4月16日在"深井子"微信群中也用裕固语编唱《驼户歌》。汉语译其大意如下：

> 叮当叮当，叮叮当，
> 裕固驼户就是我，
> 后面拉的是黄骆驼，
> 上面驮的是千斤货，
> 千斤货物我驮过，
> 千里长途我走过，
> 身上穿的是破皮袄，
> 嘴里含的是黄土渣。
> 裕固驼户就是我，
> 裕固驼户歌儿多，
> 这么可怜的生活给谁说，
> 回到家里给媳妇说，
> 前来迎接的是媳妇儿，
> 站在高处期盼的是老母亲。①

《驼户牧歌》是裕固族歌唱组合"萨尔组合"2019年8月28日发布演唱的歌曲，该歌曲收录在《塔拉声声》专辑中，母语翻译钟兰青为裕固族。歌词大意如下：

> 晨风吹起，
> 驼户人准备就绪，
> 赶着骆驼出发，
> 留在驼圈里的驼羔们哀嚎着，
> 驼户人心里很难受。

---

① 被访谈人：钟玉梅（女，55岁，裕固族民歌非遗传承人）；访谈人：钟进文；地点：微信群；翻译整理时间：2020年10月。歌词汉译由笔者完成。

春风里行走是如此煎熬，
顶着夏天的炎热，
还要继续为驼群寻找好的草滩。
朝着西面走去，
翻过一座巴扎沙丘，
碰见一眼清泉的时候，
就快到家了。
喝一口泉水，
瞭望四周，
饮着骆驼，
一堆堆的白刺，
让骆驼尽情享用。①

演唱者"萨尔组合"称，这首歌是他们逐字逐句向裕固族非遗传承人钟兰青学来的。钟兰青又名钟兰琴，甘肃省张掖市肃南裕固族自治县明花乡人，是省级非遗传承人。多年来，她为传承民族文化广收徒弟，传授西部裕固语民歌，并积极学习东部裕固语民歌。②

四、文化的传播与生成机制

前文指出，20世纪80年代，驼队虽然退出了历史舞台，但是驼户歌却在裕固族民众中生根发芽，得到不断传唱，在此后近四十年中越来越受民众喜爱，2006年"裕固族民歌"被列入第一批国家级非物质文化遗产名录。例如2017年9月，甘肃省肃南县七位裕固族民歌的代表性传承人受邀赴西安音乐学院，参加"第四届丝绸之路国际艺术节·长安论坛·音乐分论坛'天籁缭绕'——丝绸之路各民族民歌展演与学术研讨会"。七位传承人精心筹备，将肃南县独特的裕固族民歌在西安音乐学院的舞台上演

---

① 萨尔组合：《驼户牧歌》，载《塔拉声声》，海茗文化，2019年。

② 昭武胡人：《裕固族非遗文化传承人——钟兰琴》，美篇网，https://www.meipian.cn/2bldzluq，2019-08-17/2021-02-01。

唱，博得掌声与好评，其中就有《驼户牧歌》。①2018年3月25日，上海市徐汇区文化局主办、徐汇区非物质文化遗产保护办公室承办的"大漠雄鹰——裕固族民歌展"，此次活动特邀裕固族民歌的九位代表性传承人，其中八位歌手都会演唱《驼户牧歌》。②

　　2020年6月13日，甘肃省张掖市举办"文化和自然遗产日"非遗项目展演展示活动，全市各级非遗传承人及非遗爱好者代表共计二百余人参加活动。在裕固族民歌展演活动中，裕固族非遗传承人杜玉梅就以裕固语演唱了一首《驼户人》。当天中央电视台新闻频道《新闻直播间》报道了上述展演活动。③事后笔者亲赴演唱者工作单位采访，她说这首歌是从国家级非遗代表性传承人杜秀英（裕固语名为曲木塔尔）那里学来的。歌词汉译大意如下：

> 丁零当啷驼铃响，
> 成串的骆驼我拉了，
> 遥远的路途我去走，
> 跟前的地方让媳妇去。
> 丁零当啷驼铃响，
> 绥远包头我去过，
> 没有去的地方也去了，
> 没有受过的苦也受了。
> 丁零当啷驼铃响，
> 父亲母亲也想念，
> 受了的苦给谁说，

　　① 贺蕊：《肃南民歌传承人受邀参加丝绸之路民歌展演》，中国张掖网，http://www.zgzyw.com.cn/zgzyw/system/2017/09/14/030025419.shtml，2017-09-14/2021-02-01。

　　② 韶安阮：《徐汇文化服务日：跟着国乐雅韵一起看"大漠雄鹰"》，上海热线新闻网，http://www.shcafe.org/shzxxw/38793.html，2020-09-29/2021-02-01。

　　③ 央视网：《今天是"文化和自然遗产日"：全国将举办3700多项非遗宣传展示活动》，中央电视台网站，https://tv.cctv.com/2020/06/13/VIDEhBPVX58lbCzZr5b2KVol200613.shtml?spm=C45404.PKiwdSr9Flaj.S79298.441，2020-06-13/2021-02-01。

回到家里给媳妇说。①

值得思考的是，流传在西北广大地区，用汉语西北方言演唱的反映驼队运输、生产生活的驼户歌，如何逐渐演变为裕固族的驼户歌？而且，这些歌谣还作为"裕固族民歌"被列入国家级非物质文化遗产名录。这仅仅是语言媒介转变的问题吗？

演唱花儿的民族，过去一般认为仅有汉族、回族、撒拉族、东乡族、保安族、土族这六个民族。20世纪70年代初，甘肃师范大学的民歌调查组深入农牧区搜集民歌，发现地处河西走廊的肃南裕固族也唱花儿，并从那里搜集到了一些花儿，这些歌谣后经整理，由青海人民出版社出版。②该书首次呈现了裕固族花儿，使花儿研究界为之一惊。③据学者杜亚雄介绍，裕固族花儿多流传于裕固族地区东部的康乐等地，可能是来这一带擀毡或从事其他营生的东乡族、回族等民族从河湟地区传入的④。裕固族花儿早期仅有"河州三令"等几种曲调，这些曲调在甘肃省肃南裕固族自治县康乐乡巴音村一带最为盛行，因此这种曲调也被称为"巴音令"。由于各民族特有的花儿曲调大都以民族命名，"巴音令"又被改称"裕固令"。⑤除此之外，由内部资料《北滩乡志》可知，裕固族鄂金尼部落在祁连山腹地八字墩游牧时也传唱花儿，1959年流传的歌谣中就有青海花儿调，如：

哎哟——
难行着难行着我难行，三九寒天渡黑河，

① 被访谈人：杜玉玲（女，50岁，肃南裕固族自治县非物质文化遗产中心工作人员）；访谈人：钟进文；访谈地点：甘肃省肃南裕固族自治县非物质文化遗产中心；访谈时间：2020年8月9日。

② 甘肃师大艺术系革命民歌调查组收集整理，卜锡文、强克杰执笔：《手搭凉篷望北京·新花儿选》，西宁：青海人民出版社，1974年。

③ 佚名：《贫下中牧爱公社》，载甘肃师大艺术系革命民歌调查组收集整理，卜锡文、强克杰执笔：《手搭凉篷望北京·新花儿选》，西宁：青海人民出版社，1974年，第95页。

④ 杜亚雄：《民歌集成　肃南裕固族自治县卷》，内部资料，1986年，第6页。

⑤ 《中国民间歌曲集成》编辑委员会：《中国民间歌曲集成》（甘肃卷），北京：人民音乐出版社，1994年，第844页。

要不是拽住牛尾巴，黑河水会把我冲走。

难行着难行着我难行，大雪里翻越扁都口，

要不是羊皮大衣牛皮鞋，扁都口大板冻死我，

难行着难行着我难行，大马营滩上狼群围，

要不是点燃麦草堆，狼群把我吃掉了。①

众所周知，花儿在中国的西北地区广为流传，也是用西北汉语方言（河州话）演唱。由上述资料可知，花儿也传入裕固族地区，部分裕固族也演唱花儿。但是，花儿至今并未被认定为裕固族的代表性文化项目。

笔者认为这个问题可借助"人际传播"理论予以解释。人际传播理论主要有"社会交往"理论、"镜中我"理论等，但是这些理论大多忽略了人际传播的不同品格，主要关注的是"我—他"之间的传播。在这种传播中，"他"略为陌生，因而这类传播的功利性较强。而"我—你"人际传播理论中呈现的关系显然较为亲近，因为"你"已经以"相识"作为无形的前提。人际传播是一种本能，但是有效传播是有条件的。

美国语言传播学家约翰·斯图尔特（John Stewart）在他的人际传播著作中系统探讨了人作为传播者所拥有的各种特征。他将"人格"作为一种人际传播的标准，认为在人格关系的传播中，人与人交流、相互注视，认识个性的差异，充分表现出自我属性。在这种关系中，人的差异不是你我之间的交往鸿沟，而是通过个人魅力不断吸引对方，从而不断创造出"我—你"性质的传播关系。②

由此可以推断，驼户歌之所以能成为裕固族民歌，裕固族民歌又被列入非物质文化遗产名录，因为这是裕固族由于自己空间移动而带回来的一种文化，是一种"你"以"相识"和"亲近"作为无形前提而输入的文化，所以得到了本民族的接受和认同，即"我—你"性质人际传播的效果和结果。而花儿由于主要来自擀毡人或经商人空间移动携带而来的文化，具有一种类似"我—他"性质的人际传播特征，所以至今还未获得裕固族

---

① 《北滩乡志》编委会编：《北滩乡志》，内部资料，2004年，第309页。

② John Stewart, *Bridges not Walls: A Book about Interpersonal Communication*, New York: McGraw-Hill, 1995.

的广泛接受和认同。①

　　本文是关于探讨裕固族驼户歌演变过程的个案研究，也可由此探讨民族交往、文化传播与民族文化生成机制等问题。2019年9月27日，习近平总书记在全国民族团结进步表彰大会上发表重要讲话，强调："各民族之所以团结融合，多元之所以聚为一体，源自各民族文化上的兼收并蓄、经济上的相互依存、情感上的相互亲近，源自中华民族追求团结统一的内生动力。"②笔者认为，对各民族文化的兼收并蓄，追求团结统一的内生动力，要从民族交往、文化传播以及文化生成机制等方面做更加深入、仔细的个案研究。我们要俯下身来尊重和亲近具体性的文化。舍此，或许没有更近的路。

（原载于《民族文学研究》2022年第1期）

---

　　①　1986年杜亚雄主编的《民歌集成　肃南裕固族自治县卷》（内部资料）还收录有裕固族花儿，但是1994年人民音乐出版社出版的壮庄主编的《中国民间歌曲集成》（甘肃卷）中就删除了裕固族花儿。近期笔者也网络访问过甘肃省肃南裕固族自治县文化局非遗办公室负责人，他们确认裕固族花儿尚未进入非遗名录。

　　②　习近平：《在全国民族团结进步表彰大会上的讲话（2019年9月27日）》，载《人民日报》2019年09月28日，第2版：要闻。

文化类电视综艺节目的海外传播研究

——以《中国诗词大会》为例

王维

摘要： 以弘扬中华优秀传统文化为主旨的文化类综艺节目持续热播，引起学习汉语的外国留学生对此类节目的兴趣。《中国诗词大会》以及同类的文化类电视综艺节目要提高海外传播力，可以从设置多组别奖项、增加海外选手的参与机会、融合多种文化元素、加大节目宣传力度等方面着力。

关键词：《中国诗词大会》；文化类综艺节目；海外传播

文化类综艺节目是一种以中国传统语言文化（包括汉字、成语、谜语、诗词等）为内容并对其进行解读的节目类型，通过将节目内容与种种生活元素（如竞赛、游戏、故事等）和多种艺术方式（如舞蹈、音乐、书法等）相结合的方式实现寓教于乐，并运用形声结合的视频形式向观众生动立体地传播文化知识，兼具教育性和娱乐性，其最终目的是通过趣味性的表现形式，吸引观众收看节目并引起对中国传统语言文化的重视，从而提升受众的文化素养。[①] 比较而言，文化类综艺节目是研究电视综艺文化传播最典型的范例。

《中国诗词大会》是国家语言文字工作委员会、中央广播电视总台制

作者简介：王维，语言学及应用语言学博士，中央民族大学国际教育学院讲师、硕士研究生导师，主要研究方向为汉外语言对比及偏误分析、汉语语法教学、汉语国际传播。

① 高鑫：《电视艺术学》，北京：北京师范大学出版社，1998年，第433页。

作推出的原创文化类综艺节目，是国内有影响力、有代表性的优秀作品，截至目前已经有六季作品播出，具有较高的收视率。其不仅让国人喜爱，而且也引起学习汉语的外国留学生的强烈关注。因此，笔者选择多国外国留学生作为研究对象，调查其对当下流行的中国综艺节目的理解和认同，并进行深入观察与访谈。以期从全球化的视角对综艺节目中传统文化元素的呈现进行较为细致的分析，从传播学的角度为电视节目中传统文化的海外传播提供一些参考。

一、电视综艺节目的界定及分类

高鑫在其著作中将电视综艺节目界定为"充分调动电子媒介的技术手段，对各种文艺样式进行二次加工和创作，既保留原有文艺形态的艺术价值，又充分发挥电子创作的特殊艺术功能，更好地给观众提供文化娱乐和审美享受的电视节目形态"[①]。这个定义关注了电视综艺节目的娱乐性和审美性两个特点。

电视综艺节目是一种声像兼备、独具魅力的时空综合艺术，是在当代高科技的基础上产生的具有潜力的艺术门类。它既可以集音乐、舞蹈、戏剧、猜谜、问答、笑话、故事、杂技、魔术、游戏于一身，又可以选择其中数项，根据内容需要，加以自由灵活的编排、组合。[②]王晓辉总结电视综艺节目具有审美性、娱乐性、观赏性和趣味性四个特点[③]。

以上前人研究中对于综艺节目的界定都是以满足受众的娱乐性为基础，孟令杰总结出，广义上的综艺节目应该包含一切具有综合性和娱乐性的电视节目，其主要特征有兼容性、固定性、参与性和娱乐性等[④]。

汪丽君按照节目的题材和表现形式将目前的文化类综艺节目分成三

---

① 高鑫：《电视艺术学》，北京：北京师范大学出版社，1998年，第433页。

② 中国应用电视学编辑委员会、北京广播学院电视系学术委员会编著：《中国应用电视学》，北京：北京师范大学出版社，1993年，第229页。

③ 王晓辉：《电视综艺节目的创新研究》，硕士学位论文，暨南大学，2007年，第3页。

④ 孟令杰：《电视综艺节目的创新研究》，硕士学位论文，山东师范大学，2015年，第12—18页。

类：以《最强大脑》《中国诗词大会》为代表的益智类文化综艺节目；以《国家宝藏》《中华文明之美》为代表的社交类文化综艺节目；以《朗读者》《世界青年说》为代表的言语类文化综艺节目①。

从文化传播的视角并结合目前国际中文教育专业外国留学生的培养方案，笔者选择了《中国诗词大会》这一益智类综艺节目来进行研究。因为目前大多高校都为国际中文教育专业的外国留学生开设了文学类课程，学生通常会学习到《中国古代文学》《中国诗词研究》《唐诗宋词鉴赏》等课程，而这些学习内容与电视综艺节目具有一定的相关性。

二、《中国诗词大会》综艺节目的发展及特色

《中国诗词大会》是由央视科教频道制作的一档原创文化类综艺节目，是为贯彻习近平总书记关于弘扬中华优秀传统文化的指示精神，追寻"中华民族文化基因"的一档节目。央视网站的介绍中突出了这档节目的宗旨是"赏中华诗词，寻文化基因，品生活之美"，通过竞技比赛的形式，带动观众重温经典诗词，弘扬传统文化②。

《中国诗词大会》的题库由诗词领域的专家学者依据普及性和专业性两个标准进行命题，内容几乎全部选自中国中小学语文教材中的诗词部分，涵盖田园、边塞、爱情、咏史等多个类别。通过中国诗词之美，折射了爱国、仁义、孝顺、和谐等多个主题，呈现社会主义核心价值观。

题目部分对诗词内容的考察相对基础，主要是考察选手的诗词储备、对作家作品相关文学常识的熟悉及反应速度。主要包括识别诗句题、对句题、填字题、单项选择题、图文线索题、逆向思维题、飞花令、诗词接龙、身临其境题等。

在《中国诗词大会》六季节目中曾经出现的题型可以统计如下（见表1）：

---

① 汪丽君：《文化类综艺节目的形态创新与文化传播研究 —— 以〈中国诗词大会〉为例》，硕士学位论文，江西师范大学，2019年，第8—9页。

② 《中国诗词大会》节目官网为http://kejiao.cctv.com/special/zgscdh/index.shtml。

表 1 《中国诗词大会》比赛题型统计

序号	第一季	第二季	第三季	第四季	第五季	第六季
1	识别诗句题	识别诗句题	识别诗句题	识别诗句题	识别诗句题	识别诗句题
2	对句题	对句题	单项选择题	对句题	划去错误项	单项选择题
3	填字题	填字题	对句题	单项选择题	单项选择题	挑战多宫格
4	单项选择题	单项选择题	单项选择题	你说我猜	对号入座	联想对对碰
5	图片线索题	飞花令	飞花令	横扫千军	你说我猜	助力千人团
6	文字线索题	图片线索题	诗词接龙	出口成诗	出口成诗	身临其境题
7	逆向思维题	文字线索题	图片线索题	飞花令	横扫千军	横扫千军
8		逆向思维题	文字线索题	图片线索题	飞花令	飞花令
9			逆向思维题	文字线索题	身临其境题	图片线索题
10				逆向思维题	图片线索题	描述线索题
11					描述线索题	逆向思维题
12					逆向思维题	

识别诗句题、对句题、填字题、飞花令、诗词接龙等题目基本是考察选手的诗词储备；单项选择题、对号入座是偏重于考察选手对诗词作者和作品的理解；图文线索题和逆向思维题、联想对对碰，要求选手在诗词储备的基础上具备一定的反应能力。在六季节目中，题型和要求也有一些创新和变化。

《中国诗词大会》属于选手真人秀竞技形式，其在发展的过程中比较注重诗词内容与其他文化元素的结合，如，在第二季的图片线索题中，还出现了沙画这一形式；在第五季第二场中出现了五代时期的出土文物《白石彩绘散乐浮雕图》，对古代器乐文化也进行了介绍，还出现了京剧大师梅兰芳先生的剧照，涉及《贵妃醉酒》等经典曲目。

从第五季节目起赛题又加入了身临其境题型，比如，在第五季第二场中展示了我国自主制造的载人深潜器"蛟龙"号，身处潜水训练基地的嘉宾，向选手和观众提出了古人对海底世界有哪些想象的问题；第六季嘉宾在九寨沟景区、黄山云海景区中提出了相关诗句的考察，将中国的美丽风景融入了诗词内容之中。另外，在中国航天海南文昌发射基地，嘉宾提出了嫦娥相关神话传说的诗句选项，将嫦娥五号探月工程这样的现代科技与古老传说中的优美诗句相结合，表现了中华民族从古到今的浪漫情怀和探索精神。

综合以上内容，《中国诗词大会》这档文化类综艺节目，从节目内容、节目形式和节目制作三个方面都对中国的传统文化元素进行了很好的呈现。

三、《中国诗词大会》的外国留学生收视效果访谈

基于《中国诗词大会》的内容在语言上具有一定的难度，笔者选择了40名具有一定汉语基础且对中国文化有一定了解的外国汉语学习者作为研究对象，包括美国、日本、泰国、缅甸、越南、埃及、亚美尼亚以及中亚五国等多个国别的留学生，其中，华裔背景与非华裔背景留学生各20人，所有留学生都是国家汉办汉语水平考试五级以上的高级水平汉语学习者，均有过在中国生活的经历，对中国概况和中国文化有一定的认知。笔者选择了两期典型的节目，要求被试在认真观看节目后完成访谈。

基于本文选题是研究传统文化节目在海外传播的可能性，笔者选择了有部分外国面孔出镜的2016年第一季第九期节目和2021年第六季第一期节目。参考前人的调查，笔者的访谈提纲也围绕着节目内容、节目形式、节目制作三个方面进行，并且在此基础上，增加了文化对比的部分内容，希望通过访谈了解《中国诗词大会》在被试中的传播效果，以了解外国受众的观赏心理，为我国原创性文化类综艺节目在海外的传播提供一点参考。以下是本文的访谈提纲（见表2）：

表 2　访谈提纲

	问题
节目内容	1.你对《中国诗词大会》这一节目的内容是否感兴趣？请说明原因。

	问题
节目形式	2.《中国诗词大会》这一节目的形式是否能吸引你？有哪些环节你的印象比较深刻？
综合	3.你今后会继续观看《中国诗词大会》这一节目吗？原因是什么。 4.你的国家有没有类似的文化类综艺节目，和《中国诗词大会》有什么共性和差异？ 5.你觉得观看的两期节目有什么不同？ 6.你是否会将这一节目推荐给你的朋友？ 7.请总结一下这档节目的特色和不足。 8.请从留学生的角度为这档节目提一些建议。

　　笔者将被试分为华裔组和非华裔组，分别请他们观看了完整的两期节目。然后选择合适的时间逐一完成了访谈工作。因为在新冠肺炎疫情期间，被试的访谈均由微信文字或语音完成，然后笔者再转写成语料进行统计和分析。由于笔者是讨论海外传播的可能性，对本节目的建议和展望多于评估，故选择了比较自由的开放性访谈，围绕笔者的提纲，请访谈对象畅所欲言，因此本文的结论偏重于结合数据的质性研究。

　　就节目内容和形式的统计来看，学习过汉语和中国文化的外国留学生对于诗词文化的接受度整体是比较高的。40名被试中表示对《中国诗词大会》内容感兴趣的共有23位，占整体被试的57.5%；表示还可以的有10位，占比为25%；表示不感兴趣的有7位，占比为17%。具体的统计数据见图1：

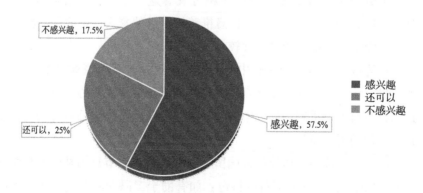

图 1　节目的内容及形式趣味性调查

根据图1可以看出，被试接受诗词文化具有相当的可能性，尤其是进一步对照华裔组与非华裔组的数据，华裔组的20名被试中，有15名对《中国诗词大会》这一节目表现出较高的兴趣，而非华裔组则相对占比较小，仅有8位表现出很感兴趣。

笔者进一步了解了学生对于节目内容和形式感兴趣的原因，大致有以下几种：第一，部分学生曾在课堂或家庭中学习过部分内容，能够回答出部分简单的题目，极有成就感；第二，有知名专家的专业点评和讲解，部分学生觉得能够学习到很多新的内容，觉得有意义；第三，部分学生喜欢节目中存在很多中国文化元素，对中国文化感兴趣；第四，看到中国年轻人以及各行各业的人都重视自己的文化，他们受到了感动。

同时，笔者也进一步了解了部分被试对节目不感兴趣的原因，大致有以下几种：首先，部分被试虽然学习的是语言专业，但今后不打算从事教学工作，对于语言类节目不感兴趣，对于财经类节目更感兴趣；其次，部分被试觉得自己的语言能力相差悬殊，过于艰深的内容会带来学习压力；再次，部分被试认为比赛的形式虽然新颖，但是会分散学习的注意力，不利于学习知识等。

比较吸引外国留学生的节目环节，较多人选择的是飞花令、诗词接龙、图片线索题和身临其境题。可以看出大多数留学生能够接受游戏的对抗性，对于对抗类的环节更感兴趣。图片线索题和结合了风景名胜、现当代文化元素的身临其境题受到青睐，说明外国留学生更喜欢多种文化元素相结合的内容。

半数以上的被试表示今后还愿意观看这一节目并推荐给同学朋友，75%的华裔背景的学生还表示愿意推荐给自己的家人，说明了此类节目在海外华裔中传播推广的可能性较大。

在连续两档节目的比较中绝大多数被试选择了更喜欢2021年第六季的节目，认为有多种文化元素相结合的内容更加令人赏心悦目，认为通过这部分节目可以了解到当今中国的更多风貌，也可以弥补因诗词内容难度过大引起的语言障碍。

此外，多数参与访谈的外国留学生在认真观看节目的基础上总结出了《中国诗词大会》这一节目的特色：如有助于二语学习者进一步了解中国古代文学和文化，竞赛环节悬念较多等。其中最令人关注的是，很多被试将《中国诗词大会》和自己国家当下收视率高的综艺节目进行对比时，均提到通过这个节目发现中国的青年非常热爱自己的传统文化，打破了以往认为中国青年信仰缺失的刻板印象。被试认为的《中国诗词大会》节目特色可以综合整理为下表（见表3）：

表3　外国留学生眼中《中国诗词大会》节目特色

序号	《中国诗词大会》节目特色	对个人的影响
1	内容包含诗词文化及其他多种文化元素	有助于二语学习者学习语言和文化
2	有专业嘉宾讲解诗词由来及意义	
3	介绍了"飞花令"等传统游戏	
4	节目内容弘扬了中华优秀传统文化	有助于二语学习者理解中华文化，可以提高对文化交流的认识
5	"百人团"和"百行团"的设置	有助于二语学习者理解中华文化，可以提高对文化交流的认识
6	介绍了中国的神话传说、风景名胜、当代科技发展	有助于深化二语学习者对中国历史及当前社会生活和国情的了解
7	"百人团"的设置、"飞花令""出口成诗"等挑战性环节都增加了节目的兴奋性悬念	竞争激烈，悬念较多，比较精彩
8	外国选手的参与	树立了榜样，增加了自己学习汉语的信心

通过表3中被试的细致评价可以看出，在我国观众中广受好评的优质节目，同样能够吸引具有一定汉语基础、对中国文化有一定了解的外国观众。因此，继续丰富此类节目，适当降低难度增加外国选手的参与，或者开放面向外国观众的同类节目或者赛事，都是可以尝试的。那么从国际化视野来看我国的原创性综艺节目，又存在哪些不足呢？见表4：

表 4　外国留学生眼中《中国诗词大会》节目不足

序号	《中国诗词大会》节目不足	对个人的影响及建议
1	内容难度过大	节目中未掌握的内容过多，很难集中注意力。专业嘉宾的讲解有部分难以听懂。希望能够在讲解时搭配相应的翻译字幕
2	擂主的设置对少儿团选手和外国选手难度过大	出于比赛公平的角度，最终少儿团选手和外国选手很难胜出。建议分设多个组别的擂主和冠军
3	不知道外国人怎样能够报名参与和得到培训	建议在网络平台中作出更多的对外宣传，拓宽外国受众的了解渠道

四、文化类电视综艺节目的海外传播启示

《中国诗词大会》中的外国面孔是逐渐增加的，如第三季第一场中出现的乌克兰选手曾子儒和葡萄牙选手李白，他们所表现出的对中国诗词的热爱以及现场带来的曲艺表演，都让我们充分感受到外国受众接受这一类文化综艺节目的可能性。进一步推广原创类文化综艺节目，不仅有利于我国人民进一步建立文化自信，同时也有利于推动中国文化走向全球，从国际化的角度获得更多的文化理解。因此，笔者以外国留学生为被试，通过访谈的形式了解了他们对于这类节目的需求，综合前文的调查，可以对《中国诗词大会》以及同类节目提出以下几点建议：

（一）设置多组别奖项，增加海外选手的参与机会

通过本文的调查可知，具有一定水平的外国留学生对于此类文化综艺节目具有相当的兴趣，因此，可以尝试提高节目中华裔选手或其他国别选手的参与度，并且从保护少儿选手和海外选手参赛体验的角度，可以尝试多组别设置擂主，避免让少儿选手、海外选手与知识积累较多的中青年选手竞技。降低海外选手竞技难度的同时，还可以请专业人士为节目中的解读和点评部分加入相应的外文注释。

（二）融合多种文化元素，构建更为丰富的立体的开放的中华文化形象

根据被试对于第六季节目的偏好，可以以第六季的成功为基础，尝试在节目中融入更多其他的中国元素，如自然景物、人文建筑、新兴事物等，建构更加完整的多维度中国国家文化形象。

（三）加大节目宣传力度，积极推进海外传播

根据本文的访谈结果，尽管具有一定基础的外国留学生对于中国诗词及相关传统文化颇有兴趣，但有的并不了解有这样的节目，有的不知道如何获得参与锻炼的机会。如果有相应的机会，他们也希望能够在节目中学习和成长。因此，建议可以在国际中文教育相应的文化教学课程中加入部分优秀综艺节目的赏析，将类似节目推荐给更多对汉语和中国文化感兴趣的外国学生，也可以加大在网络平台的海外宣传力度，以此类受众为基点，进一步推进中华优秀传统文化的海外传播。

（原载于《当代电视》2022年第2期）

民间文艺：乡村振兴的活力源泉

王卫华

摘要：中国文化的文脉发端于民间文艺。中国民间文艺充满活力，它润泽了历代文人的心灵，也是乡村居民的精神食粮。在乡村振兴战略实施过程中，应该充分挖掘民间文艺的潜力，提炼展示中华文明的精神标识和文化精髓，讲好中国乡村故事，为农业发展提供动力。

关键词：民间文艺；乡村振兴；活力源泉

乡村振兴战略是在快速城镇化、农业农村现代化的背景下实施的，是推进乡村产业、人才、文化、生态、组织等多要素发展的系统工程。多种因素共同作用，方能促进这一宏伟战略的有效实施。民间文艺是促进乡村振兴的重要活力之源。

一、民间文艺激发创造活力

民间文艺是人民大众集体创作的艺术，反映人民大众的思想感情和审美观念，是增强文化自信的重要力量。对优秀民间文艺的继承和发扬有助于发展民族的科学的大众的社会主义文化，有助于激发全民族文化创造的

作者简介：王卫华，法学博士，中央民族大学文学院教授、博士研究生导师，主要研究方向为民间文学、民俗学。

基金项目：国家社会科学基金一般项目"北运河流域民间文学资源的传承与区域文化建设研究"（19BZW168）；北京市社会科学基金重点项目"北京段大运河民间风物传说搜集与运河文脉资源挖掘运用研究"（21WXA003）。

活力。

中国的民间文艺是乡村社会的主要文化形态，是具有农业社会生活背景、保留了较多传统色彩的文化。中国文化的文脉就发端于民间文艺。中国最早的诗歌总集《诗经》中的大部分诗篇来自民间，其中的"十五国风"充满了农业生活的稻麦香和虫鸟声。中华民族以诗为"经"，中国传统文人是唱着《诗经》中"关关雎鸠，在河之洲""蒹葭苍苍，白露为霜"这样的民间歌谣开始文化传承的。

中国民间文艺充满活力，它润泽了历代文人的心灵，也是乡村居民的精神食粮。在"妈妈的故事"里，夏日晚上的星星是织女在勤劳纺织，月亮上有美丽的嫦娥和玉兔，善良的白娘子智慧坚贞，还有抟土造人的女娲娘娘、辛勤治水的大禹王。这些美丽又充满生活气息的故事，在人们童年心灵上刻下印迹，并伴随其一生的生命历程。这些民间故事在不知不觉中形成我们的生命观念，影响我们的价值判断。例如，世界上许多民族都有关于大洪水的神话故事，面对灭绝生灵的洪水灾难，有的民族选择祈求神灵救援，有的躲在大船或其他容器中等待洪水退去。而在中国人的洪水神话中，鲧禹父子两代带领百姓积极探索治水方法，历经千辛万苦，终于靠人的力量和智慧战胜了洪水，建立起安宁的家园。这种自强不息的精神，成为中国人的"文化基因"，在一些决定命运的重大时刻，这种精神就展示出其无穷的力量。

乡村振兴战略关注的重心是"人"，是乡村居民的幸福感、获得感。乡村振兴战略"二十字"方针是"产业兴旺、生态宜居、乡风文明、治理有效、生活富裕"。这"二十字"方针包含的五个方面，都是把"人"置于主体地位。民间文化是乡村的灵魂，也是乡村人精神世界的重要组成部分。

二、乡村振兴为民间文艺发展提供机遇

实施乡村振兴战略是解决新时代我国社会主要矛盾、实现"两个一百年"奋斗目标和中华民族伟大复兴中国梦的必然要求，具有重大现实意义和深远历史意义，其目标是农业农村现代化。这一战略为民间文艺的现代

发展提供了可贵的机遇。

我们每个人心中都有一个"想象的田园"。在这个田园中，有清洁的空气、美丽的山水、活泼的动物，还有亲切的人，这一切由温暖神奇的民间故事串联在一起。这些美丽的故事在我们日日可见的日月星空中，贯穿于一年又一年、绵延不断的四时八节。在城镇化的快速发展中，民间文艺成为许多人的记忆与牵挂，乡村振兴战略有效地促进了民间文艺焕发生机。

乡村振兴战略对"生态宜居、乡风文明"等文化范畴的重视，使得民间文艺迎来发展机会。民间故事、民间小戏、民间技艺等乡村艺术受到重视，有些以非物质文化遗产的形式得到不同程度的支持；一些民间文艺传承人获得荣誉称号，更积极地投身于创作、传播和传承活动。还有些受过现代教育的年轻人返回乡村，以比前辈更为开放的眼光参与民间文艺的传播和传承。

民间文艺赋予乡村以独特魅力，既激发乡民自身的热情与活力，又对乡村外的人们构成吸引力，促使他们以不同方式推动乡村振兴。

三、民间文艺回馈乡村振兴

乡村居民是乡村振兴的参与主体，也是乡村振兴战略的受益主体。民间文艺作为乡村文化的重要组成部分，在乡村振兴战略实施进程中，应当以多种方式回馈乡村，回馈村民。

2022年8月北京长城文化节期间，密云区古北口镇在古北口村举办以"千年古镇、长城之约"为主题的长城庙会活动。庙会上有12支民间花会走街巡演，有舞龙舞狮、举刀拉弓、中幡表演等民间技艺，也有将士戍边、古法国药、庆祝丰收等实地场景的情景剧表演。值得一提的是，所有活动参与者、表演者均为当地居民，而且多数为中老年人。据古北口镇政府的工作人员介绍，这场活动的组织理念是，民间文化为当地居民所创造也为他们所拥有，希望文化能够反哺民众，既给人们带来精神上的享受，也为乡村居民带来经济回报。为此，他们组织活动时，有意让尽可能多的当地村民参与其中，部分村民获得表演薪酬，活动收入也归村民所有。

民间文艺因其与生产生活息息相关的内容、生动感人的叙事情节、引人入胜的表达方式而深受人们喜爱。

在乡村振兴战略实施过程中，应该充分挖掘民间文艺的潜力，提炼展示中华文明的精神标识，加快构建中国叙事体系，讲好中国乡村故事，为农业发展提供动力，让中国乡村充盈希望、幸福与活力。

（原载于《中国社会科学报》2023年1月19日第7版）

后 记

  本书为"新时代中国语言文学研究"丛书2022年卷，收录中央民族大学中国语言文学学部教师2022年公开发表于重要期刊上的学术论文。论文选取原则为符合主题、控制规模、优中选优。按照学部统一规划，本卷所收论文主题包括语言研究、文学研究、文艺理论研究、国际中文教育研究、民间文化研究五个方面，体现了老师们在这些领域的研究成果和学术水平。原则上每位教师每卷只选一篇论文，另外有些本年度发表的论文因论题不属于本卷主题亦未选入。

  感谢学校和学部对本书的支持！感谢各篇论文作者和论文原发表期刊的支持！另外要感谢民俗学专业博士研究生杨赫在论文整理、近五年中国文学研究综述梳理等方面付出的辛勤劳动，感谢民俗学专业博士研究生孙宇飞协助搜集研究资料。特别感谢本书责任编辑王海英老师在本书编辑过程中的认真负责，细致周到。

  由于时间和能力所限，本书可能存在疏漏和欠妥之处，敬请各位同人指正。

王卫华

2024年3月25日